KB210423

도서출판 대장간은
쇠를 달구어 연장을 만들듯이
생각을 다듬어 기독교 가치관을
바르게 세우는 곳입니다.

대장간이란 이름에는
사라져가는 복음의 능력을 되살리고,
낡은 것을 새롭게 풀무질하며, 잘못된 것을
바로 세우겠다는 의지가 담겨져 있습니다.

www.daejanggan.org

자끄엘륄총서 27
개인과 역사와 하나님

지은이	자끄 엘륄
역자	김 치 수
초판발행	2015년 12월 3일

펴낸이	배용하
책임편집	배용하
등록	제364-2008-000013호
펴낸곳	도서출판 대장간
	www.daejanggan.org
등록한곳	대전광역시 동구 우암로 75-21 (삼성동)
편집부	전화 (042) 673-7424
영업부	전화 (042) 673-7424 전송 (042) 623-1424

분류	기독교사상	신앙
ISBN	978-89-7071-363-2 03230

 값 22,000원

개인과 역사와 하나님

자끄 엘륄 지음

김 치 수 옮김

Ce que je crois

Jacques Ellul

장,

이브,

도미니끄,

나의 자녀들에게

차례

역자 서문

독서는 어쩌면 등산에 비유할 수도 있을 것이다. 때로는 힘에 부쳐 숨을 몰아쉬면서도 산에 오르는 것은 아마도 평지에서는 볼 수 없는 탁 트인 전망을 접하게 되는 까닭이리라. 한눈에 세상이 다 들어와 눈이 크게 열리는 느낌은 이 땅에서 누릴 수 있는 몇 안 되는 즐거움일 것이다.

이 책의 저자 엘륄은 또 다른 차원의 탁 트인 전망을 볼 수 있도록 우리를 초대한다. 사실 이 초대는 저자 자신의 자녀들을 향한 것이기도 하다. 저자는 1987년에 두 권의 책을 출판한다. 한 권은 지금까지 저술한 모든 책들의 결론에 해당하는 『존재의 이유』였고, 다른 한 권이 바로 이 『개인과 역사와 하나님』이었다. 특이한 것은 엘륄이 이 두 권의 책을 각각 자신의 아내와 자녀들에게 헌정한 것이다. 자신의 자녀들에게 헌정한 이 책에서 일흔 여섯의 나이에 엘륄은 평생의 삶을 통해서 얻은 지성적인 통찰과 영적인 지혜를 전하고 있다.

그는 말한다. "나는 다른 책에서 기술과 혁명의 결과들을 평가해 보았다. 나는 이 모든 경우에 다 맞는 결론을 하나 맺을 수 있었다. 헛되고 헛되니 모든 것이 헛되도다." 전도서를 묵상한 『존재의 이유』가 모든 저작들의 결론에 해당한다면, 에필로그라고 할 수도 있는 이 책에서, 그는 자신이 한 모든 학문적인 연구와 저작활동들이 결국은 덧없이 사라지고 마는 헛된 것에 불과하다고 단언한다. 그런 가운데서도 우리에게 정말 중요한 것은 지금 여기서 살아가는 우리의 삶이고 역사라고 강변한다. 이 책에서 엘륄의 의도는 곧 그 삶과 역사의 중요성과 의미를 구체적으로 전하는 것이다.

사실 프랑스어 원제목인 *Ce que je crois*를 문자 그대로 번역하면 '내가 믿는 것'이라 할 수 있다. 그런데 그 제목 탓에 사람들은 여기서 주로 어떤 신학적인 사상이나 이론을 기대하기도 한다. 특히 영미권의 독자층에서 제목을 보고 신학적인 책을 기대했다가 실망했다는 내용의 서평들이 적지 않게 발견된다. 문제는 믿음의 차원에서는 믿는 주체가 인간이라면, 계시의 차원에서 계시의 주체는 하나님이라는데 있다고 볼 수 있다. 신학이 주로 계시의 차원을 다루는 것이라면, 저자는 이 책에서 자신이 믿는 개인의 삶과 사회와 역사와 그리고 거기에 신앙의 하나님이 어떻게 관계하는지를 조명한다. 그런 의미에서 이 책을 현대의 언어로 쓴 엘륄의 전도서라고 한다면 지나친 억측이 될까.

이 책에서 저자 엘륄은 자신의 생애를 관통하는, 영혼을 사로잡은 두 번의 만남을 소개한다. 그는 한 만남의 경험을 이렇게 기술하고 있다. "나는 그녀를 처음 발견하고 태양이 폭발이라도 하는 것 같은 느낌을 받았다. 그녀는 나의 모든 갈망과 소망에 완전히 부합했다. [...] 그녀는 나의 우주가 되었다. 나는 그녀의 눈을 통해서, 그녀의 눈 안에서 모든 것을 보았다." 흡사 연애소설의 한 장면과 같은 이 글은 엘륄이 자신의 아내를 처음 만났을 때를 묘사한 것이다. 그는 남자와 여자의 진실한 사랑은 곧 하나님의 형상을 이 땅 위에 드러내는 것이라고 한다.

다른 하나의 만남은 자신과 하나님의 만남이다. 하나님에 관한 성서의 "하나의 말씀이 돌연히 아주 실체적인 진리로 다가와 이제 그 말씀을 의심하는 것이 불가능하게 된다. [...] 그때 나는 그 말씀에 대해서 아무 말도 할 수 없고, 또 그 말씀을 거부할 수도 없다. 그 말씀은 어느새 내 삶의 중심에 들어와 있다." 자신의 영적인 체험을 암시하고 있는 이 글에서 우리는 인간과 하나님의 만남이 인간과 인간의 사랑의 만남과 궤를 같이 하는 것을 보게 된다.

인간의 사랑과, 말씀의 성육신인 예수 그리스도 안에 계시된 하나님의 사랑은 엘륄이 저술한 모든 책들의 원천이요 동력이다. "평생을 통하여 나는 인간이 더 깨어나서 자유롭게 스스로를 돌아보며, 군중 속을 빠져나와서 스스로 선택하고, 또한 인간의 사악함과 어리석음에서 벗어날 수 있도록 노력해왔다. 나의 책들은 다른 목적이 없다. 내가 만난 그 모든 사람들을, 그들의 과거 행위가 어찌되었든 간에, 나는 사랑하려고 애를 썼다." 그 사랑으로 엘륄은 이 책을 통해서 우리 개개인의 삶과 인간의 역사, 그리고 미래를 조망하고 통찰할 수 있도록 우리를 인도한다.

역자로서 번역의 한계는 피할 수 없다. 한국자끄엘륄협회의 이상민 선생님은 엘륄에 대한 박학한 지식과 꼼꼼한 교정으로 많은 도움을 주었다. 울컥하는 감동 속에 책을 읽었다는 대장간의 배용하 대표님은 적절한 지적과 권고도 빼놓지 않았다. 영감이 뛰어난 아내는 이 책의 제목을 정해 주었다. 감사한 마음을 전하면서, 또한 이 책을 접하는 모든 이들에게 눈앞이 환히 열리는 기쁨이 함께 하기를 바란다.

서 문

　믿는 것보다 믿지 않는 것을 말하는 것이 결국은 훨씬 더 쉬울 것이다. 이런 말을 하면, 나를 잘못 알고 있는 사람들은 내가 원래 부정적인 경향이 있는 탓이라고 할 수도 있다. 그들이 나를 부정적인 사람으로 보는 이유는 아마도 내가 자유로운 인간의 우선적인 의무는 '아니오'라고 말하는 것이라는 주장을 반복해왔고, 부정의 긍정성이라는 헤겔의 사상을 여러 차례 언급했기 때문이리라. 그러나 그런 사실에 근거해서 나를 비관주의자나 부정적인 사람으로 단정하는 것은 잘못된 판단이다. 왜냐하면 나는 근본적으로 아주 낙관적이며, 나의 궁극적인 비전은 항상 긍정적이기 때문이다.

　서둘러서 읽다 보면 경솔한 판단을 하게 된다. 내가 믿는 것과 믿지 않는 것에 대해 차이를 느끼는 것은 아주 다른 이유에 기인한다. 믿지 않는 것은 아주 분명하고 명확하다. 믿는 것은 뭔가 막연하고 무의식적이고 추상적인 것이 섞여있어서 복합적이다. 내가 믿는 것은 나 자신이 문제가 되는 반면에, 내가 믿지 않는 것은 나 자신과 거리를 두고 외부에서 바라보는 것 같아서, 상대적으로 명확해지고 구분될 수 있다.

　내가 믿는 것은 거기에 나 자신이 직접 관련되어 있어서, 나 자신을 문제 삼지 않고서는 얘기할 수 없다. 내가 믿는 대상이 아니라, 실제로 설명할 수 없는 일련의 관계들이 존재할 뿐이다. 서로서로 잔뜩 얽혀있는 실제 사실들을 구분하는 학술적 과정이 전제되어야 설명이 가능하다. 전체를 한꺼번에 다 다룰 수는 없는 노릇이다.

뛰어난 재능을 가진 사람이라면 천재적인 능력으로 독자들에게 자신이 믿는 복합적인 것들을 단번에 모두 다 설명할 수도 있을 것이다. 그는 연결점들이나 관련사항들을 단절시키지 않고, 생 존 페르스[1]의 시와 같이 한편의 탁월한 시적인 글을 써서, 직관적으로 이해한 현상을 또렷하게 조명하면서 생생한 복합적인 감성을 독자들에게 전해줄 것이다. 그러나 나는 그와 같은 사람이 아니다.

변변치 않은 지식인에 불과한 나는 복잡한 것들을 분해하여서, 명확하고 합리적인 절차를 밟아서 하나씩 대상들을 파악해야 한다. 그러는 가운데 나는 살아있는 것들을 왜곡하고 변질시켜서 판화 같은 것으로 만들어버린다. 나는 대상들 간의 관계를 해체해서, 복합적인 관계를 상기시키기만 할 뿐 다르게 재현시킬 능력이 없다. 어떤 의미에서 나는 무한한 것을 유한한 것으로 옮겨놓는다. 어원적인 의미로 말한다면 일정한 경계 안에 배치하는 것이다. 믿는 것을 표현한다는 일은 나로서는 정말 난감한 일이다. 왜냐하면 나는 잘못 알고 있는 것들조차 다 축적해두기 때문이다. 그런데 나는 달리 어떻게 할 수 없다.

믿지 않는 것을 말하는 것은 간단하다. 나는 진보를 믿지 않는다. 나는 종교를 믿지 않는다. 나는 정치를 믿지 않는다. 나는 과학이 우리에게 궁극적인 해결책을 제시한다는 말을 믿지 않는다. 나는 다가올 미래에 정치적인 문제들이나 제3세계의 문제들을 현재의 인간사회가 해결하리라는 말을 믿지 않는다.

---

1) [역주] 생 존 페르스(Saint-John Perse)는 프랑스의 외교관이자 시인인 알렉시 레제르(Alexis Leger, 1887-1975)의 필명이다. 그는 1911년 시집 『찬가』*Eloges*로 문단에 등단하고, 1960년에 노벨 문학상을 수상하였다. 작품으로는 『원정』*Anabase*, 『망명』*Exil*, 『연대기』*Chronique*, 『새의 세계』 *Oiseaux*, 『단테를 위하여』*Pour Dante* 등이 있다. 그는 자신과 같이 프랑스의 외교관이자 시인이었던 폴 클로델(Paul Claudel, 1868-1955)처럼 파격적 운율의 웅대한 서사시를 썼다. 그는 명시적으로 신앙을 표명하지 않았지만, 그의 시에는 초월적인 존재를 향한 구도자적 갈망이 담겨 있다.

더더욱 문제를 복잡하게 하는 것은 믿지 않는 것이 믿는 것과 아주 긴밀하게, 실제적으로 분리될 수 없도록 연결되어 있다는 사실이다. 그것은 동전의 앞면과 뒷면과 같은 것이 아니다. 내가 진보를 믿지 않는다는 말은 반대로 진보가 아닌 것을 믿는다는 말이 결코 아니다. 그 관계는 논리적이기보다는 감성적으로 더 긴밀하다. 그 둘의 관계는 위계적이거나, 혹은 더 추상적이고 결정적이고 확정적인 서로의 입장에 따라 달라진다. 믿는 것과 믿지 않는 것의 형성 과정을 보기 위해서는 근본적인 원래의 자료들을 살펴보아야 한다. 믿는 것과 믿지 않는 것은 함께 형성되어간다.

자료들로 구성되는 여러 궤적들 가운데서 하나를 택하지 않고는 내가 믿는 것을 표명할 수 없다. 여러 가능한 궤적들 가운데서 하나를 선택할 때, 나는 여타의 다른 궤적들을 버리는 것이다. 그 궤적들은 딱히 모순적인 것은 아니지만 아무튼 다른 것이다. 나는 믿는 것이 무엇인지 고려하지 않고서는, 믿지 않는 것을 평온하게 말할 수 없다. 그러므로 확실한 이해를 위해서는 두 가지를 함께 파악해야 한다. 그러나 하나가 분명히 규정될 때, 다른 하나는 계속 논의되고 재검토되어야 하는 대상으로 남아 있을 수 있다.

학술적으로 구분해야 하는 대상들 속에서 관련사항들을 다시 살피고, 주제들을 서로서로 연결시키면서, 다양한 연관성을 섬세하게 끌어내야 한다. 왜냐하면 인간의 경우와 같이, 모든 것이 모든 것 안에 존재하며, 준거할 근거나 대상이 없이 독자적으로 성립될 수 있는 것은 아무 것도 없기 때문이다. 그러나 그것은 독자만이 할 수 있는 일이다. 그것은 오락거리나 호기심을 충족시키는 문제가 아니라, 확실한 이해를 위한 유일한 길이다.

'믿는다' 는 말에 대해 다시 설명할 필요가 있을까. 영어나 독어와는 달리 프랑스어는 두 가지로 차별화된 명사들이 존재하는 덕분에 그것은 쉬운 일이다. '믿는다' croire는 동사는 '신앙' foi과 '신념' croyance이라는 두 단어들과 관련이 있다.[2] 안타깝게도 우리는 두 단어들을 혼동해서 쓰는 경향이 있다. '신념'은 일상적인 삶의 차원에서 우리의 실존적인 삶을 구성하는 모든 것의 기초가 된다. 모든 것이 신념들 위에 세워져 있다. 우리의 모든 인간적인 관계들은 신념들에 기초한다.

나는 상대방이 나에게 말하는 내용을, 의심할 만한 중대한 사유가 없는 한, 당연하게 믿는다. 대화를 시작하기 이전에 이미 상대방에 대한 신뢰가 나에게 형성되어있다. 그렇지 않다면 인간관계는 불가능하다. 그것은 무지와 경멸을 불러일으킬 뿐 신뢰를 낳지 못하는 정치적 구호가 만들어내는 비극에서도 확인된다. 우리는 과학적인 사실도 잘 믿는다. 나는 사람들이 나에게 반복적으로 말해온 것이기에 'E=mc²'이라는 공식을 믿는다. 모든 교육 시스템은 신념들 위에 세워진다. 학생은 선생이나 교과서가 말하는 내용을 믿는다. 그는 깊은 신념에 의거해서 지식을 습득한다. 마찬가지로 우리는 우리의 지각기능들이 전달하는 것을, 왜곡된 것까지 다 포함해서, 당연하게 다 믿는다.

우리는 자유, 정의와 같은 말들도 당연하게 믿는다. 그 단어들은 분명한 일관성이 없는데도 우리는 그 내용이야 어찌됐던 간에 확고하게 받아들인다. 하나의 사회는 구성원 각자의 의식의 토양에 깊이 뿌리내린 신념들이 없다면 정상적인 기능을 발휘할 수가 없다. 그런 신념들은 서로서로 일관적인 느낌들과 행동들을 불러일으킨다. 집단적인개개인의 눈에는 개인적인 신념들이 없는 사회는 아노미 상태에 빠져서 해체 과정을 밟을 수밖에 없다. 신념들은 결국 사회의 존재 이유가 된다.

'신앙'은 신념과는 전혀 다른 것이다. 신앙은 하나님을 향한다. 그러

---

2) 나는 이 주제를 『의심을 거친 믿음』(대장간 역간, 2012)에서 이미 다루었다. 그러나 거기서는 아주 다른 방식으로 접근했다.

나 신념들도 또한 종교적일 수 있다. 신념을 종교와 동일시하는 일은 아주 흔하다. 사실이 그렇다. 종교적인 신념들은 사회적 총체성과 연관된다. 흔히 사람들은 이론의 여지가 있는데도 불구하고 라틴어로 '다시 묶다'라는 뜻의 'religare'에서 라틴어로 '종교'라는 뜻을 가진 'religio'가 파생된 것으로 이해한다. 종교는 사람들이 관계를 맺게 하고, 하나의 공동체를 신성 divinité에 연결시킨다. 그런데 바로 그 점이 문제이다. 왜냐하면 그것은 종교사회학의 분석 대상이 되기 때문이다.

사람들이 더 높은 존재인 신을 의지하고 공동체의 수호자이자 의미의 창출자로 삼는 것은 궁극적으로 인간관계를 성립시키기 위한 것이 된다. 그렇게 되면 종교의 대상은 아주 다양해질 수 있다. 하늘이나 우주에 투사된, 하나나 혹은 다수의 신적인 존재들이 나올 수 있고, 인간에게 속한 여타 현상들도 신격화될 수 있다. 이성이나 과학도 신성화의 대상이 될 수 있다. 히틀러주의는 마르크스레닌주의가 1970년대까지 그랬던 것처럼 하나의 종교였다. 국가는 물론이고 진보도 위대한 신적 존재가 되어 현대의 종교를 이루고 있다. 각각의 종교에는 고유한 의례, 신화, 이단, 신자, 존재 이유, 강력한 신념 등이 존재한다. 이와 같이 종교의 대상이 꼭 신이 되라는 법은 없다.

그러나 유일한 하나님을 향한 신앙의 경우에는, 하나님은 자연의 힘을 상징하는 존재도 아니고, 인간의 욕망이나 인간의 가치가 투사된 포이어바흐3)가 말하는 추상적 대상도 아니다. 우리가 지각하고 상상하는 것과는

---

3) [역주] 루드비히 포이어바흐(Ludwig A. Feuerbach, 1804~1972), 독일의 철학자. 그의 저서 『죽음과 불멸에 관한 고찰』*Gedanken über Tod Und unsterblichkeit*(1830)에서 그리스도교를 비판한 것으로 간주되어 교직에서 추방된다. 『그리스도교의 본질』*Das Wesen des Christentums*(1841)에서 그는 칸트의 영향을 입어서 인간의 본질과 일치하는 한계 내에서 종교를 긍정한다. 그는 이제까지의 종교를 비판적으로 분석하고 근대 신학을 비판한다. 또한 그는 범신론적 자연철학적인 입장을 취하면서, 인간학적인 유물론을 수립한 것으로 유명하다.

아주 다를 수밖에 없는 하나님을 향한 신앙은 신념과 결코 동일시될 수 없다. 왜냐하면 이미 앞에서 살펴본 바와 같이, 하나님은 인간이 복제할 수 있는 어떤 상징적인 표상들과도 동일시될 수 없기 때문이다. 하나님이 참으로 하나님이라면, 하나님은 다신교가 신이라 부르는 존재와는 전혀 다를 수밖에 없다.

다신교의 신들은 그 존재가 다 묘사될 수 있고 각자의 역할이 따로 주어져 있다. 그들의 존재는 제한적이며 각자의 행동 영역이 따로 있다. 그러나 신앙의 하나님은 가까이 할 수도 없고 동화할 수도 없다. 하나님은 참으로 근본적으로 타자이기에,[4] 우리는 하나님을 규정할 수도 없고 바라볼 수도 없다. 신앙의 하나님은 전혀 근접할 수 없는 존재이다.

포이어바흐가 하나님을 절대에 속하는 하나의 가치로서 단순화시켜서 정의한 것은 치기에 가깝다. 먼저 우리는 절대적인 것을 영원한 것만큼이나 알 수 없기 때문이다. 우리는 절대적인 것에 관해서 아무 것도 말할 수 없고 그것과 동화될 수도 없다. 절대에 속한 가치에 관해 말하는 것은 실제로 하나님에 관해 말하는 것일 수도 있다. 그러나 그것이 어떤 것이든 간에 절대에 속한 것을 인간이 변호하는 것은 불가능하다.

하나님에 대해 수도 없이 공격하는 말들을 접할 때, 우리는 그런 말을 하는 사람들이 사실은 자신들이 말하는 것이 무엇인지도 모르고 있다는 걸 확인할 수 있을 뿐이다. 왜냐하면 그들이 때로는 정당한 사유를 가지고 공격하는 것은 한정된 시간과 장소에서 인간의 편의에 따라 만든 하나님의 이미지로서, 그것은 하나님에 대한 인간의 이미지이지 하나님이 아니기 때문이다.

인간이 자신의 이미지에 따라서 하나님을 만들었다는 주장은 오늘날

---

[4] 인간의 가치들이나 신념들 중의 하나로 파악될 수 있다면 하나님일 수가 없다. [본문의 괄호 안 내용을 각주로 옮김. — 이하 주 뒤에 ◇표시]

수없이 회자되며 명백한 사실로 받아들여지고 있다. 그러나 그것은 사람들이 무얼 말하는 바를 자신들이 모르고 있다는 사실을 정확하게 보여준다. 그것은 어린아이의 재잘거리는 말과 같다. 왜냐하면 하나님이 참으로 존재한다면 우리가 하나님에 관해 말할 수 있는 것은 필연적으로 우리가 추정하고 인지한 것에 그칠 수밖에 없기 때문이다. 그것은 마치 어린아이가 바닷물을 통에 담아 물거품이 일어나도록 흔들면서 들고 가다가, 자신이 바다와 파도를 들고 간다고 선언하는 것과 흡사하다.

우리 스스로는 하나님에 관해 아무 것도 알 수 없다. 단지 하나님이 당신의 존재에 관해 아주 조금이라도 계시할 때, 비로소 우리는 하나님에 관한 지식과 인식에 아주 조금 접근할 수 있을 뿐이다. 이 계시는 하나님이 하나님에 관해 전하려는 것을 우리가 받아들일 수 있도록 우리의 문화적 지적 수준과 이해 수준에 맞춘 것이다. 그러므로 거기에는 가변성이 있다. 그것은 하나님이 가변적인 것이 아니라 하나님이 상대하는 인간이 가변적이기 때문이다. 하나님은 인간의 의사소통을 확립하는데 가장 적절한 수단인 말을 사용할 것이다. 하나님은 인간을 상대할 때, 언제나 아주 개인적인 상호관계를 맺는다.

여기에는 물론 의문이 따른다. 아무튼 하나님은 왜 부분적으로 당신을 계시하는가? 왜 하나님은 절대적인 거리를 유지하지 않는가? 그러면 하나님은 홀로 당신의 일을 성취하거나 안식을 취하고, 땅 위의 인간은 혼자서 자신의 삶을 꾸려나가게 될 텐데 말이다. 그 의문에 대한 첫 번째 대답은 대답 자체가 불가능하다는 것이다. 하나님은 어떤 조건에도 구애되지 않는다. 만약 하나님이 그 무엇이든 하나의 조건에 구애된다면 하나님일 수가 없다! 따라서 하나님의 행동과 결정에 관해서는 어떤 동기도 어떤 이유도 없다. 하나님이 스스로를 계시하는 것은 인간이 수용할 수 있는 방식으로 하나님이 스스로 계시하기로 결정을 내린 것이기 때문이다.

그러나 내가 유대교와 기독교의 맥락에서 계시의 의미를 생각한다면 모순적이지 않고 보완적인 또 다른 대답을 제시할 수 있다. 창조주 하나님은 당신의 피조물을 아무런 교제나 보호도 없이 내버려 두기를 원치 않는다. 신생아를 길에 버려둔다면 어떤 일이 벌어질 것인가. 사랑의 하나님은 홀로 가만히 있을 수 없다. 사랑은 다른 존재를 향하는 것이지 자기 자신을 향하는 것이 아니다. 하나님은 유아독존하지 않는다. 하나님은 당신이 창조한 세계와 피조물을 사랑하고, 피조물의 생존과 번식에 필요한 하나님의 지식을 전한다.

이 하나님에 관한 신앙과 인간의 모든 신념들은 대립할 수밖에 없다. 사회의 유지에 유용한 신념은 필연적으로 집단적일 수밖에 없다. 그 대상을 전부 다 장악하려는 경향이 있는 신념은 인간을 인간 자신의 수준 너머로 상승시키는 힘을 발휘한다. 신념은 절대화하고 배타성을 띨 경우에 인간을 수많은 악행으로 유도할 수 있다.

신앙은 모든 점에서 신념에 반한다. 먼저 신앙은 절대자와 한 개인의 개별적인 관계이며 대화이다. 신앙은 결코 신앙의 대상인 절대자를 전부 다 장악하려고 하지 않는다. 신앙은 사회에 전혀 유용하지 않다. 오히려 신앙은 사회를 혼란스럽게 하여, 사회적인 관계의 단절을 가져온다. 무엇보다도 신앙은 하나님이 인간에게 내려옴으로써만 생겨난다. 바로 이것이 문제의 핵심이다. 신념은 신적인 존재로 여기는 것을 향하여 인간이 올라가려고 애쓰는 것이다. 신앙은 자녀들을 만나려고 그 수준에 맞추어 스스로 초월적인 위치에서 내려오는 하나님을 맞아들이는 것이다. 신앙과 신념 간의 대립은 이렇게 전면적이다.

역사는 우리에게 신앙은 신념으로 변질될 수 있지만, 신념이 신앙이 될 수 없다는 점을 말해준다. 신앙의 대상인 하나님을 완벽하게 알고 있다고 주장하면서, 신앙의 보존과 전파를 목적으로 제도를 확립하려고 할 때 신앙은 신념으로 변질된다. 신앙이 진리를 규정하는 근본적인 원칙들을 명확하게 설정하려 하고, 사회의 모든 것을 총괄하려 할 때5), 신앙이 변질되는 일이 일어난다. 신앙이 결정적이고 확고한 원칙들만을 답습하고 다른 사람들에게 하나님의 진리를 강요하려 할 때, 변질이 일어난다. 그런 현상들 중의 하나가 나타날 때, 신앙은 더 이상 남아있지 않고 신념과 제도화된 종교만이 존속한다. 그러나 나는, '믿는다는 것' le croire이라는 애매한 뜻을 지닌 단어로 제목6)을 붙인 이 책에서, 믿는다는 것과 신념에 대해서, 그리고 신앙의 의미에 대해서 말하려고 한다.

믿는다는 것에 대한 내 말은 아직 끝나지 않았다. 왜냐하면 내가 절대적인 것으로 치부하는 가치들에 대한 신념과, 다른 사람이 나에게 하는 말 속에 담겨있는 신념이 있는가 하면, 전혀 다른 또 하나의 의미가 존재하기 때문이다. 믿는다는 것은 또한 내가 추정하고 생각하고 평가하는 것이다. 그것은 또한 완전히 불합리하고 주관적일 수도 있는 판단들 중에서 내가 확실한 사실로 받아들인 것이다.

나는 어떤 사람을 나의 친구라고 믿는다. 어떤 책을 읽는 것이 나에게 유익할 것이라고 믿는다. 나는 어떤 사건이 일어날 수 있다고 믿는다. 나는 어떤 행동이나 결정이 어떤 결과를 초래할 것이라고 믿는다. 이는 내면적인 것과 외적인 것, 감성적인 것과 지적인 것, 상상적인 것과 경험적인 것 등이 융합된 것이다.

이 믿는다는 것은 결국은 동일한 것이면서도 아주 가변적일 수 있다. 자기 정체성의 문제를 보자. 무엇이 내가 나 자신이라는 사실을 나에게 증명해줄 수 있는가? 내 몸의 모든 세포들은 7년마다 완전히 바뀐다. 그러므

---

5) 이때 신앙은 사회적 유대를 가져온다. ◇

6) [역주] 이 책의 프랑스어 제목은 *Ce que je crois*로 문자적으로 번역한다면 '내가 믿는 것'이다. '개인과 역사와 하나님'이라는 현재의 제목은 책의 전체 내용을 포괄적으로 반영하고자 역자가 새롭게 붙인 것이다.

로 나는 완전히 다른 존재이다. 그러나 나는 그럼에도 불구하고 나 자신은 50년 전의 나와 동일하다는 불굴의 신념을 가진다. 물론 내 몸의 상태가 나빠지고 있는 것을 보아 왔지만, 그래도 나는 언제나 나 자신이다. 이는 몸의 기관들을 이식했거나 인공 보철들을 심은 사람들이 언제나 자기 자신들의 정체성에 대한 신념을 유지하는 것과 마찬가지이다. 몸에서 달라진 부분들의 문제 이외에, 몸 전체에 변한 것이 있고 동일한 것이 있다. 몸의 조직 전체를 구성하는 요소들이 변동될 수 있었다 하더라도, 전체 조직은 동일한 정체성과 과정을 유지해 왔다.

여기서 신념의 더 심오한 또 다른 의미를 발견한다. 나는 어떤 증거나 보장도 없다. 그러나 나는 내가 나 자신이라고 강력하게 믿는다. 그리고 "나는 내가 아닌 다른 존재다"라는 말보다 더 거짓되고 헛된 말은 없다고 믿는다.

그 말이 인간은 결코 자기 자신을 완전히 알 수 없고, 자신의 내면에 커다란 무지의 어두움을 간직하고 있으며, 거기에 다른 존재가 존재할 수 있다는 뜻이라면, 그것은 진부하고 상투적인 말에 불과하다. 그 말이 나는 나 자신이 아니고 다른 존재라는 뜻이라면, 그것은 거짓말이다. 존재의 해체와 인격의 용해, 축소, 약화를 시도해온 유럽의 지성들이 내놓은 모든 이론들을 감안한다 해도, 그것은 거짓말이 된다.

이에 대해서 나는 살아있는 존재와 부합하는 것이 하나도 없는 호적증명서만이 아니라, 내가 바로 나 자신이라는 신념을 강력한 반론으로 내세울 것이다. 50년 전에 내가 사실로 간주했던 것이 나에게 더 이상 그때처럼 확실한 것이 아니라는 점은 인정한다. 역으로 나의 신념은 경험과 만남, 우연과 탐구 등으로 풍요로워졌다. 그 경험과 만남, 우연과 탐구는 그 때의 확신을 사라지게 했지만, 나로 하여금 다르게 변화한 가운데서도 동일한 존재로 남게 했다.

여기서 언급할 것이 또 하나 있다. 믿는다는 것의 또 다른 측면으로, 나에게 항상 아주 중요했던 것은 믿기를 원하지 않는 것, 즉 믿기를 거부하는 것이다. 이 점에 대해서 두 개의 관점을 살펴볼 수 있다. 나에게 끔찍하고 용납할 수 없고 괴로운 하나의 사건이 일어나면, 나는 거기서 여러 요인들이 서로 결합하는 것을 분명히 보게 된다. 나는 정치가들의 행동과 결정의 결과를 본다. 나는 광기어린, 파괴적인 여론이 확산되고, 미디어에 의해 조종된 대중들은 거리낌 없이 거기에 휩쓸리는 걸 보게 된다. 그것은 나에게 비극적인 확실성으로 다가오고, 그런 상황의 전개는 피할 수 없는 듯하다. 그러나 무엇이든지 변화시키지 못하는 나의 연약함 탓에 나는 그 사실을 믿고 싶어 하지 않는다. 나는 그것이 필연적인 숙명임을 알면서도 믿기를 거부한다. 나는 그런 일이 일어나리라고 믿지 않는다고 말하지는 않지만, 믿기를 거부함으로써 미약하게나마 항거하는 것이다.

내 기억으로는, 1939년, 2차 대전이 일어나기 한 달 전에 나는 보르도 주변의 도로를 홀로 산책하고 있었다. 돌아가는 상황을 보면 볼수록, 전쟁은 정말 불가피할 수밖에 없다는 사실이 더욱더 분명해졌다. 그런데 나의 존재 전체가 이에 대해 저항함으로써, 당시 내가 가졌던 확신을 믿는 걸 나는 거부했다. 사실 나의 평생의 삶은, 실제 상황이 보여주는 어두운 결과에 대한 분명한 인식과 그 사실을 믿지 않으려는 거부로 갈라져 있다. 그 거부는 정말 연약한 것으로, 어쩔 수 없는 상황에 대해 고뇌하는 가운데 저항의 뜻으로 시도한 것이었다.

유일하게 할 수 있는 일은 다른 사람들에게 일어날 일을 알리고 경고하는 것이다. 그래서 그들도 그걸 경계하면서 상황의 다행스러운 반전을 믿는 것을 거부하게 하는 것이다. 오늘날 애석하게도 나는 또 핵전쟁에 대한 무서운 확신에 시달리고 있다. 나는 그것을 믿고 싶지 않다. 현재 결정한 사항들이 초래할 당연한 결과로서 발생할 일을 말해도, 그 말을 믿는 사람이 아무도 없다. 왜냐하면 사람들은 현재의 사건에 집착하고 있어서 그 사건이 가져올 어마어마한 결과를 인지하지 못한다. 쿠바 사태가 그랬고, 베트남 전쟁이 그랬고, 캄보디아 대학살이 그랬다. 또한 기술 사회의 발달 문제도, 실업 문제도, 1981년 5월에 출발한 프랑스 좌파 정부의 중요한 변화도 그랬다.

잠시 좌파 정부 문제를 주목해보자. 미테랑이 대통령으로 당선되었을 때 나는 당혹스러운 기사를 썼다. "중요한 혁신이랄 게 하나도 없다."[7] 충격적이지만 무익하기만 한 몇몇 커다란 정책들을 제외하고 국유화는 그 한 예이다 사회당 정부는 여타의 정부와 같이 기술적인 진보의 길에 들어설 수밖에 없을 것이라는 사실이 내게는 아주 명백했다. 사회당 정부는 여타 정부와 같이 경제 성장의 불가피한 요구에 굴복할 것이고, 겸직, 정치적 출세주의와 같은 정치적 게임 규칙들이나 사회 구조와 초국가적 기업들의 경제적 지배를 뒤바꿀 수 없을 것이며, 상황에 따른 조치들을 취할 수밖에 없을 것이다. 그것이 나에게는 명확한 사실이었다.

그러나 나는 사회주의를 좋아하고 언제나 정의와 자유의 이상을 사랑하기에, 그들이 진정한 사회주의 혁명을 성공시키기를 희망했다. 나는 여러 번 그렇게 썼다. 나는 극복할 수 없는 숙명적 결과를 믿고 싶지 않았다. 사람들은 내 글을 사회당에 대한 공격으로 받아들였다. 그런데 사실 그것은 반대로 사회당에게 자신들의 임무가 스스로 믿는 것보다 더 어려운 것임을 보여주기 위한 경고문이었다. 그것은 아무 짝에도 소용이 없었다.

내가 믿기를 거절하는 데에는 또 다른 측면이 있다. 나는 대상을 있는 그대로 본다. 정치적인 대상이든 경제적인 대상이든 간에, 나는 그 성향들

---

7) [역주] 1981년 5월 10일 프랑스의 대통령 선거에서 사회당의 프랑수아 미테랑 대통령이 당선되고 난 다음날 자끄 엘륄은 『르몽드』지에 당시로서는 충격적인 내용의 논평을 쓴다. 그는 새로 집권한 사회당 정부는 결국 어떤 중대한 개혁도 이루지 못할 것이라고 지적했다.

과 확고한 특성들을 살피면서, 하나의 돌덩어리를 보듯이 있는 그대로 본다. 다만 나는 그것을 지지하는 것은 거절한다. 나는 그것의 탁월성과 가치를 믿는 것을 거절한다. 나는 그 존재에다가 나의 믿음을 덧붙이는 것을 거절한다. 나는 현대 국가를 보고 관료주의와 돈과 기술을 본다. 그것들은 있는 그대로다. 나는 다만 그것들을 믿는 것을 거절한다.

그것들은 그 자체로 충분하다. 그런데 그것들은 끊임없이 나의 지지를 구하고, 극단적인 경우에는 나의 숭배를 구한다. 나는 그것들을 그냥 있는 그대로 둔다. 나는 그것들의 가치나 선함이나 진실이나 효용성이나 순수성을 믿지 않는다. 그것들은 그 자체로 충분하다. 그런데 내가 거기서 벗어날 수 없다는 사실을 잘 알고 있음에도 불구하고, 나는 있는 그대로의 그것들에 만족하지 않는다.

그러나 인간이 믿는다는 것은 그 대상들에게 비할 바 없는 가치를 부여한다. 이제 그 대상들은 돌연히 다른 것들보다 훨씬 더 탁월하게 된다. 그것들은 이제 인간적인 모습을 띤다. 마르크스는 자본을 흔히 전설 속의 뱀파이어와 비교했다. 나는 그런 비교가 우리의 사회적 정치적 경제적 대상들에게 널리 적용될 수 있다고 믿는다. 그것들은 사물에 지나지 않는데, 사람들이 그것들을 믿기 시작할 때, 갑자기 생기를 지니게 되고, 능동적이고 분명하고 명백하여서 실제로 영향력을 미치는 것이 된다. 그것들은 뱀파이어처럼 피를 빨아들이는 것이 아니라 신뢰와 애정이 담긴 신념을 양분으로 삼는 것이다. 그 신념을 배제하는 것이 내 입장이다.

그와 같은 점들이 믿는다는 단순한 단어에서 내가 보는 다양한 측면들이다. 어느 경우에나 결국 내가 믿는 것이 문제가 된다. 그것은 하나의 정신분석이 아니다. 그것은 자기 자신이 스스로 자기 자신을 문제 삼는 것이다. 사실 믿는다는 것에는 하나의 단순한 감정이 보여주는 것과는 달리 어떤 자발성이나 직접성이 존재하지 않는다. 믿는다는 것과 믿지 않는다는 것을 분간하기 위해서는 자기 자신에 대한 심오한 성찰과 묵상이 필요하다. 이는 실제적인 문제 제기라고 할 수 있다. 왜냐하면, 그것과 동시에 "내가 이걸 믿는 것이 정말 타당한가?"라는 의문이 떠오르기 때문이다.

자신이 믿는 것을 말할 때는 그 타당성과 진실성을 함께 감안한다. 그때 우리는 위험부담이 있을 수밖에 없는 비판을 하게 된다. 아무 것도 믿지 않는다고 하지만 자신이 믿는 것에는 맹목적이 되는 회의주의자와 같은 사람처럼 경솔한 사람은 없다. 그런데 자신의 존재 자체가 문제가 되는 때에는 경솔해질 수가 없다.

믿는 것을 탐색하는 것은 오래 전에 있었던 '양심 성찰'과 같은 것이다. 믿는 것이 드러날 때마다 불가피하게 그걸 판단해야 한다. 계속하다 보면, 그것은 감추어진 또 다른 신념을 들춰내면서, 동시에 그걸 비판하는 데 필요한 시간을 내야 하는 이중적인 작업이 된다. 사실 계속하거나 아니면 침묵하는 수밖에 없다. 그러므로 내가 높이 평가하는 것, 지금 내가 생각하는 것, 내가 명확한 사실로 받아들이는 것을 경솔하게 말한다는 것은 나에게는 있을 수 없는 일이다. 나에게 있어서 그것은 근본적인 원인들을 밝히려고 시도하는 정치적인 논평과 같이 아주 중대한 일이다.

제1부

삶의 조명, 섬들

1. 삶의 의미

삶에는 하나의 의미가 있다고 나는 믿는다. 우리는 이 땅 위에 우연히 던져진 존재가 아니며, 어디서 와서 어디로 가는지 알 수도 없는 무의미한 존재가 아니라고 나는 믿는다. 이 말은 하나의 고백이다. 이는 입증하는 것이 아니다. 하나의 의미라는 것은 하나의 방향성orientation이고 의미 작용 signification이다. 일어나는 사건마다, 우리가 하는 행동마다, 우리가 하는 말마다 하나의 의미가 있다는 것이 아니다. 단지 모든 것이 방향성과 의미 작용과 관계가 있다는 말이다. 하나의 방향성은 구석기 시대에서 신석기 시대로, 청동기에서 전자 시대로 넘어가게 하는, 우연적인 사건들의 연속이 아니다. 하지만 지금 여기서는 역사 철학에 대해서나, 우연적 사건들의 전개와 그 궁극적 목적의 일치에 대해서 말하는 것을 삼가고자 한다.

테이아르 드 샤르댕1)은 각각의 시대는 더 나은 시대를 향한 질적인 도약, 곧 높은 곳을 향한 비약을 유발하는 거대한 양적인 팽창이 발생한다고 한다. 그리고 상승하는 것은 모두 한 곳으로 수렴한다고 주장한다. 나는

---

1) [역주] 피에르 테이아르 드 샤르댕(Pierre Teilhard de Chardin, 1881–1955), 프랑스 고생물 지질학자. 예수회 신부. 그는 과학의 진화론을 신앙과 연결시켜 물질적 우주에서 생명으로, 생명에서 인간의 정신으로 진화하고, 궁극적으로는 오메가 포인트에 도달한다고 주장한다. 또한 그는 진화론에 인간의 의지적 선택을 개입시킨다. 저서로는 『인간 현상』*Le phénomène humain*, 『인간의 미래』*L'Avenir de l'homme* 등이 있다.

그와 견해가 다르지만, 무분별한 것을 거부한다. 이는 또 하나의 일방적인 고백이다. 물론 무분별한 것은 광범위하게 퍼져 있다. 나는 그것을 어디서나 발견한다. 나는 인간이 대개 무분별한 행위를 하고, 세상에는 아무런 타당한 이유도 없어 보이는 사건들이 많이 일어난다고 생각한다. 그러나 우리가 그 사건들을 전체적인 맥락에서 볼 수 없기 때문에 그렇게 보일 뿐이다.

다운 증후군이나 지적 장애가 있는 아이를 가진 부모가 특수 시설에 맡기지 않은 채로 그 아이를 자신들이 직접 보살피는 것은 무분별한 것이다. 그러나 이 상황을 통해 나타나는 사랑의 기적으로 그 아이 주변의 사람들에게 변화가 일어나서, 인격적이고 심리적인 성숙을 불러올 수 있는 점을 감안할 때, 이 무분별한 행위는 인간적인 사랑의 모범이 된다. 나는 그런 사례를 목격했다.

또한 나는 자신의 부인이 중증의 반신불수가 되어 말을 하지 못하게 되어버린 한 남자를 알았다. 그는 자신의 상점을 팔고 환자가 된 부인을 매일 자상하게 간호했다. 무려 15년 동안 자신의 삶을 그렇게 헌신적으로 보냈다. 나는 원래 교육을 그리 많이 받지 못한 그 사람이 진정한 실존 철학을 가지게 된 사실을 알게 되었다. 그는 나에게 이렇게 말했다. "삶은 아름답고 경이로운 것이며, 우리 모두는 이 땅에서 완수해야 할 사명이 있습니다. 그러나 우리는 먼저 삶이 아름답다는 사실을 깨달아야 합니다."

무분별한 행위라고? 삶의 의미가 어디 있냐고? 그는 안락과 행복을 소소하게 추구하는 길을 뒤로 하고, 한걸음씩 자신의 인격을 확장하고 성숙하게 하는 길을 걸었다. 신앙인이 아니었던 그는 죽음 너머의 세계를 몰랐다. 그러나 거기에 구애받지 않고 그는 자신이 살아가는 매순간에 의미를 부여하였다.

의미를 평가하려면, 복합적인 인간관계와 시간의 경과를 감안해서 사건을 살펴보아야 한다. 오늘 나에게 의미가 없어 보여서 무시하려고 한 것이 내일 많은 긍정적인 열매들을 맺어서 별다른 뜻이 없던 일련의 사건들에 하나의 방향을 제시해줄 수 있다. 그러나 애매모호함을 피하기 위해서는 어느 정도의 구분은 필요하다.

삶에 하나의 의미가 있다고 말하는 것은 두 가지 형태로 이해될 수 있다. 하나는 삶 자체가 그 의미를 내포하고 있다는 것이다. 즉, 삶에 대한 인간의 태도와 상관없이, 일어나는 모든 일에 하나의 의미가 있다는 것이다. 그것은 삶 자체에 붙는 일종의 형용사이다. 이런 경우에 인간의 사명은 다만 그 의미를 발견하는 것뿐이다.[2]

"역사는 하나의 의미가 있다"라는 유명한 구절이 있다. 마르크스의 후계자들에게 역사의 의미는 계급투쟁의 발견으로 나타났다. 그 의미를 이 단어의 이중적인 뜻과 함께 찾기 위해서는 이 기준을 모든 상황에 적용하는 것으로 충분하다. 그러나 인간이 그 의미를 찾건 찾지 못하건 간에, 역사는 역사의 흐름을 이어가고, 그 의미를 가진다. 이는 마치 태엽을 감은

---

[2] 별로 중요하지 않은 내용이지만, 클로드 시몽(Claude Simon)은 1985년에 그의 노벨상 수상 연설에서 "말할 것이 아무 것도 없었다."는 말을 먼저 했다. 그는 그런 말을 할 필요가 없었다. 그의 소설들을 읽으면 그걸 명백하게 알게 된다. 어느 영역에서나 어떤 진리도 없다. 그렇다고 치자. 그러나 더 심각한 것은 수많은 걸 겪었던, 자신의 파란만장한 삶을 떠올리면서, 그는 말을 이어갔다. "설사 어떤 의미가 존재한다 하더라도, 섹스피어에 이어서 바르트도 그렇게 말한 것 같은데, 나 자신은 이 모든 삶에서 아무런 의미도 발견하지 못했다. 세상이 무엇인가를 뜻한다는 말은 세상이 존재한다는 사실을 빼고는 아무런 의미가 없다." 아무런 의미가 없다는 말은 그 자체 이외에 다른 것(아무런 것도 나타내지 않는 것)을 지칭하지 않는다는 뜻이다. 그것은 아무런 방향도 아무런 가치도 없고(그렇다면 왜 클로드 시몽 자신은 [2차 대전 중 독일군 포로수용소에서] 왜 탈출했는가?), 어떤 진리도 인지할 수 없다는 걸 의미한다. 그 말의 의미를 정확하게 받아들인다면, 그냥 그 자리에 있는 하나의 화분처럼 존재하는 것 이외에 달리 살아갈 이유가 없다. 살아갈 이유가 없다면 왜 계속 사는가? 아무런 의미가 없다고 선언하는 것은 우리로 하여금 미쳐버리거나 자살하거나 하는, 최후의 선택을 마주하게 한다고 나는 믿는다. 그런 그의 선언이 단지 문학적인 표현 방식에 그치는 것이 아니라면 말이다. 클로드 시몽 자신에게 있어서, 의미가 있는 일이 아무 것도 없다면, 그 자신이 쓴 책들도 그렇다고 나는 믿는다. 그렇다면 그는 왜 그 책들을 쓴 것일까?

시계가, 우리가 보거나 말거나, 자동적으로 가는 것과 같다. 여기에 마르크스가 "인간은 스스로 역사를 만든다"라고 한 또 다른 말이 갈등을 빚는다. 이 말은 그가 나중에 한 말이다.

먼저 나온 유명한 구절의 경우에 인간이 해야 할 것은 단지 역사의 의미에 맞는 행위와 결정을 예측하는 것이다. 나중에 한 말의 경우에 인간은 독립적으로 스스로 결정하여서, 역사의 흐름을 혼란스럽게 하고 길을 잃게 할 수 있다. 혹은, 인간이 일어나는 사건에 하나의 의미를 부여하는 소명과 임무를 가지고 있음으로서, 아무 것도 그 자체로는 의미가 없으나, 인간만이 그 의미를 찾을 수 있다고 할 수 있다.

인간이 의미를 부여한다는 사실 자체가 인간의 존엄성을 확립하며, 역사와 도덕을 구성하는 토대이다. 사건들은 우연적인 결과이거나 혹은 서로 관련 없는 여러 요인들의 조합에 기인한다. 그리고 인간은 결연히 일어나서 말한다. "이것이 그 모든 것이 의미하는 바이다. 이것이 이미 일어난 사건들에서 출발하여 내가 가고자 하는 목표 지점이다."

나는 두 가지 경우의 해석들이 궁극적으로 다 타당하다고 믿는다. 삶에는 하나의 방향이 있고, 지향하는 하나의 궁극적인 목표가 있다. 그러나 내가 그렇게 말할 수 있는 것은 내가 그리스도인이기 때문이라는 사실을 잘 알고 있다. 인간의 모험은 빛나는 영광 속에 완결되는 것이 아니다. 종말의 때에 재창조되면서 인간의 모든 역사는 끝나버린다. 나에게 신앙이 없다면, 역사라는 인간적인 모험은 그 자체로는 아무런 방향을 가질 수 없다. 역사에 그 자체의 의미가 있다는 말은 사실이 아니다. 구석기 시대에서 신석기 시대로, 봉건 시대에서 산업화 시대로 넘어가는 것이 논리적이고 일관적이라는 말은 사실이 아니다.

인간의 역사는 실제로 바보가 얘기하는 분별없는 이야기에 불과하다. 더욱이 성서는 동일한 관점을 보여주면서, 요한계시록에서 방향도 노정도 이유도 없이 네 마리의 말들이 펼치는 광란의 경주로 역사를 묘사하고 있다. 그 네 마리의 말들은 권력과 군사력을 뜻하는 말과, 경제력을 뜻하는 말과, 죽음과 죽음에 관련된 모든 것들을 뜻하는 말과, 하나님의 말씀을 뜻하는 말이다. 무섭게 질주하면서 그 말들은 땅 위의 모든 곳을 누비고 다닌다. 그런 말들의 경주가 조합된 것이 바로 역사이다.

역사는 목표도 의미도 없다. 내가 이 인간적인 모험에 관심을 가지고 하나의 의미를 부여하는 것은 단지 과거를 회상할 때뿐이다. 이전의 사건들이 유도한 현재의 상황이 그렇기 때문에 그 사건들이 그런 방향과 가치를 가졌다고 보는 것이다. 그러나 사후적인 해석은 미래에 대해서는 나에게 아무 것도 밝혀주지 않는다. 좋은 방향으로 헤쳐 나아가기 위해서 무엇을 해야 하는지 나는 잘 모른다. 너무나 많은 정보와 변수가 있고, 나는 되는 대로 행한다. 그러면서 해야 할 일을 하고 있다고 생각한다.

논리적이고 합리적인 연결성을 발견하지 못할 때, 나는 상징적이고 신화적인 의미를 부여한다. 그런 방식은 터무니없게 여겨지지 않고, 역으로 인간에게 아주 풍성하고 심오한 진리의 의미가 꽃피우는 것으로 받아들여진다. 왜냐하면 신화는 인간이 경험한 영원한 것과 총체적인 것과 개인적인 것에 부여한 의미들을 상징적으로 해석한 것이기 때문이다. 그렇지만, 사실 총체적인 차원에서 보면 인간의 역사는 아무런 의미가 없다. 그러나 나는 거기에 하나의 의미를 부여하고 싶다. 그것은 명예를 위한 것이고, 일관성을 위한 것이고, 허무에 대항하기 위한 것이고, 혹은 인간이 용납할 수 없는 부조리에 대항하기 위한 것이다. 나는 내가 무분별하게 되는 것을 견딜 수 없다.

반면에, 개인적인 삶이라는 차원에서는 개개의 사건과 모험과 만남이 그 자체로 하나의 의미를 가진다고 나는 생각한다. 우리의 인간관계는 그 어느 것도 의미가 없을 수 없다. 우연한 만남이나 내 몸에 찾아온 질병도 마찬가지다. 그 모든 것이 인간이라 불리는 유일무이한 존재에 관련된 것이기 때문이다.

인간은 스스로의 존재 안에 의미를 함유하고 있다. 인간이 하는 말이나 인간이 바라보는 시선은 각기 하나의 의미가 있다. 의미라는 단어의 이중적인 뜻에서 그렇다. 거기에는 나로 하여금 삶을 지향하게 하는 것이 있고, 죽음을 지향하게 하는 것이 있다. 나에게 하나의 의미를 주는 일이 있을 때, 내가 인격적인 존재라면, 나는 그것을 나의 삶에 수용할 것이다.

인간 사회와 총체적인 역사 속에 아무런 의미가 담겨 있지 않다 할지라도, 인간의 소명은 거기에 하나의 의미를 부여하는 것이다. 그리고 인간이 거기에 자주 잘못된 의미를 부여한다고 해도 별로 심각한 것은 아니다. 인간은 그렇게도 살 수 있지 않았는가 말이다.

반면에, 개인적이거나 개개인 간의 관계에 속하는 일에서는 각각의 사건이 의미를 가지게 된다. 인간의 삶이 부조리하다고 주장하는 사람들에게는 두 가지 해답만이 있다. 그 하나는 자살이고, 다른 하나는 부조리한 것 자체를 실존의 적절한 의미로 전환시키는 것이다.이는 카뮈가 결정한 선택이었다! 개개인이 자신에게 닥친 일이나, 자신이 원하는 일의 의미에 관해 스스로 자문해봐야 한다. 이는 지성이 아니라 양심과 양심의 자각에서 비롯되는 일이다. 왜냐하면 삶의 의미를 분별하는 것은 논리적인 추론으로 풀어야하는 수학 문제와 같은 것이 아니라 살아있는 존재와 책임의 문제이기 때문이다.

이와 같이 인간이 발견하고 식별하고 때로는 언뜻 알아차리는 그 의미는 또한 자신이 살아있는 존재로서 경험하는 삶에 통합되어야 한다. 어제 일어난 사건의 의미는 오늘 내가 결정할 것을 지정한다. 그리고 나로 하여금 지금 살아가는 삶의 새로운 의미를 알아차리게 한다. 우리의 실존적인 삶에서 가장 사소한 것들이 근본적인 삶의 문제가 될 수 있다. 따라서 우리는 일상적인 판에 박힌 일들에서 깨어나 파수꾼처럼 살아야 한다. 그렇게 해서 우리는 가장 부질없고 덧없는 것들 속에서 분명하고 결정적인 의미가 될 수 있는 것을 알아볼 수 있다. 그걸 알아볼 수 있는 분별력과 의지가 있고, 주의를 기울이고 방심하지 않는다면 말이다.

우리는 오늘날 불안하고 이상한 세상에 살고 있으며, 인간의 존재는 바이스[3]의 턱들 사이에 끼어 있는 상황과 같다. 한쪽의 바이스 턱에서, 인간은 대량생산의 연속 공정 작업의 대표적인 사례인 반복적으로 몸을 움직이는 몰개성적인 작업에 사로잡혀 있거나, 아주 긴박하게 실행되어 좇아가기 급급한 업무에 붙잡혀 있음으로써, 진행되고 있는 상황의 의미와 방향효과을 살펴보는 데 꼭 필요한 여유를 찾을 수 없다.

인간의 활동력을 산출하고 활용하는데 있어서 모든 것이 의미를 찾는 문제 제기를 가로막도록 구조화되는 것 같다. 그런 문제 제기는 사실 아주 위험한 것이다. 왜냐하면 인간이 자신이 하는 일이 무분별하고 당치 않은 일이라는 사실을 알게 되면, 그 일을 기피할 것이기 때문이다. 그러나 그런 구조화는 노동자들의 쟁의조차도 그들의 삶에 관한 현실적이고 실질적인 문제들에서 비껴가게 한다. 노동자들은 실제적인 문제를 벗어나 극단적으로는 실제적인 문제의 존재 자체를 부정하여, 피상적인 요구 수준에 머물고 만다. 왜냐하면 그들에게는 부과된 일의 의미에 대해 문제를 제기할 수 있는 기회가 없기 때문이다. 나는 이제까지 노동자들에 대해 얘기했지만, 현대의 집단적인 직업에 종사하는 모든 사람들에 대해서도 동일한 얘기를 할 수 있다.

다른 한쪽의 바이스 턱은 흔히 과다한 정보가 발단이 되어서 의미를 위한 문제 제기를 거부하는 것이다. 우리 사회에서 경험하는 삶과, 미디어를

---

3) [역주] 공작물을 끼워서 고정하는 기구.

통해서 우리가 인식하는 세상이 그토록 무섭고 비통하고 위험한 것이라면, 나는 그 모든 것에서 비치는 두려운 상황의 엄습을 거부하는 것이 아니라, 그 모든 것이 조금이라도 의미를 가지게 되는 걸 거부한다. 나는 거기서 어떤 의미를 찾는 걸 거부한다. 그러나 나는 부조리한 데서 살아가는 것도 거부한다. 거기에는 하나의 출구만이 있다. 그것은 회피하고 여가를 즐기는 것이다. 여가활동을 통해서 현실에 대한 인식과 두려움을 회피하는 것이다.

이는 아주 옛날에 보카치오가 『데카메론』에서 보여준 자세와 동일하다. 흑사병이 돌던 시절에 선남선녀들이 역병을 피하여 방어와 보급이 잘되는 한 성에 틀어박힌다. 바깥에서는 사람들이 죽어서 마차 가득히 실려나가는 동안, 그들은 환락과 놀이에 빠져 있으면서 보카치오가 지어낸, 잘 알려진 이야기들을 나눈다. 이 공포와 죽음의 세상은 의미가 없다. 나는 그것이 나에게 줄 수 있는 의미를 찾느라 진을 빼고 싶지 않고, 거기에 의미를 부여하기 위해서 애쓰고 싶지 않다. 무섭고 부조리한 세상에 대하여 게임과 오락과 도피와 불참으로 대응할 뿐이다. 그런데 예전에는 몇몇 특권층만 누렸던 것을 오늘날에는 우리도 함께 공유하게 된 것이다.

의미라는 곤란한 문제가 제기되지 않도록, 현대의 물질 사회는 사람들의 흥미와 관심을 사로잡는 수많은 게임들을 모든 이들에게 제공한다. 현대인들은 텔레비전과 게임에 푹 젖은 나머지 텔레비전에서 전파되는 끔찍한 정보들도 게임에 포함시켜 버린다. 더욱이 그러한 정보들을 전달하는 방송 자체가 의미를 찾으려는 문제가 주는 충격을 회피할 수 있도록 제작된다. 사람들에게 사헬Sahel, 4)의 기근 사태와 베이루트의 참상을 3분 정도 보도한 후에 곧바로 아무런 여과절차 없이 새로운 첨단 패션의 기이한 장

---

4) [역주] 아프리카 사하라 사막의 남쪽 주변 지역으로, 세네갈 북부와 모리타니 남부와 말리 중부, 니제르 남부, 차드 중남부까지 띠 모양으로 이어진 지대이다.

면들로 넘어가거나 휴식과 안락을 주는 스포츠 뉴스가 이어진다. 특히 미노타우로스Minotaure, 5)를 만나서 모든 것을 밝히고 결정을 할 수 있는 의미의 미로labyrinthe에는 아무도 들어갈 수 없다. 그러나 나는 인간이 아직까지이 의미를 찾는 문제에 완전히 사로잡혀 있거나 반대로 완전히 벗어나 있지도 않다고 생각한다. 아직까지는 아니다. 그런데 만약에 결국 그런 일이일어난다면, 그 영향과 위험이 너무나 큰 탓에, 우리는 신석기 시대 이래로인류가 겪는 가장 큰 퇴보를 목격하게 될 것이다.

그렇지만 마지막으로 분명히 할 것이 있다. 나는 의미라는 면에서 집단적인 삶과 개인적인 삶의 차이를 보여주고자 했다. 그러나 어쨌든 삶만이하나의 의미를 가질 수 있다.

물질적인 차원은 의미가 없다. 무한대나 무한소는 의미가 없다. 우리의일상적인 환경이라는 진부한 물질계도 의미가 없다. 마찬가지로 우주의 행성계나 미립자의 운동은 역사에 해당되지 않고, 의미가 없다.6) 그것들의변화나 진화는 하나의 목적을 향한 것이 아니기 때문에 거기에는 의미도방향도 없다. 거기에는 그 목적을 알아볼 수 있는 궁극적인 것이 하나도 존재하지 않는다. 그래서 나에게는 별들과 인간의 관계를 연구하는 점성술이정말 헛되고 부질없는 것으로 여겨진다. 그것은 우리가 살아가고 선택할수 있는 의미와 방향을 물질계의 현상에서 찾으려는 강박적인 의지에 사로잡혀 있다. 그 모든 것은 불분명하고 맹목적이다.

그러나 나는 우연한 상황 속에서 부조리하고 예기치 않은 사건을 겪고나서, 자신이 살아온 삶과 선택한 것들을 되짚어보는 사람을 아주 잘 이해

---

5) [역주] 그리스 신화의 미노타우로스는 반은 황소, 반은 인간의 모습으로 태어나 장성하여서는 사람들을 해쳐서 큰 물의를 빚었다. 미노스 왕은 자신의 크노소스 궁전 옆에 미로의궁전 라비린토스(labyrinthe)를 만들어 미노타우로스를 그곳에 가두어 감금하였다.
6) 물질의 역사는 없고 인간만이 역사가 있고 역사를 만든다. ◆

할 수 있다. 그 사람은 일어난 사건의 의미는 알지 못하게 되더라도, 자신이 살아가는 의미에 관해 상당한 진실을 깨닫게 된다.

2. 우연, 필연, 사건

이러한 나의 관점은 물질에 존재하는 우연성과 필연성 간의 작용에 대해 자크 모노[7]가 주장한 입장에 어느 정도 가깝다. 물질의 경우에 초기 국면에 미리 설정된 것은 하나도 없다. 거기에는 단선적인 인과관계도 없고, 미리 설정된 목적에 다다르는 과정을 결정하는 궁극성finalité도 없다. 다만 거기에 가능한 수많은 변수들의 존재와, 그 변수들의 수많은 가능한 조합들이 있을 뿐이다. 그 조합들은 우연히 발생한다. 대부분의 조합들은 실패로 그쳐서 사라지고, 그 중의 한 조합이 어쩌다가 성공하게 된다.

그러나 성공하면서부터 그 조합은 존재의 필연성이 인정되어 우주에서 자신의 역할을 획득하게 된다. 그리고 곧바로 자유의 충일한 기쁨이 아니라 필연성의 법칙에 얽매이게 된다. 그 필연성의 법칙은 그 구성 요소들과 우주에서의 역할에 의해 수립된다. 가능한 수많은 조합들 중에서 우연적인 작용으로 유일하고 지속가능하고 안정적이고 일정한 하나의 조합이 생겨나는 그 순간부터, 그것은 자신을 지속하게 하는 법칙에 따르게 된다. 그러나 그 법칙은 그 조합이 다른 것으로 변화하는 것을 가로막는다. 우리가 과

---

7) [역주] 자크 모노(Jacques Monod, 1910-1976), 1965년 노벨상을 수상한 프랑스의 생화학자, 분자생물학자. 『우연과 필연』*Le Hasard et la Nécessité* (1970)을 저술.

학적으로 알 수 있는 것은 바로 그 필연성이다.

내가 모노의 학설에 완전히 동의하지 못하는 것은 먼저 그가 우연이라 부르는 것의 불확실성에 기인한다. 처음부터 그는 우연의 세계를 상정하지만, 그것이 어떤 것인지는 설명하지 않는다. 우연의 개념에 대하여 철학자들과 수학자들과 물리학자들이 제각기 내린 정의는 다양하다. 우연은 일의적인 명백한 개념이 아니다. 나는 모노가 자신의 학설을 주장할 때 우연에 대해 여러 개념들을 혼용하고 있다는 인상을 받는다.

두 번째로 나의 동의를 가로막는 것은 더더욱 중대한 것으로서, 모노의 학설이 일종의 형이상학과 하나의 보편적인 체계를 설정하고 있다는 점이다. 그는 모든 영역에서 우연과 필연의 작용을 적용한다. 그는 자신이 수도 없이 비난한 궁극목적론자들과 여타의 학자들과 같이 비진화론자의 입장을 취한다. 특히 그는 살아있는 존재의 특수성을 부정한다. 내 입장은 수많은 현대 과학자들과 같이 세포와 원자의 기계적인 작용이 적용되지 않는, 살아있는 존재의 독특성을 인정하는 것이다. 신경세포들의 수없이 많은 연관성과 접점들을 명확히 밝히고 복제할 수 있다 할지라도, 우리는 인간의 사고 작용은 명확히 밝힐 수 없다.

나는 멈포드Mumford가 뇌와 생각을 디스크와 음악에 비교한 것이 좋다. 우리는 디스크를 재생할 수는 있지만, 그것이 음악과 동일한 것은 아니다. 디스크 자체는 음악이 아니다. 음악은 디스크에 앞서서 존재한다. 신경세포들의 작용은 체계적이고 독창적인 방식으로 생각을 만들어낼 수 없다. 그것은 단지 그 생각을 가능하게 할 뿐이다. 디스크에 음악을 새겨서 재현하게 하는 하나의 이질적인 여분의 요소가 있는 것처럼, 신경세포들의 이 놀라운 조합으로 하나의 생각을 만들어내게 하는 하나의 이질적인 여분의 요소가 존재한다.

궁극성을 부인한다는 건 좋다. 그러나 예를 들어 눈을 정확하게 설명할 수 없다는 건 사실이다. 하나의 눈을 구성하는 아주 이질적이고 비정형적인 세포들이 왜 하나로 통합되어서 이 눈이라는 기관을 만드는가? 그런 결과를 얻을 수 있도록 이 세포들을 응집하게 유도하는 것은 무엇인가? 왜 그 세포들이 간이나 피부를 구성하는 세포들과는 합쳐지지 않는가? 어떻게 한 유형의 세포가 다른 세포에 유인되어서 이 눈이라는 하나의 전체를 만드는가? 내가 눈을 소재로 말하는 것은, 바로 눈이 이질적이고 비정형적인 세포들로 구성된 기관이라는 점에 기인한다. 각각의 세포에 있는 고유한 특질들에서 그 해답을 찾으려고 할 때 그 해답은 결코 구할 수 없다. 그러므로 나는 우연이나 필연성에 부합되지 않는 살아있는 존재의 특수성이 있다고 믿는다.

그러나 또한 이 우주의 구성과 재생산 속에서 우연적인 사건들이 연이어 끊임없이 일어나고 있다. 가장 확실하고 확고한 일 속에서도 우연적인 사건이 발생할 가능성이 상존한다. 즉, 예측 가능했던 것과는 다른 일이 발생할 수 있다. 여기서 우연을 다시 발견할 수 있다. 그러므로 진화론이 명백한 것일 수가 없다. 거기에는 분명히 설명할 수 없는 진화의 비약들이 존재할 뿐만 아니라 질적인 변화들이 있다. 이는 세계의 실재와 우리를 구성하고 있는 것들을 설명할 수 있는 유일한 체계는 존재하지 않는다는 것을 의미한다.

실재를 설명할 수 있는 공식은 없다. 이것이 바로 점점 더 복합적인 모델들을 통해서 고찰해 보고자 했던 것이다. 그 모델들은 긍정적, 부정적 피드백 작용과, 우주 기원에 관한 성운설과 와동설8)의 중요성과, 증대하는

---

8) [역주] 저자는 괄호 안에 "le cristal et la fumée"라는 구절을 덧붙였다. 그런데 이 구절은 프랑스의 생물학자이자 철학자인 앙리 아틀랑(Henri Atlan)의 저서 『수정과 연기의 중간』 *Entre le cristal et la fumée*에서 따온 것이다. 유기체는 모두 다 동일한 구조의 입자로 구성된 수정과 같은 상태로 존재할 수 없고, 모두 다 흩어져 무질서한 연기와 같은 상태로 존재할 수도 없다. 유기체는 그 둘의 중간 상태라고 할 수 있다. 즉, 유기체의 구성은 완벽하게 동일한 질서와 완벽하게 다른 무질서의 중간에서 이루어진다. 저자는 우주의 기원에 관한 성

복합성에 대한 이해를 통해서 제시된다. 앞으로 나아갈수록 이 복합성은 증가한다. 무질서에서 질서가 생겨나듯이 '소리'에서 정보가 나온다. 우연과 필연은 충분하지 않을뿐더러 많이 부족하다. 무질서에서 생겨나는 질서는 훌륭한 이미지를 주지만, 그 과정은 설명할 수 없다. 이는 수학에서 '0'에서 '1'로 넘어가는 걸 설명할 수 없는 것과 같다. 그렇지만, 그 문제는 한 쪽으로는 단순히 지적인 차원에 한정되는 것이지만, 다른 쪽으로는 실재와 실존의 문제이기도 하다.

그 모든 문제가 모랭[9]의 놀라운 책에서 다뤄진다. 다시 말해서, 살아있는 존재의 실재와 함께 하나의 복잡한 체계를 만난다. 이 체계는 새로운 체계가 등장할 가능성으로 인해서 더더욱 파악하기 어려워진다. 사람들은 이 새로운 체계를 논리적으로 접근할 수 있게 하려고 시도했다. 그러나 그런 시도는 몇 번이고 합리화와 도식화와 환원주의에 빠질 뿐이었다. 그런데 우리 시대에 그 새로운 체계는 다시 바뀌었다. 실제로 지금까지 우리는 자연적인 요소들 자체가 상호작용하여 생성된 새로운 체계에 대해 말할 수 있었다. 그 새로운 것은 때로는 소멸의 전조였다. 초신성들은 그 사실을 아주 상징적으로 보여주는 것으로 여겨진다. 천문학자가 특별히 밝고 빛나는 별이 갑자기 나타난 것을 발견했을 때, 그 빛의 증폭은 그 별의 종말과 소멸을 나타내는 표지가 되고 만다.

오늘날 지상에서는 그 새로운 것이 바뀌었다. 이제 인간이 인공적으로 만든 것이 새로운 것이 되었다. 우리는 이 세계에 새로운 물질들, 이전에는 존재하지 않았던 새로운 화학적인 제품들과 그 화학제품들로 만든 새로운 물질들을 유입시킨다. 우리는 새로운 식물들을 도입하여, 예기치 않은 생

운설과 와동설을 그런 관점으로 이해하고 있는 듯하다.

9) 에드가 모랭(Edgar Morin), "방법"(La Mé thode), 『자연의 자연』La *Nature de la nature*, Seuil, 1977.

태계의 교란을 초래하곤 한다. 우리는 말하는 기계나 행동하는 로봇과 같이 자연을 모방하거나, 자연에 상응하는 것을 만들 뿐만 아니라, 자연에 간섭하여 혼란을 줌으로써, 지진이나 태풍과 같이 중대한 손상을 입히는 결과를 낳기도 한다. 그것은 지진이나 태풍과는 다른 점이 있다. 그것들이 우발적이고 간헐적이라면, 인간의 개입은 지속적이고 규칙적이다. 아마존지역도 손상시키는 대량의 벌목이나 산성비 탓에, 호수와 하천의 부영양화와 숲의 소멸이라는 결과를 빚는다. 이에 따라서 산소 공급이 줄어들고 이산화탄소는 대량으로 생성되어 대기층에 축적된다.

그 결과에 대해서 과학자들은 확실하게 예측할 수 없다. 지구의 온난화를 초래할 것이라는 사람들도 있고, 반대로 지구의 냉각화를 주장하는 사람들도 있다. 방사능의 증가가 주는 영향은 포착하기가 어렵다. 그것은 자연 방사능에 비해서는 무시할 만한 소량이지만, 계속해서 축적되고 배출이 되지 않는다. 미생물 분해가 되지 않는 물질의 생산은 늘어나고 있다. 이는 생태학자들의 기분 나쁜 주장들이 아니다. 이는 과학자들이 인정하는 실제 현상들이고, 그 장기적인 영향은 우리로서는 예측할 수 없는 것이다. 인간의 행위에 의해 돌이킬 수 없는 새로운 조건이 생겨났다.

우리의 생태계가 완전히 바뀌어간다. 그러나 에스파냐[10]와 같은 물리학자들의 이론을 보면 사정은 더더욱 어려워진다. 그는 비분리성non-séparabilité이라는 원칙을 전제한다. 그것은 우주의 어떤 현상도 다른 것들과 과학적으로 실제로 분리될 수 없고 본질적으로 연결되어서, 한 지점에서 생겨난 것이 전체적으로 재현된다는 사실을 말한다. 이는 사람들이 오래 전부터 알고 있었던 것을 일반화한 것에 지나지 않는다.

천체물리학적인 관찰을 할 때, 관찰자의 존재는 관찰 현상을 변화시킨

---

10) [역주] 에스파냐(Bernard d'Espagnat, 1921-), 프랑스의 물리학자, 과학철학자.

다. 이 점은 체계라는 다른 영역에서도 강조되었다. 폐쇄된 체계 속에서 그 체계를 구성하는 요소들 중의 한 요소가 변화되면, 체계 전체가 변화하고 다른 구성 요소들이 변화한다. 정해진 조건과 한정된 인과관계와 요소들의 분리성이라는 예전의 확실한 논리들이 역사에서나 물리학에서나 이제 재고되어야 한다. 이는 과학의 위기라기보다 과학 이데올로기의 위기이자 과학이 지닌 일의성univocité의 위기이다. 우리는 밀접하게 결속되어 있으면서도, 새롭고 예기치 않은 걸 불러일으키는 우발적인 우주에 살고 있는 것이다.

3. 말

그러나 인간으로서 우리는 이 우발성과 단일성을 다 고려해야 한다. 말에 의해서만 우리는 그렇게 할 수 있다. 이 시대에 흔한 진부한 통념을 하나 들자면, 인간은 무엇보다 말하는 존재라는 것이다. 나는 말과 언어와 언어기능과 담화의 분석에 대해서 30년 전부터 이어온 논의를 길게 펼치지 않을 것이다. 나는 아주 오래 전부터, 과학적인 도구를 사용하기 이전부터 말의 유일하고 대체 불가능한 특성에 사로잡혀 있었다. 여기에는 아주 다른 이유들이 존재한다. 즉, 그건 하나님이 말씀으로 창조했기 때문이고, 하나님이 말씀으로만 계시했기 때문이고, 성육신한 주님이 하나님의 말씀이라 칭해졌기 때문이고, 내가 믿는 하나님이 말씀이기 때문이다. 그러므로 나에게 있어서, 모든 인간의 말은 결정적인 것이고 대체 불가능한 것이다.

나는 다른 책에서 입으로 말하는 것과 눈으로 보는 것의 근본적인 대립을 지적했었다.[11] 중복을 피하기 위해서 나는 그 주제에 대해 한마디만 하겠다. 말하는 것과 보는 것은 필수불가결한 것이며, 두 영역은 혼란을 가져오지 않고 상호보완적이다. 말은 진리의 영역이다. 즉, 말은 진리를 말하지

---

11) 『굴욕당한 말』 *La Parole humilié* (대장간 역간, 2014), Seuil, 1981.

않으면 거짓이 될 수도 있다. 이는 인간의 말이 하나님의 말씀에 대한 응답이라는 사실에 기인한다. 바로 그 점에서 인간의 말은 거짓이 될 수 있다.

인간의 말은 결코 하나님의 말씀에 의해 강요되지 않는다. 인간의 말은 인간 자신이 그런 것처럼 자율성을 가지고 있다. 그렇기 때문에 인간의 말은 하나님의 말씀으로부터 받은 것과는 전혀 다른 걸 전할 수 있는 것이다. 이 사실을 조롱거리로 삼지 말자. 이는 인간의 말이 찬송이나 설교를 위한 것이라는 말이 아니다. 다만 하나님이 우리의 삶에 부여한 의미를 담은, 기쁨과 소망과 용서와 사랑과 화합과 빛과 평화를 담은 모든 말은, 하나님에 관한 언급이 전혀 없더라도, 진리에 속한다는 뜻이다. 그런 말은 우리가 살아가는 삶의 의미를 밝혀주는데 도움이 되기 때문이다.

시각視覺은 현실의 영역에 속하는 것으로 세계를 이해하는데 필수적이다. 시각은 이 세계에 속에 우리를 위치시키고 거기서 우리가 행동하도록 부추긴다. 시각은 진리에 다가가지 않고 결코 의미를 부여하지 않는다.[12] 우리가 보는 것에 의미를 부여할 수 있는 것은 말이다. 시각은 현실이 우리에게 제시하는 모든 것과 말로 묘사하기 어려운 모든 것을 나로 하여금 단번에 다 파악할 수 있게 한다. 하지만, 말은 현실에 대한 암시를 통해서 현실 속에 숨어있는 것을 드러나게 할 수 있다. 말과 시각은 분리될 수 없다. 진리는 현실 속에서 구현되어야 한다. 현실은 진리의 출현이 없다면 무의미하다. 진리가 하나의 의미를 드러내는 것이라면, 그 의미는 우리가 환상이나 꿈이나 상상이 아닌 현실로 인식하는 것이다. 거기에 우리의 존재가 자리 잡고 있다.

그러나 우리는 전혀 다른 유혹들을 받고 있다. 무엇보다 행동의 유혹이

---

12) 종교적인 비전들과 표상들에 관해서는 『굴욕당한 말』을 참조하라.

있다. 우리는 행동의 세계에 빠져 있어서, 말을 너무나 부질없게 여긴다. 우리 모두는 "더 이상 말은 필요 없다. 행동을 하라"고 말하거나 고집한다. 행동이 결정적인 기준이 된다. 특히 정치에서 그렇다. 정치가에 대한 경멸은 말만 앞세우고 행동하지 않는데 기인한 것이다. 그러나 나는 말만 앞세우고 행동하지 않는 정치가의 말은 거짓에서 나오는 것이라고 본다. 이는 행동이 말의 진실성에 대한 증거가 된다는 것도, 행동이 말보다 더 중요하다는 것도 아니다.

행동이 어디에 부합되는지 살펴볼 때 거기에서 우리는 세 가지 의미들을 찾아볼 수 있다. 행동은 권력의 표명이자, 지배하려는 의지의 표현이다. 이는 일상적으로 겪는 경험이다. 인간은 자신이 도모하는 일에서 성공하고 경쟁자들을 물리치고 자연을 정복하고 장애를 극복하고 위대한 인물로 인정받기 위해서 행동한다. 적이 사람이든 국가이든 자연이든 간에, 모든 경우에 있어서 문제가 되는 것은 권력이다. 지배하려는 행동의 다양한 형태들과 함께, 인간은 역사가 시작된 이래로 적극적인 혹은 소극적인 경쟁자들을 물리치기 위해서, 돈, 과학, 무력 사용이나 관용을 명분으로 하는 전쟁, 기술, 정치, 광고 등과 같은 수많은 다른 방법들과 수단들을 개발해 왔다. 나는 그 점에 대한 판단을 하지 않는다. 인간이 승리를 위해 행동하지 않았다면, 그는 살아남을 수 없었을 것이라는 점은 분명하다. 다만 스스로 착각하지는 말아야 한다.

행동은 무한한 지배 의지의 표현과 다름없다. 승리자는 결코 스스로 한계를 정하는 지혜가 없다. 말은 진리의 이름으로 한계를 밝혀줄 수 있다. 그러나 말은 미약하다. 미약한 탓에 말은 진리의 도구가 된다. 우리로서 할 수 있는 것은 승리한 행동이 아무런 의미가 없고 승리한 것보다 더 빠르게 멸망한다는 사실을 몇 번이고 되풀이해서 말하는 것이다.

20세기에 치른 전쟁들이 무슨 유익이 있었는가? 행동이 정점에 다다랐던 그 모든 전쟁들은 다 부질없었다. 1918년의 1차 대전의 결과는 무엇인가? 바람과 폭풍우처럼 헛된 것이었다. 1945년의 2차 대전의 결과는 무엇인가? 강제노동수용소만 확대되었으며, 의미 없는 논쟁들만 무성했다. 해방 전쟁들의 결과는 무엇인가? 더 악화된 독재체제들이 등장했고, 이전에 결코 없었던 비참한 빈곤 사태만 불러 일으켰다.

행동의 결과들을 계속해서 따져봤자 무슨 소용인가! 나는 다른 책에서 기술과 혁명의 결과들을 평가해 보았다. 나는 이 모든 경우에 다 맞는 결론을 하나 맺을 수 있었다. 헛되고 헛되니 모든 것이 헛되도다. 바람을 좇는 것과 같이….

개개인에게 있어서는 행동의 열정을 불러일으키는 두 가지 원인들이 있다. 먼저 쾌락이다. 행동함으로써 개개인은 쾌락을 향유할 수 있고 원초적인 수준에서 살아있는, 젊고 활기찬 느낌을 가질 수 있다. 스포츠나 게임의 즐거움, 성적 쾌락이나 창작의 환희, 일하는데서 오는 넘치는 기쁨, 속도가 주는 강렬한 느낌 등과 같이 수많은 행동 양태들이 있지만, 그 모든 것들은 결국 지나가고 사라져버리고 만다.

지금 여기서의 행동은 두 개의 결과밖에 얻을 수 없는 일시적인 과정에 불과하다. 하나는 과거의 것을 회상하려고 되돌아가는 오류를 범하는 것으로, 타버린 재만 보게 될 뿐이다. 다른 하나는 계속해서 하루하루 쾌락과 관능, 황홀감과 열락을 추구하는 길이다. 이는 많은 절제를 요구하며 말로서만 달성할 수 있는 에피쿠로스적인 금욕의 길이나, "1003명의 여자들"을 정복한 돈 주앙처럼 '앞으로 달아나기' [13]를 하는 길이다. '앞으로 달아나는 길'은 쾌락의 대상들을 찾아다니지만, 잡았다 하면 이미 지나간 과거가 되어버려서, 불만이 늘어가는 가운데 다른 대상을 계속 추구하는 것이다.

---

13) [역주] 프랑스어로는 "fuite en avant". 심리학에서 자기가 한 일을 책임지지 않고 넘어가기 위해 새로운 일을 계속 시도하는 심리 상태를 지칭한다.

행동은 행동을 소모시킨다. 행동은 우리를 빨리 소모시켜서 마침내는 이제 불가능한 것이 되어버린 과거의 행동을 고통스럽게 회상하는 일만이 남게 한다.

행동은 진리를 대체한다. 행동은 한 사회나 한 개인을 강력하게 도취시킨다. 우리는 이유를 묻지 않는다. 우리는 하나의 축제처럼 행동에 빠져 들어간다. 행동은 그 자체로 효용가치가 있기에, 우리는 "왜?", "언제까지?"라는 의문을 던지지 않는다.

이는 여행에 열광하는 것과 같다. 자신 안에, 자신의 방 안에 갇혀 있지 않고, 새로워지리라는 환상으로 끊임없이 새로운 것을 보려는 것이다. 구경만 하고 살아서 자기 자신 이외의 존재가 되는 것이다. 이는 또한 일이나 자선 사업과 같이 고귀한 행동에 몰두하여 자신을 망각하는 것이고, 하나의 명분이나 나라를 위한 봉사에 전념하여 자신을 잊어버리는 것이다. 이는 또한 기술적인 발명으로 언제나 가능하고 또 새로워지는 수많은 행동들을 통해 산만해져서 자신을 잊어버리는 것이다. 기술적인 발명은 모든 행동들을 훌륭하게 지원하며, 활동의 황홀경 가운데 인간 자신의 존재를 아주 까맣게 망각하게 하는 것이다. 그리고 "나는 누구인가?"라는 강박적인 질문을 회피하게 한다. 나의 행동들을 지켜보는 것으로 충분하다는 것이다. 특히, 세계 끝까지 여행하고 지상낙원 같은 섬들에 가보는 것은 나 자신의 문제를 돌아보지 않게 하고, 나 자신이 생–제르맨–데–프레[14])에서 살고 있는 존재 이외의 다른 존재가 아니라는 어처구니없는 사실을 알아차리지 못하게 한다.

행동은 말을 회피한다. 즉, 행동의 가장 큰 기능은 말을 회피하는 것이다.

---

14) [역주] 프랑스어로는 Saint–Germain–des Près. 프랑스 파리의 한 지역 명칭.

말은 대체 불가능한 것이다. 많은 망설임과 반론을 거쳐서 우리는 말이 인간을 규정한다는 확실한 사실을 다시 인정하게 되었다. 우리는 어느 때인가 그 사실을 믿었었다. 그리고는 어깨를 움찔하며 무시하고 지나갔다.

한편으로 담화는 명확하게 체계화된 덕분에 축소되었다. 구조주의 언어학은 말 속에 은밀하게 담겨있던 것을 밝혀 놓았다. 아주 세밀한 언어학적 분석은 말의 고유성에 관한 신념이 근거 없음을 보여주었다. 누보로망은 출처도 정처도 없고, 내용도 저자도 청중도 없는 담화를 내놓았다. 그것은 어떤 의도도 없이, 할 만한 말도 없이 하나의 사물처럼 제시된 것이다.

다른 한편으로는, 놀랍게도 동물 언어가 발견되었다. 인간은 말을 하는 유일한 동물이 아니었다. 또 다른 언어학적인 방법 덕분에, 사람들은 동물들이 자신들의 언어를 가지고 있으며 분명하게 의사소통을 하고 있다는 사실을 알게 되었다. 또한 언어의 의미가 확장되어서 영화 언어, 텔레비전 언어 등이 언급되고 있다.

그러나 시간의 수레바퀴가 항상 돌아가듯이, 그리고 예전보다 더 빨리 돌아가는 탓에, 최근의 연구 결과는 인간이 말하는 언어의 고유한 특성을 재발견해 가고 있다. 특히, 꿀벌이나 개미들의 언어가 불변의 고정적인 특성을 가지는데 반해서, 인간의 언어는 유동성과 쇄신성의 특성이 있고, 매번 갱신될 수 있다. 내가 정치 구호와 같은 말과 인간의 진정한 언어를 대비시킨 것은 바로 이런 이유에서이다.

항상 적응할 수 있는 것이 언어의 능력이라면, 그것은 또한 언어의 약점이 된다. 그 점은 불가피하게 인간의 언어에 불확실성과 모호성과 내적 모순성을 수반하게 한다. 인간의 특성인 언어의 유연성은 인간을 무한한 해석이 가능한 세계로 끌어들인다. 바로 그 사실이 인간을 발명하고 혁신하는 존재로 만든다. 인간의 말은 의사소통의 단순한 작용이 아니다. "송신자, 정보, 수신자"라는 널리 알려진 방식이 인간의 말에 관해서는 잘못된 것이다. 마찬가지로 기표signifiant와 기의signifié로 나누는 아주 단순한 이분법도 잘못된 것이다.

이제 우리는 중요한 두 개의 차원들을 인식하게 되었다. 먼저 인간의 말은 말하지 않은 것과 흔히 여백이라 부르는 것에 중요한 의미가 담겨 있다. 말하지 않은 것 자체만으로는 아무런 의미가 없다. 그러나 말하지 않은 것이 말하는 것과 연관될 때, 말하지 않은 것은 충분한 의미를 가지게 된다. 말이 생략하고 숨기고 회피하고 암시한 모든 것은 대화를 풍요롭게 하고 인간적이 되게 한다. 여백은 같은 역할을 한다. 여백이 있기 위해서는 텍스트가 있어야 한다. 그러면 담화에 남겨놓은 여백 속에 모든 비평과 첨가와 해석이 가능해진다.

더구나, 우리는 이제 언어는 메타언어의 존재를 통해서만 대화자에게 의미가 있다는 걸 알게 되었다. 학자들은 메타언어에 많은 다양한 의미들을 붙였다. 나는 그 중 하나의 의미만을 취하겠다. 하나의 말이 의미를 가지기 위해서는 그 말은 대화자에게 이미지, 느낌, 기억, 열망, 판단 등을 불러일으켜야 한다. 말은 항상 '말 너머의 존재'au-delà에 근거를 둔다.

화자話者와 청자聽者에게서 분리된 말은 아무런 의미가 없다. 말에 의미를 부여하는 것은 화자의 은밀한 의도와, 청자 개개인의 존재이다. 다시 말해서, 언어는 결코 중립적이 될 수 없고, 객관적으로 분석할 수 있는 사물이 아니다. 언어는 대화에 포함된 모든 사람들에 달려있고, 그 사람들과 분리될 수 없다. 원하는 대로 언어를 다 분석해볼 수는 있겠지만, 그러면 본질적인 것을 놓쳐버린다. 개인의 한 인격 전체가 말하고 개인의 한 인격 전체가 그걸 받아들인다. 그것이 순전히 관념적인 차원에 지나지 않는다고 할지라도 말이다.

흥미로운 한 예가 있다. 그것은 인공지능 전문 프로그램 시스템 제작에 관계된 것이다. 시스템이 정확히 조정되기 위해서는, 전문가가 시스템에 제공할 수 있는 모든 정보들이 거기에 저장되어야 한다. 인간의 도움이 없이는 전문 프로그램 시스템은 불가능하다. 전문가의 도움은 그가 습득한 지식에 달려있고, 그 지식은 객관화할 수 있는 것으로 기계에 전달될 수 있음을 쉽게 알 수 있다.

그러나 그 다음으로, 더 미묘한 것은 전문가가 처리한 방식을 알아야 한다는 것이다. 그의 전문 기술과 지식을 처리하는 방법은 어떤 것인가. 전문가는 오랫동안 그 작업을 실행하여서 가장 효율적인 전문 기술의 실행 과정을 경험한 사람이어야 한다. 문제에 대한 이론적인 이해를 가진 것만으로는 충분하지 않다. 그는 최소한의 용어로서 표현과 분석이 가능한 실용적인 경험을 가지고 있어야 한다. 그 최소한의 용어는 또한 구분하기가 용이한 행동과 지식의 영역에 적절한 것이어야 한다. 여기에 그 한계가 있다.

예를 들어 예술 작품들, 특히 그림들의 전문성은 하나의 전문 프로그램 시스템으로 모델화될 수 없다. "실제로 역량이 아주 뛰어난 전문가가 존재한다 하더라도, 그림은 자연언어가 가진 역량과 의미 영역 전체를 통해서만 설명될 수 있는 세계의 묘사가 기준이 된다."15) 이는 컴퓨터와 인간 사이에 대화가 성립될 수 없는 이유이다.

컴퓨터는 객관화할 수 있는, 제한된 행동과 개념들을 담은 인간의 언어를 이해할 수 있고, 정보를 제공할 수 있고, 명령에 따른 동작을 행할 수 있다. 그런데 그것은 인간의 말과 언어와는 전혀 상관이 없다. 그러나 컴퓨터와 로봇의 확산으로 우리가 마주치는 거대한 위협으로서, 현재의 위험은 이 기계장치들과 함께 일할 수밖에 없는 상황 때문에, 인간의 말이 점점 비인간적이고 피상적이며 객체적인 수준으로 축소되어 간다는 점이다. 이는

---

15) J.-G. Ganascia, "전문 프로그램 시스템의 개념"(La conception des systèmes-experts), *La Recherche*, octobre, 1985.

또한 말을 행동의 효율성을 위한 것으로 축소되도록 유도한다. 그 때 우리는 인간의 특성을 상실하게 될 것이다.

'말 너머의 존재'와 '암묵적 발화 내용' le non-dit이[16) 없다면, 말은 수치화된 실용적인 언어에 그치고 말 것이다. 말을 하는 로봇을 앞에 두고, 인간은 인간의 말을 계속 할 수 있을까? 이는 학교 교육에서 컴퓨터의 사용이 가져올 위험한 문제들 중의 하나이다. 이미 어린 학생들은 어휘력이 아주 빈약하고, 록뮤직의 청취 불가능한 언어를 자신들의 말로 사용하면서, 음악의 리듬으로 의미를 대체하고, 수학적이지 않은 사고방식을 잘 이해하지 못하게 되었다. 컴퓨터의 압도적인 영향력은 인간을 정신적으로 파괴하는 이 일을 마침내 완수하고 말 것이다.

---

16) [역주] '암묵적인 발화 내용'(le non-dit)은 명시적인 언어 표현으로 발화된 '발화 내용'(le dit)과 대조되는 발화되지 않은 내용을 뜻한다. 엘륄은 자신의 저서 『굴욕당한 말』에서 말의 명백하지 않은 특성을 설명하면서 "말해야 할 바가 '발화 내용'에 의해서는 간혹 숨겨지고 '암묵적 발화 내용'에 의해서는 간혹 드러난다"고 한다.

4. 변증법

우리가 처한 상황이 아직 그 정도는 아니다. 이제 나는 왜 내가 인간의 말을 그토록 중요시하는지, 그리고 왜 인간의 상황을 우연성과 우발성과 총체성이 복잡하게 얽혀있는 것으로 보는지 설명하고자 한다. 인간은 의도하던 의도하지 않던 간에 변증법적으로 사고하고 표현한다고 나는 믿는다. 그런데 변증법이라는 이 단어는 이미 변질되고 너무 많이 사용되어 경시되고 있다. 그래서 그 진정한 의미를 다시 정립할 필요가 있는지 자문하게 된다.

철학자가 아닌 사람이 변증법을 논한다는 것은 주제넘은 일인 듯하다. 그러나 변증법은 나의 사고방식과 살아가는 방식에 아주 깊이 동화되어 있다. 그래서 변증법은 하나의 학문적인 진술 방법이나 나 자신과 무관한 하나의 철학보다 훨씬 더 나에게 가까운 것이고, 또 내가 추구하는 것이기도 하다.

지난 수년간, 나는 내 연구에 관한 평가와 비판과 지적에 주의를 기울여 왔고, 거기서 유익한 부분을 수용했다. 하나님이 허락한다면, 그 부분에 대한 글을 쓰고 싶다. 이 말은 내가 범한 오류들을 교정하기를 바란다는 뜻이 아니다. 나는 어떤 신학자[17])처럼 내가 범한 오류들을 검토해서 목록을 작성하려고 하지 않는다. 그렇게 함으로써 그는 겸손의 미덕을 훌륭하게 보여주었지만, 실제적 효용성은 별로 없다.

더욱이 거기에는 또 다른 해결 방식이 있다. 대화 중에, 상대방의 말을 듣는 사람은 방금 들은 말을 통해서 자신의 입장을 되돌아볼 수 있다. 그렇게 하여 그는 새로운 국면에 다다른다. 이는 발견된 오류를 수정하기 위해서 이미 말했던 것을 철회하여 자기비판을 하는 것이 아니다. 또한 상대방이 틀렸다는 걸 입증하여서 자기방어를 하는 것도 아니다. 자기비판이나 자기방어는 둘 다 무익할 뿐이다. 중요한 것은 대립되는 두 입장들을 상고하여서 앞으로 나아갈 수 있는 새로운 출구를 찾아가는 것이다.

이와 같이 우리는 변증법을 다시 살펴볼 것이다. 이것은 나의 모순들을 설명하는 것을 어느 정도 가능하게 한다. 나는 지적인 기원을 마르크스와 바르트에 두고 있다. 그 덕분에, 변증법은 나에게는 근본적인 중요성을 가진다. 그러므로 변증법에 대한 나의 입장을 좀 더 자세하게 설명하는 것이 좋을 것이다.

1) 현대의 변증법

여기서 나는 변증법의 일반적인 이론을 다루려는 것은 아니다. 변증법 dialectique이라는 말은 어원적으로 함께 말한다는 뜻을 가진 "dialogein"에서 나온 것으로, 이는 대화dialogue의 경우와 같다. 그러나 여기서 "dia"라는 말은 또한 차이와 모순을 지닌 생각이 존재함을 내포하고 있다. 변증법은 질

---

17) 성 아우구스투스(Saint Augustin), 『재론』Les Rétractions. [역주: 초기에 미를 추구하는 예술을 다른 가치들보다 우위에 놓았던 아우구스투스는 후에 『고백록』La Confession에서 자신의 심미주의적인 경향을 죄로 규정하여 회개하고, 『재론』에서는 철학과 대조되는 필로칼리아(philokalia, 미에 대한 사랑)에 대한 평가를 철회하였다.]

문과 대답으로 사고를 발전시켜가는 대화의 기술이라는 측면도 있지만 훨씬 더 깊은 의미를 지니고 있다.

변증법을 이해하는데 있어서 가장 큰 문제는 변증법에 대한 개념 정의와 응용이 수도 없이 다양하게 이루어져 왔다는 사실에 있다. 우리는 변증법의 현대적인 의미를 제시한 것으로, 헤라클레이토스, 제논, 플라톤, 아리스토텔레스, 칸트, 헤겔, 마르크스 등의 변증법을 거론할 수 있다.

가장 단순한 수준에서 시작해보자. 원인과 결과라는 논리적인 추론에서부터, 대수 방정식, 사고의 일관적인 표현, 검은색은 흰색일 수 없다는 비모순의 원칙 등에 우리는 익숙하다. 우리는 또한 0과 1, 선과 악이라는 두 개의 요소로 교차되는 체계에 익숙하다. 우리는 중간의 미묘한 존재를 수용할 수 있지만, 결론은 항상 하나로서 다른 하나를 배제시키는 것으로 끝난다.

인과율causalité에 대한 과학적 문제제기가 진지하게 이루어지고 나서, 오늘날은 '지시대상 그룹' groupes de référants과 '병존 그룹' groupes de concomitants이라는 표현이나 혹은 '다소 결정적인 요인' facteurs plus ou moins déterminants이라는 표현을 선호하게 되었다. 그러나 이를 통해 사고 과정이 많이 변화되지는 않는다. 마찬가지로 인과율을 기록과 인쇄에 연관시키는 맥루한[18]도 인과율에 대한 문제제기를 하였다고 알려져 있다. 그러나 새로운 미디어 및 전기 송신과 더불어 발전했던 '포괄적인 신화적 사고' pensée mythique compréhensive는 나로서는 잘 납득할 수가 없다. 나는 다른 세계에 살고 있는 것 같다.

가장 단순하게 비교할 수 있는 예를 제시하는 것으로 시작해보자. 음전하陰電荷 옆에 양전하陽電荷를 두면, 강한 섬광이 일어난다. 그것은 양극이

---

18) [역주] 마셜 맥루한(Marshall McLuhan, 1911-1980), 캐나다의 미디어 전문가, 문화비평가.

나 음극을 배제시키지 않는 새로운 현상이다. 그렇다면, 우리는 양극과 음극의 요소들이 서로 상쇄된다는 것과, 부정과 긍정을 함께 포함하는 사고가 불가능하다는 것을 확신할 수 있는가? 이와 같이 그 문제를 두 가지 방식으로 제기하는 것은 처음부터 변증법에 두 가지 측면이 있음을 보여준다. 관념의 변증법이 있다면, 사실과 현실의 변증법이 존재할 수 있다.

먼저 변증법은 정-반-합thèse-antithèse-synthèse으로 알려진 고전적인 체계에 따라 기능하는 관념들의 작용이 아닐까? 플라톤은 이미 우리에게 변증법이 그보다 더 심오한 걸 포함하고 있음을 보여준다. "변증법론자는 전체를 바라보는 자이다."[19] 그러므로 변증법은 단지 질문과 대답으로 추론하는 방식에 그치는 것이 아니라, 긍정과 부정을, 흑과 백을 함께 포용하는 실재를 파악하기 위한 지적인 방법이다. 데카르트는 똑같이 흥미로운 지적을 한다. "변증법은 우리에게 논리학이 모든 사물들을 입증하는 것과 같이 모든 사물들을 파악할 수 있는 방식을 가르쳐 준다."[20] 바꾸어 말해서, 변증법은 입증하기 위한 추론 방식이나 관념의 형식적인 배열 체계가 아닌 것이다.

변증법은 항상 현실과 관련된 것으로 현실을 파악하는 방법이다. 그러나 현실은 긍정적 요소들과 함께 부정적 요소들을 포함하고 있고, 모순적인 요인들이 서로서로 상쇄되지 않고 공존한다. 그러므로 변증법은 강력한 사유 체계로서, 긍정과 부정을 포용하면서 둘 중 하나를 배제하거나 선택하지 않는다. 왜냐하면 모든 선택은 현실의 일부분을 배제하는 것이기 때문이다.

헤겔은 먼저 변증법을 현실을 이해하는 방법이 아니라, 관념적으로 진리를 설명하는 방식으로 삼았다. 그런데 항상 변화하고 있다는 사실을 인

---

19) 『국가론』*République*, VII. ◇

20) 『방법서설』*Discours de la méthode*에 관한 버만(Burman)과의 대화. ◇

지하지 않고 어떻게 전체적인 현실을 인지할 수 있을까? 그렇기 때문에 사람들은 흔히 "만물은 유전한다"[21]라고 주장하는 철학자 헤라클레이토스의 변증법을 언급한다.

현실은 모순적인 요소들뿐만 아니라, 항상 변화하는 과정을 포함한다. 각각 부정적이고 긍정적인 두 가지 요소들을 연관시켜 보면, 부정적인 요소가 긍정적인 요소에 작용하여 변화를 일으킨다는 사실을 쉽게 관찰할 수 있다. 달리 말하자면, 모순적인 요소들은 고정적이고 불변적인 방식으로 서로서로 대립하는 것이 아니다. 그 요소들은 상호작용한다. 정-반-합이라는 단순한 공식도 정과 반의 요소들이 합의 요소로 변화하는 사실을 내포하고 있다. 합의 요소는 이전의 두 요소들 중 하나를 제거하거나, 둘을 혼합시키거나, 덧붙이는 것이 아니다.

또한 변증법을 하나의 유기적인 조직체로 상정해볼 수 있다. 그 조직체 안에는 여러 세력들이 항상 작용하고 있다. 어떤 세력들은 그 조직체가 생명을 유지하게 하고, 다른 세력들은 그 조직체를 파멸시키고 붕괴시킨다. 매순간마다 두 진영의 세력들이 합하여, 특정한 시간에 조직체가 살아있는 상태를 견지하게 한다.

그 점에서, 시간이나 역사라는 관념이 변증법적인 관계에 유입된다. 이는 결정적인 요소이다. 흔히 우리는 변증법을 하나의 추론 방식이나 모순적인 요소들의 공존coexistence으로 여긴다. 그러나 중요한 것은 모순적인 요인들은, 새로운 상황을 초래하는 시간의 흐름 속에서 서로 관련을 맺고 있어야만, 서로를 배제하지 않고 존속할 수 있다.

한편으로, 공존은 역사 속의 현실에서 고정적이고 불변적인 모든 절대적인 관념을 제거하는 것이다. 그것은 형이상학적인 관념을 제거한다. 다

---

21) 그리스어로 panta rhei. ◇

른 한편으로, 인식 방식도 또한 현실의 모순들과 변화에 적응하기 위해 변화해야 한다.[22] 내가 대상의 고정적인 상태를 설정하는 일은 있을 수가 없다. 시간의 흐름은 이와 같이 인식 자체에 영향을 주고 있다. 그렇기 때문에 마르크스는 역사적인 변증법을 언급했다.

마르크스에게 있어서 역사 전체는 변증법적으로 진행한다. 즉, 모순 대립되는 역사적인 요인들은 서로를 부정하면서도 배제하지는 않고, 일정한 모순과 대립의 시간이 지난 뒤에는 새로운 역사적 상황에 도달한다. 그 결과 역사는 대립 개념으로만 파악할 수 있다. 실존 상황은 긴장관계로 구성된다. 모든 사회적 정치적 맥락 속에서 모순적인 세력들을 분간하고 그 세력들의 실제 관계를 파악하여 가능한 변화를 예측하는 것은 필수적이다.

여기서 토인비의 유명한 역사 해석을 상기하는 것도 어느 정도 의미가 있다. 토인비에 따르면, 하나의 문명은 그 문명이 만나는 도전들이 존재하기 때문에 변화한다. 그 문명은 주어진 도전에 적절히 응답할 때만 존속할 수 있다. 이는 명확한 사실이다. 토인비의 사상이 엄밀히 보면 변증법적이지 않지만, 역사의 변증법적인 해석과 맥을 같이 하는 부분이 있다.

역사의 과정을 확실하게 이해하기를 원한다면, 모순적인 요인들을 다루는데 있어서 오류를 범하지 말아야 한다. 모든 사회에는 수많은 모순적인 세력들이 존재한다. 대부분의 모순적인 요소들은 관심을 가질 만한 것도, 변증법적인 의미도 없다. 그러나 그 중의 어떤 요인들은, 마르크스가 주장한 기술적이고 경제적인 생산력과 사회를 조직하는 생산의 사회적 관계의 모순과 같이, 변증법적인 과정을 형성한다.

변증법이 나에게 영향을 미친 이유로서, 두 가지 점을 설명하려고 한다. 헤겔은 널리 알려진 방식대로 긍정의 부정을 주장했다. 이는 필수적이

---

22) 내가 어떤 현실을 인식하기 시작하려는 때에 이미 그 현실은 변화하는 중이다. ◇

다. 왜냐하면 긍정적인 것만이 존재한다면 고정되고 불변하여 변화가 일어나지 않기 때문이다. 유일하게 존재하는 하나의 긍정적인 요소는, 예를 들어 저항이 없는 사회, 저항이 없는 세력, 대화 상대방이 없는 사람, 도전이 없는 교수, 이단들이 없는 교회, 경쟁할 정당이 없는 유일 정당처럼, 자체의 이미지를 무한히 반복하는데 갇히고 말 것이다. 그것은 이미 얻은 결과에 만족해서 변화할 이유를 찾지 못한다. 그것과 모순될 수 있는 사실, 상황, 사건들은 단지 성가신 것에 지나지 않게 된다.

모순이 존재하지 않는 상황은 우리를 변화시키지 못한다는 점을 알아야 한다. 그것은 흔히 망각되거나 은폐되고 곡해되어서, 모든 문제에 대한 해답을 주는 하나의 도식으로 무난하게 안착되기도 한다. 이는 자기만족과 자기복제의 끝없는 독백과 경직화와 마비 증세를 초래한다. 그것은 권력 현상만이 아니라 사회 현상을 지칭하는 것으로 모든 전체주의 사회에서 발견되는 상황이다. 그러나 그 말은 또한 진정한 혁신은 결코 일어나지 않음을 암시한다. 외적인 혁신이나 형식상의 변화는 있을 수 있다. 그러나 그것들은 어떤 미세한 변화도 일으키지 않는다. 그 결과, 실제 상황과 관련 조직이나 개인 사이의 간극은 점차 더 벌어지게 된다. 변화나 진화를 불러일으킬 수 있는 유일한 것은 모순과 반대, 그리고 부정적인 것의 등장과 부정적인 성향이다. 이는 상황을 전환시킨다.

인간 조건 속에서 이 모순이 사실과 사건들의 모순인 것으로는 충분치 않다. 하나의 주체가 항의하고 부정하여 명백하게 모순을 표현하는 것이 필수적이다. 그런 방식을 통해서 부정은 혁신을 초래하고, 집단과 개인의 역사를 이어간다. 그때 부정이 전적으로 긍정적인 측면을 포함하고 있음을 알 수 있게 된다. 하나의 상태가 다른 상태로 변화하는 것은 오직 이 부정에 기인한다.

여기서 내가 의도적으로 진보를 언급하지 않는 까닭은 변화나 혁신이 반드시 진보를 의미하는지에 관한 확신이 나에게 없기 때문이다. 이 점에서 내 입장은 헤겔과 마르크스와 완전히 다르다. 그들에게 새로운 상태는 이전 상태에 비해 진보된 것이다. 이전의 긍정적 요인과 부정적 요인 두 요인들의마르크스는 이 단어를 쓰지 않지만 종합은 새로운 상태가 더 나은 것이라는 의미를 내포한다. 나는 그 점에 대해서는 확신이 없다.

헤겔과 마르크스의 그런 주장은 단순히 진보에 대한 신념과 이데올로기에 근거를 두고 있다. 내가 확신하는 바는, 삶은 혁신을 전제하고 있고, 인간의 역사는 부정을 내포하고 있다는 점이다. 역사의 완성을 고집하는 논리는 사실상 삶과 역사, 즉 인간의 특수성을 부정하는 것이며, 그것은 역사의 종말과 함께 천국의 도래를 주장하는 것이다.

변증법적으로 진행된 결과가 이전 상태보다 더 나은 것이라고 확신하지 않지만, 나는 부정이 긍정적인 가치를 지니고 있다고 생각한다. 언제나 유리한 요소들과 불리한 요소들이 공존한다. 새로운 상태나 종합균형은 필연적으로 또 다른 부정을 부르고, 그 부정은 모순과 필연적인 과정을 재생산한다. 그러나 왜 그것이 이미 규정된 질서와 반복되는 사회조직보다 더 나은 것이 될 수 있을까?

나는 여기서 궁극적인 안정성을 형성하는 완전한 무질서, 엔트로피[23]에 대해 논쟁을 벌이고 싶지 않다. 다만 나는 다음과 같은 점을 강조하고 싶다. 즉, 아예 변화시킬 가능성이 없는 것이 있다면, 인간의 삶은 아무런 의미가 없게 되고, 시작은 했지만 아직 완성에는 이르지 못한 역사가 없다

---

23) [역주] 열역학 제2법칙은 엔트로피(entropie) 증가의 법칙이다. 자연현상의 변화는 일정한 방향으로만 진행한다. 물은 높은 곳에서 낮은 곳으로 이동하고, 열은 고온의 물체에서 저온의 물체로 이동하는 것이다. 그 과정에서 자연의 변화가 일정한 방향으로만 움직이기 때문에, 가용 에너지가 무용한 상태로 변화한 것은 다시 되돌릴 수 없다. 여기서 가용 상태로 환원시킬 수 없는, 무용의 상태로 전환된 질량과 에너지의 총량을 엔트로피라고 한다. 엔트로피는 무질서 상태를 나타내는 것이므로, 우주는 결국 질서에서 무질서로 가고 있다고 볼 수 있다.

면, 인간의 삶은 아무런 역할도 가질 수 없다. 이제 부정을 전면에 등장시킬 시점이다. 내가 지은 책에서, 나는 "인간의 첫째 임무는 '아니오'라고 말하는 것이다"라는 게에노24)의 유명한 구절을 인용했다.

이와 같은 일반적인 논의를 정확히 하기 위해서, 우리는 위기라는 문제를 다루어야 한다. 정–반–합 이론을 거론할 때, 우리는 방에서 조용히 지적인 작업을 하고 있는 철학자를 연상하지 않을 수 없다. 그러나 우리는 화학적인 합성synthèse은 많은 에너지를 소비하고, 합성되는 개체들의 기본 구조를 용해할 수 있다는 사실을 알고 있다. 그러므로 우리는 지적인 종합synthèse에 대해서 환상을 품지 말아야 한다.

상세한 논거를 살피고, 지적인 분석 작업들을 면밀하게 검토할 때, 우리는 종합에 대한 이해를 놓치게 된다. 종합이 시인의 창조 행위를 통해서, 또는 철학자의 돌연한 새로운 직관적 통찰을 통해 이루어질 때, 거기에는 설명할 수 없는 부분이 있다. 창조적인 종합은 폭발과 파괴 행위를 통해서만 달성된다. 그것은 모든 변증법적인 운동에 다 적용된다.

이전의 긍정적–부정적 단계에서 궁극적인 단계로 자연스럽고 평화롭게 이동하는 순간적인 또는 역사적인 변동은 존재하지 않는다. 다음 단계에 도달하기 위해서는 하나의 위기, 즉 과격한 분쟁과 무력적 봉기의 시기를 거쳐야만 한다. 그 시기에 이전 단계의 구성 요소들은 해체되고 파괴되어 버린다. 이러한 위기는 역사적 사회적 영역에서 혁명이라 불리고, 영적인 영역에서는 회심이라 불린다.

변증법을 현실과 연관시켜 보면, 회심이나 혁명은 일회성으로 끝나는 것이 아니라, 계속 재개되어야만 하는 것임을 이해하게 된다. 이와 같이 사회나 교회의 위기는 인간의 실존이 하나의 부정성에 접하고 있는 징조이

---

24) [역주] 장 게에노(Jean Guéhenno, 1890–1978), 프랑스의 작가, 비평가.

다. 그 부정성은 근본적으로 새로운 상태를 만들어냄으로써 극복되어야한다. 여기서 우리가 발견하는 것은 바로 도전이라는 주제이다.

살아있는 유기체인 인간이 그 위기를 뛰어넘어 새로운 균형에 다다를 만한 충분한 자원들을 보유하고 있는가, 아니면 노이로제와 무질서와 혼란 속에서 파멸하고 말 것인가. 이는 언제나 열려 있는 가능성인가. 변증법은 언제나 결과물들을 자동적으로 생산해내는 기계장치가 아니다. 변증법은 인간의 책임성을 확실히 드러내며, 선택과 결정의 자유를 보여준다.

2) 성서의 변증법

변증법은 그리스에서 시작되었다는 철학적인 하나의 통설이 있다. 어떤 학자들은 기원전 6세기말 헤라클레이토스가 생성 철학으로 변증법을 세웠다고 주장한다. 그는 대립은 만물의 기원이면서, 상호 갈등은 일치를 불러일으킨다고 한다. 아리스토텔레스와 같은 입장에서, 변증법의 창시자는 기원전 5세기 엘레아의 제논이라고 보는 학자들도 있다. 그러나 제논은 변증법이라는 단어를 사용하긴 했지만 그 의미를 논쟁과 토론의 기술로만 한정한 것 같다. 또한 플라톤 철학에서 변증법을 추론해내는 학자들도 있다. 그런데 내 주장은 이런 지적인 이론들이 성립되기 훨씬 이전, 기원전 8세기부터 히브리적 사유 방식에 변증법이 나타났고, 구약 성서 전체가 하나의 변증법을 보여준다는 것이다.

내 말은 거기서 변증법의 분명한 이론이 성립되어서 사용되었다는 것이 아니라, 사유의 독창적인 방식이 존재했다는 것이다. 그 사유방식은 이후에 변증법이라고 불리는 것의 특성들을 토론 기술의 의미뿐만 아니라 존재론적 의미를 포함해서 지니고 있었다. 나는 단어가 존재하지 않으면 그 단어가 가리키는 사물도 존재하지 않는다는 주장에 전적으로 반대한다. 정반대로 실재가 먼저이고 그 실재를 경험한 뒤에 그것을 이해하기 위한 노력에서 단어가 생겨난다고 나는 믿는다. 다시 말해서, 유대인들은, 자신들의 지적인 작업이나 지성적인 측면을 평가하거나 명확히 밝히지 않은 채로, 신적인 계시를 변증법적으로 표현했다. 나는 여기서, 간략한 실례와 함께 잘 알려진 문제들을 참조하면서, 그들의 변증법적인 사유 방식에 관한 다섯 가지 표본들을 들어보고자 한다.

첫 번째 표본은 하나님이 역사에 개입하고 역사 속에서 인간과 동행한다는 포괄적인 주장이다. 그 주장은 예수 그리스도의 성육신만큼이나 놀라운 것이다. 창조주인 유일한 하나님이 당신의 백성과 함께 하려고 강림하고 당신의 영광을 모든 민족들 중에서 가장 미약하기 때문에 선택된 하나의 민족이 지니게 한다. 자연을 상징하거나 본질적으로 시간성을 지닌 이집트와 그리스의 신들과는 전혀 다른 이 하나님이 인도자와 대화의 상대자로서 하나의 민족과 관계를 맺는다. 그 관계는 아주 가깝고 친밀한 것이기에, 하나님에 관해 알 수 있는 모든 것은 그 민족으로부터 나온다. 그 민족이 영위하는 모든 삶에 대해 하나님은 결정하는 것이 아니라 규정한다. 이는 변증법이다. 왜냐하면 그 하나님은 불가분의 관계로 연합한 백성이 살아가는 모든 삶과는 극단적으로 모순되는 입장에 서있기 때문이다.

명령-불순종-심판-화해로 표현되는 방식은 완전한 변증법적인 방식이다. 그런데 이는 우연의 방식이 아니다. 이는 바뀔 수도 있는 그리스 신들의 경우와 같은, 하찮은 역사의 방식이 아니다. 이는 이 백성의 모든 역사의 단계마다 엄밀하게 반복되는 하나의 도식이다. 그때마다 위기를 통하여 불순종도 포함한 이전의 요소들이 종합되는 일이 일어난다. 이 역사적인 방식은 계시된 하나님이 형이상학적인 존재이거나 형이상학적인 방법으로 구성되고 인지되는 존재일 수 없게 한다.

하나님을 전지전능하고 고통을 느낄 수 없고, 변화될 수 없고, 영원하다는 식으로 정의를 내리는 것은 성서적인 계시를 하나도 이해하지 못한 까닭이다. 한편으로 그 모든 것은 어떤 신에 대해서도 다 언급할 수 있는 내용이다. 하지만 또 다른 한편으로 성서적 계시의 하나님은 시간과 역사에 개입하여 인간의 불행과 죄를 포용하고, 인간의 주도권을 용인하고, 당신의 주권을 제한하고, 돌이켜서 당신의 심판을 철회하기도 한다. 한 면이 있다면 다른 면이 있을 수밖에 없다. 그것은 명확한 모순이다.

그 모순은 논리적으로는 해결할 수 없지만, 성서적 변증법을 만들어낸다. 그 변증법은 인간과 하나님의 관계가 반복적이거나 고정된 것이거나 의례적인 것이거나 엄격하게 복종하는 것이 아니고, 항상 창의적이면서 상호 관계의 새로운 창조와 토론과 사랑 이야기를 연출하며, 출구를 미리 알 수 없는 모험이 되게 한다. 이는 하나님의 자유[25]를 놀랍게 계시한 것으로, 서로를 배제하지 않으면서, 계시 속에서 관계가 변증법적으로 발전하는 것을 보여준다.

우리는 "어쩌면—아니면"이라는 식[26]으로 표현하고 싶은 유혹에 넘어가는 대신에, 변증법적으로 사고할 때만 이 계시를 이해할 수 있게 된다. 중요한 것은 단순히 철학적인 표현 방식의 문제가 아니고, 계시에 관한 새로운 이해의 문제이다. 이 계시는 다른 곳에서는 결코 일어나지 않았다. 이 계시에 대한 지성적인 이해는 변증법적인 방식을 취해야 한다는 걸 전제로 한다.

이 근본적인 성서적 변증법의 두 번째 표본은 다른 많은 과정들을 드러나게 하는 것으로서, 몰트만Moltmann이 그의 저서 『희망의 신학』에서 밝혀주었던 과정이다. 그것은 구약 성서 전체 내용을 통해서 언약이 성취로 발

---

25) 나는 열왕기서에 관한 주석서로 1966년에 출판된 『하나님의 정치와 인간의 정치』(대장간 역간, 2012)에서 이 점을 설명하려고 했다.

26) **어쩌면** 하나님은 전능한 존재이고 인간은 노예이거나, **아니면** 인간은 자유로운 존재이고 하나님은 존재하지 않는다. ◇

전하여가는 과정이다. 성취는 다시 새로운 언약을 잉태하여 또 다른 새로운 성취를 가져온다.

우리는 많은 그리스도인들처럼 이 과정을 단순화시키지 말아야 한다. 그들은 구약 성서의 모든 언약들은 단 한 분, 예수 그리스도 안에서 다 성취되었다고 말한다. 그것은 물론 사실이다. 그러나 그렇게 말하면서 우리는 예수 그리스도에 도달하고, 또 예수 그리스도로부터 출발하는 여정을 뛰어넘어서는 안 된다. 왜냐하면 우리는 하나의 언약하나님의 재림과 천국에 따라 살지만, 하나의 언약은 이론적이거나 포괄적인 것이 아니기 때문이다.

반면에 언약은 교회의 역사와 우리 개개인의 삶에서 부분적인 언약과 성취라는 방식으로 증대된다. 그 부분적인 언약과 성취는 유대인들과 같이 우리에게도 언제나 새로운 언약을 내포하고, 우리가 나아갈 새로운 길을 보여준다. 이는 은총과 죄와 회개의 관계에서도 마찬가지이다. 은총은 회개 이전에 주어지는 것일까? 회개는 구원의 선물에 선행하는 것일까? 해결할 수 없는 이런 성서적 의문에 대해서 루터는 "언제나 죄인인 동시에 의인이자 속죄자"라는 유명한 문구로 답한다. 여기서 우리는 세 번째 단어를 잊지 말아야 한다. "동시에"라는 말은 '순간순간 새롭게' 라는 뜻이 된다.

이런 모순을 드러내주는 여러 성서 구절들이 있다. 그중에서 하나만 들어보자. 시편에서 우리는 "그러나 사유하심이 주께 있음은 주를 경외하게 하심이니이다"시130:4라는 놀라운 구절을 발견한다. 용서는 사랑이나 감사를 불러일으킨다. 경외심은 정의나 분노에 의해서 일어난다. 그런데 성서의 이 구절은 경외심을 사랑과 용서에 연결시키고 있다. 하나님은 경외의 대상이다. 왜냐하면 하나님이 용서하는 분이기 때문이다. 하나님은 용서를 거부하는 분이 아니라 용서할 수 있는 유일한 분으로서 당신의 지고의 위대함을 드러낸다. 용서와 경외의 변증법은 필수불가결하다.

이와 같이 하나님의 백성과 교회와 그리스도인 개개인의 삶의 전반적인 양상은 언약과 성취가 계속해서 갱신되는 가운데바꾸어 말해서 '이미 그러나 아직' 변증법적으로 형성된다. 천국은 이미 우리 가운데, 우리 안에 임하였지만, 완전히 오는 것은 마지막 때다. 아브라함의 하나님은 이미 온전히 계시되었지만, 하나님이 예수 그리스도 안에서만 계시되었기에 아직 완전한 것은 아니다. 예수 그리스도는 이미 온 세계의 주인이지만, 재림의 때에 가서만 그렇게 될 것이기에 아직 완전한 것은 아니다.

이와 같은 말에다가 논리적으로 맞추기 위해서 다른 말을 덧붙여서는 안 된다. 예수는 잠재적으로 혹은 은밀하게 온 세계의 주인이라거나, 마지막 때에 예수의 주권이 계시될 것이라고 말해서는 안 된다. 그렇게 하면 그 말의 긴장감이 사라진다. 그것은 온전히 성취되었지만 명시적으로는 성취되지 않은 것으로 보이는 모순 가운데 살아가는 대신에, 하나의 가설을 받아들이는 것이다. 바로 그 모순의 한가운데에 그리스도인의 삶이 존재한다.

변증법론자들이 믿고 있는 바와 같이 역사적인 진행이 오직 변증법적인 모순을 통해서만 발전하고 변화하는 것이 사실이라면, 동일한 원리가 그리스도인의 삶에도 적용된다. 모든 것이 성취되었고 우리에게 그런 상황이 계속 된다면, 살아야 할 가치가 있거나 유익한 삶이 더 이상 존재하지 않는다. 모든 것이 헛될 뿐이다. 아무 것도 성취된 것이 없다면, 어떤 삶도 가능하지 않다. 그러나 우리는 하나의 사실을 다른 사실과 뒤섞지 말아야 한다. 아직 성취되지 않은 것을 성취하는 것이 우리의 임무가 아니다. 이는 도덕주의로의 후퇴다. 현재 다 성취되었다는 믿음이 현재 성취된 것은 전혀 없는 경험적 삶과 함께 공존한다. 그 불가분의 관계가 그리스도인의 삶을 가능하게 하고, 위기에서 위기로 진행되는 어정에 의미를 부여한다. 이는 교회 역사가 보여준다.

내가 환기하고 싶은 성서적 계시의 세 번째 표본은 모든 인류와 남은 자들의 관계이다. 한편으로 이는 선택받은 사람들의 숫자가 줄어드는 것으로서, 하나의 인종에서 하나의 민족으로, 하나의 민족에서 이스라엘의 남은 백성으로, 남은 백성에서 한 인간 예수로 이어진다. 그러나, 다른 한편으로 그것은 선포될 때마다 더욱더 보편성을 띠게 되어서, 마침내 모든 역사와 자연과 인간의 행위가 마지막 때에 총괄갱신[27]된다.

역사적으로 선택받은 사람들이 줄어들수록 더더욱 보편적인 만인의 선택이 현실화되어간다. 이에 따라 남은 자들은 모든 인류를 뜻하게 된다. 이와 동시에, 동일한 현상은 아닐지라도, 단절과 분리를 통해서 결국은 배제된 모든 사람들이 분명히 선택받은 남은 자들과 다시 하나로 통합된다는 의미에서, 그 진행은 변증법적인 것이다. 택한 백성을 선택한 것은 모든 인류를 다시 하나로 통합한다는 뜻을 내포한다. 남은 자들을 선택한 것은 모든 이스라엘 백성을 다시 하나로 통합한다는 뜻을 내포한다. 예수를 선택한 것은 모든 나머지 인류를 다시 하나로 통합한다는 뜻을 내포한다.

성서적 관점에서, 심판의 이행은 마치 악한 사람들이 버림받고 제거되고 배제된다는 식으로, 선한 사람들과 악한 사람들을 분리시키는 작업이 결코 아니다. 그것은 선한 사람들의 선택을 매개로 하여서 악한 사람들을 선택하는 것이다. 예수는 단지 하나님과 인간 사이의 중재자에 그치는 것이 아니다. 예수는 모든 이스라엘 백성의 보편적인 구원자가 됨에 따라서, 모든 인류의 구원자가 되고, 이에 따라 모든 피조물의 구원자가 된다. 이는 물론 하나의 공식으로 축소시킬 수 있는 고정된 도식이 아니다. 이는 모순적인 요소들의 끝없는 긴장관계에 따른 역사의 발전을 전제로 한다.

앞에서 세 개의 표본들을 제시한 것과 함께, 나는 여기서 한 그리스 철

---

27) [역주] 프랑스어로는 'la récapitulation'으로서, 신학이론으로는 총괄갱신론으로 번역된다. 이 주제는 이 책의 제3부 5장에서 다시 다루어질 것이다.

학의 영향을 받은 신학적 사상이 범하는 오류를 지적하고 싶다. 그 신학적 사상은 하나로 일치하는 것을 선으로 보고, 모든 분열과 파괴와 분리를 악으로 보면서, 하나의 커다란 전체로의 영성적인 통합을 구하는 식으로 형이상학적인 일치를 추구하는 경향이 있다. "하나"됨에 대한 강박적인 집착은 어떤 사람들로 하여금 삼위일체론을 부인하게도 하고, 유신론이나 범신론에 빠지게 하기도 하면서, 계시에 대한 이해를 전적으로 왜곡시키고, 하나의 이론적인 체계28)로 계시를 대체한다. 한 예로 영지주의 피라미드식 일자론이 있다 이런 경향을 따르려는 유혹은 지속적으로 다가오는데, 구조주의는 가장 최근의 예에 해당한다.

내가 지적한 세 개의 표본들은 구약 성서를 그 주된 근거로 삼았다. 이제 나는 특히 신약 성서에서 추출한 다른 두 개의 표본들을 제시하려고 한다. 우리는 여기서도 물론 천국의 도래가 "이미, 그러나 아직" 완전히는 아니라는 변증법을 발견하게 되지만, 이는 또 다른 차원에서 전개된다. 특히 바울의 사유 방식은 근본적으로 변증법적이다. 예를 들어, 그의 사유의 중심에 "너희는 믿음으로써 은총에 의해 구원을 받았다"는 말이 있다. 이 말은 명백하고 간결하다. 우리는 그 말이 크게 확장되어 전개되는 것을 발견한다. 그러나 동일한 인물인 바울은 이어서 "그러므로 두렵고 떨림으로 너희 구원을 이루라"고 한다. 이는 명백한 모순이다. 우리가 은총에 의해 구원을 받았다면, 우리의 구원을 이루기 위해 노력할 필요가 없지 않은가.

그 모순은 빌립보서에서 배가된다. "그러므로 두렵고 떨림으로 너희 구원을 이루라. 너희 안에서 행하시는 이는 하나님이시니 자기의 기쁘신 뜻

---

28) A. Dumas는 1977년에 출판된 그의 저서 『정치적 신학이론들과 교회의 역사』*Théologies politiques et Vie de l'Eglise*에서 일원론과 이원론의 부적절성을 명백하게 밝혀주었다. "이 원론은 하나님에게서 인간을, 인간에게서 하나님을 분리시킨다. 성서는 연합의 역사인데 반해 이원론은 멀리 분리시키는 구조이다." 그럼에도 불구하고, 연합은 서로 구별되고 다르고 분리되어 있지만 동시에 하나로 합쳐지는 두 존재들 간에 일어난다는 점은 분명한 사실이다.

을 위하여 너희에게 소원을 두고 행하게 하시나니." 우리는 연속성을 찾아 냄으로써 그 모순을 축소시키려고 애쓸 필요가 없다. 역으로 그 모순이 그 리스도 안에서의 삶을 구성하고 있다. 하나님은 우리 안에서 원함과 행함 이 일어나게 하는데, 우리는 마치[29] 하나님이 존재하지 않고, 모든 것이 우 리에게 달려있다는 것처럼 우리가 맡은 책임을 져야 한다. 왜냐하면 하나 님은 미지의 하나님인 동시에 사랑의 하나님이기 때문이다.

그러므로 모든 상황에서 지금 여기서 하나님의 응답과 뜻을 찾으려는 경건주의자와 같은 입장을 견지할 필요가 없다. 두렵고 떨림으로 우리의 구원을 이루어가고 견디기 힘든 일도 해나가면서, 우리는 최종적으로 우리 를 이미 구원한 하나님에게 영광을 돌릴 수 있다. 그러나 경건한 태도로 살 면 그런 일이 면제된다고 믿는 것은, 성육신을 잘못 알고 있는 것이고, 구 원을 가볍게 여기는 것이고, 은총에 의한 구원을 실제로는 믿지 않는 것이 다.

그리스도인 개개인의 삶은 변증법적인 전개를 통해서 은총에 의한 구 원의 의미와 그리고 나에게 은총을 내린 하나님의 영광을 끊임없이 재발견 해 가는 것이다. 그러나 이는 우리에게 주어진 은총 속에서, 이미 행한 일 들에 대한 심판을 견디면서 앞으로 매진하려고 할 때, 부닥치는 위기의 시 간을 겪어냄으로써만 가능하다. 그 심판은 우리로 하여금 은총에 의한 구 원을 수용하게 하는 새로운 상황을 향해 나아가게 한다. 그렇게 함으로써 만 우리는 구원의 확증을 찾지 않고 살아갈 수 있게 된다. 그리하여 기독 교 윤리 전체와 그리스도인의 삶의 모든 행위는, 은총에 의한 구원과, 삶의 공로라는 모순된 두 요소들의 변증법적인 관계를 통해서만 비로소 평가될

---

29) 나는 예수의 삶에서 이 "마치 …처럼"이라는 말을 자주 언급했다. 예수는 가난뱅이가 아 니었다. 그러나 그의 신적인 영광은 그의 겸손한 외양에 감추어져 있었다. 그는 마치 자 신이 하나님이 아닌 것처럼 고통과 죽음을 받아들였다.

수 있다.

마지막 다섯 번째 표본으로 나는 역사와 재림을 제시하고자 한다. 단선적이고 논리적인 사고는 "역사는 하나님과 함께 공동으로 창조하는 것이다"는 판단을 유도한다. 역사는 자연히 하나님의 나라를 지향한다. 역사와 하나님의 나라는 연속성이 있다. 역사는 하나님의 나라를 향하여 출발하여 점진적으로 진보한다.

천년왕국론자들은 다음과 같은 이데올로기를 주장해왔다. 우리는 지금 사회 개혁을 통해서 지상에 하나님의 나라를 수립하는 중이다. 우리가 그 일을 다 마쳤을 때 메시아가 재림할 것이다. 로마 가톨릭 신학은 페기 Charles Péguy가 지상의 도시들을 "하나님의 집에 대한 이미지요 시초요 몸이요 시도"라고 한 것과 유사한 말을 한다. 이는 또한 해방 신학이나 혁명 신학을 주장하는 사람들의 신념이기도 하다.

또 다른 견지에서, 앞에서 언급한 것과 동일한, 단선적이고 논리적인 사고는 다음과 같은 주장을 낳는다. "모든 것은 심판의 때에 파멸될 것이다. 하나님의 나라는 전적으로 새로운 것이고 하나님의 무상의 선물이다. 정의가 다스리는 새 하늘과 새 땅이 임할 것이다. 모든 이전의 것들은 다 폐기될 것이다. 그리하여 인간의 역사, 정치 등은 어떤 의미도 어떤 가치도 어떤 유익도 없다."

내 생각에 이 두 가지 주장들은 성서에 부합되지 않는다. 왜냐하면 성서는 우리에게 변증법적인 역사를 보여주고 있기 때문이다. 한편으로 역사는 심판과 재앙을 향해 진행함으로 어떤 연속성도 찾아볼 수 없다. 그런데, 다른 한편으로, 역사는 너무나 중요한 비중을 차지한다. 역사의 중요성을 보여주는 것은 하나님이 스스로 인간의 역사의 페이지에 기록을 남기기로 한 결정에 있다. 누가복음 2장 1, 2절에 로마 황제 아우구스토스의 칙령과 시리아 총독 퀴리니우스를 언급한 기록만으로도 하나님 앞에서 인간의 역사가 가치와 중요성을 지닌다는 사실을 상기시키기에 충분하다.

이 모든 논의는 무얼 뜻하는가? 먼저 언제나 하나의 역사[30]가 존재한다. 그 역사는 인간의 독립적인 행위와 하나님의 관계적인 행위가 제휴하고 대립하고 충돌하여 만들어지는 역사이다. 실제적이고 구체적인 사건에서 벌어지는 모든 역사는 이 두 개의 세력들이 나타나는 곳이다. 인간의 행위의 산물이 존재한다. 그것은 발전도 진보도 아니고, 인간의 성과들과 능력들과 잠재력들이 합하여 증식한 것이다. 나는, 인간의 자주적 행위와 하나님의 행위가 조합될 수 있는 한, 즉 인간의 자주적 행위가 고갈되지 않고 새로운 것을 산출할 수 있는 한, 하나님의 행위는 영원하므로 역사는 멈추지 않을 거라고 말하고 싶은 유혹을 느낀다.

나는 주제곡과 변주곡들이 어우러지는 음악을 예로 들고 싶다. 어떤 변주도 가능하지 않게 되면 작곡이 중단되어 음악이 끝나버릴 것처럼, 역사도 그와 같이 멈추고 말 것이다. 이는 인간의 창의력과, 계약 혹은 언약이라는 기본 주제 간의 관계를 연상시킨다. 이 모든 것은 하나님 나라를 향하는 것이 아니라, 인간이 겪는 허무와 하나님의 완전히 새로운 창조 간의 절대적인 모순이 불러오는 위기를 향한다. 그러나 그 위기심판는 역사를 폐기하거나 그 중요성을 상실하게 하지 않는다. 변증법적인 위기에서와 같이 어떤 요소도 제거되지 않으며, 그 둘은 하나의 종합으로 통합된다. 그리하여 모든 인간의 역사는 천상의 예루살렘에 들어가게 된다.[31]

최후의 도성, 예루살렘의 창조는 인간이 역사를 통하여 시도했던 모든 것의 결과가 아니라 그 완전한 성취이다. 인간의 역사는 사회적이건 개인적이건 하나도 폐기되지 않지만, 그 모든 것은 질적으로 변화된다. 자연적인 몸체가 있고 영적인 몸체가 있다. 그런데 자연적인 몸체가 존재하지 않

---

30) 세속의 역사와 거룩한 역사라는 두 개의 역사는 없다. ◇

31) 1975년에 출판된 『머리 둘 곳 없던 예수』(대장간 역간, 2013)와, 이 책의 제3부을 참조하라.

는다면 영적인 몸체도 있을 수 없다는 사실은 의심의 여지가 없다. 그리하여 우리는 변증법적인 방식을 통해서만 하나님 나라의 계시를 이해할 수 있다.

아주 간단하게 살펴본 다섯 개의 표본들은 변증법적인 사유를 통해서만 성서의 계시를 이해할 수 있다는 사실을 입증하기에 나로서는 충분할 듯하다. 성서의 계시는 근본적이고 본질적인 면에서 그 자체가 변증법적이다.

3) 내 저서들의 변증법

"나의 작품"을 언급하는 것은 주제넘어 보인다. 그러나 내가 쓴 책들은 전체적으로 한 권의 책을 구성한다. 그렇게 한 것은 나의 의도였다. 영적인 면을 고려하지 않고는 현대사회에 대한 연구를 통합적으로 할 수 없다. 또한 우리가 살고 있는 세상을 고려하지 않고는 신학적인 연구를 할 수 없다. 그 두 가지 사실을 확신하고 나서, 나는 그 둘 사이의 연결고리를 찾아야할 필요성을 처음부터 느꼈다. 그리고 그 연결고리는 변증법적인 방식일 수밖에 없었다.

기독교와 세상을 하나의 단일체로 연결시키는 것은 불가능했다. 처음 글을 쓸 때부터, 나는 하나의 기독교 정당이 추구할 수 있는 기독교 정치, 기독교 경제나, 인식론적인 면에서 기독교 역사, 기독교 과학과 같은 것은 있을 수 없다는 점을 밝혔다. 기독교 정치라는 면에서는 일종의 이데올로기적인 명분을 가질 수밖에 없고, 인식론적인 면에서는 방법론과 결론을 왜곡시키는데 그칠 뿐이다. 기독교인이 쓴 윤리학은 필연적으로 기독교 윤리가 되지만, 그것은 기독교인들만이 받아들일 수 있을 뿐이다. 이와 마찬가지로, 기독교인이, 연구의 전제와 그 전제가 결론에 미칠 수 있는 영향들을 인정하면서, 모든 학자들이 그렇게 하듯이 역사나 생물학을 연구할 수 있다. 이와 마찬가지로, 기독교 정치인이라는 걸 밝히지 않고,[32] 기독교인이 노동조합이나 정당의 구성원이 되어 일정한 역할을 담당할 수 있다.

다른 한편, 사회의 구체적인 현실과 무관한 기독교는 받아들일 수 없다는 점도 나에게는 분명했다. 기독교인으로서 현실 세계를 고려하지 않고 영원의 원리들을 따라 산다는 것은 받아들일 수 없는 일이다. 기독교가 사회 구조에 침투하여 그것을 변경시킬 있다는 논리나, 여기서 나는 마르크스가 이데올로기의 기능을 분석한 이론을 상기한다 역으로 기독교가 세상의 필요와 요구와 방향에 따라 적응하고 변해야 한다는 논리는 아무 실효성이 없는 이상주의에 불과하다. 이는 역사 속에서 언제나 일어났던 일이다.

프랑스 기독교는 정치적으로 루이14세 치하에서는 군주정을, 1792년에는 혁명을, 1800년에는 나폴레옹을, 1875년에는 공화정을 채택했고, 1950년에는 사회주의를 지향했다. 해방 신학과 혁명 신학은 기독교가 상황에 맞게 적응해가는 시도에 불과한 것으로 보인다. 또한 세상은 실패로 끝났다거나, 역으로 교회는 의미를 상실했다는 주장들도 당치않은 것으로 여겨진다.

그리하여 나는 현대사회 연구의 독립성과 신학의 특수성을 인정할 수밖에 없었다. 우리가 살고 있는 세상의 결집성과 중요성을 수용하는 동시에 그리스도 안에서 계시의 비할 바 없는 진리를 받아들일 수밖에 없었다. 이 두 개의 요소들은 서로서로 별개의 것이지만, 떼어놓을 수 없게 연결되어 있다. 둘의 관계는 변증법적이고 비판적일 수밖에 없다. 지성적인 측면에서, 우리는 둘의 모순을 인정하여 그 모순성을 극단화할 수밖에 없다. 행

---

32) 내 경험상 그것은 불가능하고 견딜 수 없는 것이다. 나는 1937년부터 이점을 글로 썼고, 1944년에 반복해서 밝혔다(『신앙과 삶』*Foi et Vie*과 『개신교 직업인 협회 연구지』(Cahiers des Associations professionnelles protestantes).

동적인 측면에서는, 서로에게 비판적인 대상이 되는 것을 수용할 수 있을 뿐이다. 세상은 교회에 비판적이고, 과학은 신학에 비판적이다. 역으로, 우리가 잊지 말아야 할 것으로, 교회는 세상에 비판적이고 신학은 과학에 비판적이다. 종합, 혹은 부정의 부정에서 어떤 형식이든 간에 새로운 상황의 출현은 역사의 산물일 수밖에 없다. 그런데 이 종합을 오로지 지적인 방식으로 허울뿐인 응답만을 상고하는 단일한 연구를 통해서 제시할 수는 없는 것이다.

그리하여 나는 이 두 영역들, 즉 역사와 사회의 영역과 신학의 영역을 함께 연구하게 되었다. 그것은 주의력의 분산이나 다양한 호기심의 분출이 아니라 아주 엄밀한 성찰의 산물이었다. 이 연구의 두 영역들은 각기 동일한 중요성을 지녀야 했고, 가능한 한 서로의 영역을 침범하지 말아야 했다.

사회학자로서 나는, 어떤 방법론들에 대해서는 반론을 제기하여 방법론적인 논쟁을 치르기도 했지만, 그래도 학문적으로 정확한 방법론을 사용하여 현실적이고 과학적인 자세를 견지해야 했다. 신학자로서 나는 또한 흔들리지 않는 자세로 임하여, 시대정신과 타협하지 않고 최대한 정확한 계시의 해석을 제시해야 했다.

그러나 궁극적으로는 변증법이 존재하므로, 전체적인 면에서 두 개의 영역들을 서로 관련시켜서 상호연관성을 찾아야 한다. 부정은 긍정과의 관계에서만 존재할 수 있고, 긍정은 부정과의 관계에서만 존재할 수 있다. 이 둘은 음악의 대위법에서와 같이 서로 각자의 역할을 담당한다. 그 점에서, 겉으로는 서로 무관하게 보이는 두 영역의 책들이 가지게 되는 연관성을 고려해볼 충분한 여지가 있다.

예를 들어, 『정치적 착각』과 『하나님의 정치와 인간의 정치』 사이에 대위법적인 관계가 존재한다. 마찬가지로 『자유의 윤리』*L'Ethique de la libert*는 기술에 관한 두 책, 『기술 혹은 시대의 쟁점』*La Technique ou l'Enjeu du siécle*과

『기술 체계』에 정확히 상응하는 대위 명제가 된다.

이와 같이 나는 지식의 도구를 고안하는 동시에 위기 상황을 통한 발전의 가능성을 타진했다. 그 위기 상황은, 현재 우리 사회 속에서, 정치 경제적인 영역과 함께 기독교 교회의 영역에서 다 찾아볼 수 있다. 그러나 두 요소들을 분명하게 인정하지 않는다면, 그 위기 상황의 긍정적인 탈출구를 찾을 수 없고 혼란과 무의미의 상황을 벗어날 수 없다. 내가 기여하고자한 것은 바로 그 점에 있다. 그러나 실제로 나의 시도는 실패한 것 같다. 나의 연구물들을 상호관련성 속에서 고찰하여서, 기독교적인 관점과 인식으로 우리에게 다가온 위기 상황의 핵심에 접근하는 사람이 아무도 없다. 사람들은 깊은 성찰이 아닌 조건반사의 수준에서 무의식적으로 대응하면서, 별 생각 없이 기독교적인 입장을 고수한다.

이제 나는 마지막으로 변증법이 내 작품에서 다루는 두 영역들에 작용할 뿐만 아니라 하나의 이중적인 요소로 작동한다는 점을 언급하고자 한다. 그 이중적인 요소에는 한편으로 내가 한 주장들을 이해하게 하는 것과, 다른 한편으로 현재 상황에 대한 나의 아주 깊은 확신을 보여주는 것이 있다.

첫 번째 요소를 설명하기 위해서, 나는 내가 한 주장들이 변증법적인 방식에 기인한 것임을 밝힐 수 있다. 그 주장들은 다음과 같다.

인간은 사회구조들과 사회적 요구들에 대하여 무력하지만, 시도할 수 있는 것은 다 시도해야 한다. 결정론적이고 자유를 배제시키는 사회를 끊임없이 공격해야 하지만, 우리는 사력을 다해 이 사회를 지켜서 우리의 파괴적인 분노를 여지없이 분출시키지 말고 사회가 폐쇄적이 되는 걸 가로막아야 한다. 인간이 행한 일들은 아주 상대적이어서 최상의 가치를 지니지 못하지만, 마치 최상의 가치를 지니는 것처럼 그 일들을 아주 중요하게 취급해야 한다. 한 인간 집단이 수립한 가치와 도덕이 실제적인 가치나 인간 본성적 도덕이나 절대적 도덕도 아니며 하나님의 뜻을 나타내는 것이 아니더라도, 우리는 그것들을 옹호하고 지지하고 실행해야하는데, 그 이유는 그 인간 집단이 그런 가치와 도덕이 없으면 생존해 갈 수 없기 때문이다.

우리는 이와 같은 주장들과 여타의 신념들 속에 내재하는 오류들로부터 우리를 벗어나게 하는 그리스도의 진리를, 그리고 그 주장들과 절대적으로 선한 것으로 여타의 도덕들을 대체해야 하는 그리스도의 윤리를 서로 대립시켜야 한다. 그것이 변증법적인 모순 구도라면, 그것은 건전하다. 그것이 심판하는 태도와 다른 요소를 제거하려는 의도에 기인한 것이라면, 그것은 수용할 수 없는 것이다.

결론삼아 두 번째 요소로서 현재 상황에 대한 나의 근본적인 확신을 고찰해보고자, 그 간략한 요점들을 열거하려고 한다. 이미 나의 다른 책에서 설명한 바와 같이, 기술 체계가 모든 분야들을 다 포함하는 전체적인 유일 체계가 되면서, 그 고유한 논리로서 모든 문화들을 점진적으로 동화시켜버린다면, 그런 기술 체계와 연관될 수 있는 변증법적인 요소는 있을 수가 없다. 그 기술 체계는 하나의 전체로서 유일한 것이 된다.

그러나 변증법적인 방식이 인간의 삶과 역사에 필수불가결한 것으로 믿는다면, 변증법적인 요소는 절대적으로 필요하다. 기술 체계가 전체라면, 그 요소는 그 체계를 벗어난 외부에 존재해야 한다. 그러나 초월자만이 그 체계의 외부에 있다.

나에게 있어서, 그 초월자는, 인간의 생존과 역사의 진행과 삶의 실존에 필요한 조건인 기술을 유입한 우리의 구체적인 상황 속에 존재한다. 그러나 이 초월자는 자족적인 미지의 존재일 수 없다. 인간이 기술의 자율성과 보편성에도 불구하고 변증법적인 삶과 역사에 투신할 동기와 기회를 가지려면, 그 초월자는 계시된 존재여야 한다. 내가 기독교 호교론을 펼치려고 이런 말을 한 것은 전혀 아니다. 나는 단지 사회학적이고 신학적인, 이

중적인 나의 연구 활동에서 나온 필연적인 결과를 제시한 것뿐이다.33)

---

33) 나는 제3부에서 이 점을 개진할 것이다.

5. 조화調和

이 주제에 대한 바슐라르[34]의 글이 더 나은 것을 인정하면서도, 조화 l'harmonie는 내가 경험한 하나의 실재이기 때문에 이에 대해 나로서도 언급하지 않을 수 없다. 이 점에서 양해가 필요하다.

나는 자연의 조화와 세상의 조화를 믿지 않는다. 그 조화는 화학과 물리학의 법칙들의 작용을 말하는 것이다. 사람들이 오랫동안 조화롭다고 찬탄해온 우주가 사실은 거대한 전쟁터라는 것을 이제 알게 되었다. 나는 자유주의 경제학이 구상한 경제의 조화를 믿지 않는다. 나는 적자생존이라는 진화론의 조화를 믿지 않는다. 강자의 생존은 약자의 희생을 치러야 하므로, 이는 조화가 아니라 대량학살이다. 승자가 더 좋은 것을 뜻하는 것은 아니며, 승자를 언급한다는 단순한 사실 자체가 조화를 배제시킨다. 나는 개개인들과 원래의 취지는 좋은 사회 사이에 자연스럽게 일어나는 조화를 믿지 않는다. 멀리 거슬러 올라가보아도 전쟁이 지배적이다. 헤라클레이토스의 말이 맞다. 그러므로 나는 언젠가 무정부체제의 조화로운 낙원이나 마르크스가 말한 낙원이 올 것이라는 희망을 가지지 않는다. 이 조화

---

34) [역주] 가스통 바슐라르(Gaston Bachelard, 1884-1962), 프랑스의 과학철학자, 문예비평가. 그는 과학과 문학의 두 영역에 대한 관찰과 연구로서 독특한 학문적인 업적을 남겼다. 구조주의의 선구자로 평가되기도 한다.

를 가로막는 것은 권력이나 소수의 지배가 아니다. 원인은 더 깊은 곳에 있다.

하나님이 창조한 세계에서는 모든 것이 조화를 이루었다는 사실은 의심의 여지가 없다. 인간은 폭력이 없이 자신의 자리를 가질 수 있었고, 짐승들은 평화롭게 공존했다. "모든 것이 심히 좋았더라"고 창조주는 선포했다. 세계는 창조주의 형상을 닮은 청지기와 창조주가 사랑을 나누는 가운데 형성하는 조화로운 관계에 기반을 두었다. 이 관계가 단절되자, 혼란이 유입되고, 다양성은 배타성으로 바뀌며 능력의 다양성은 경쟁으로 전환되었다. 인간은 이제 '가시덤불'35)이 생겨난 자연과 짐승들36)과 화평을 유지할 수 없었다. 인간은 공포를 조장하였고 이제 자기 자신이 그 공포 속에서 살아간다.

인간 세상에는 조화가 없다. 자연에는 조화가 없다. 자연은 방임되어 비극적으로 죽음과 삶을 서로 보완하여, 삶은 죽음을 먹고 산다. 그러나 죽음은 죽음이기 때문에 거기에서 조화를 말할 수 없고, 인간의 관점으로 보면 결국 승리하는 것은 죽음이다. 그러나 이 땅은 '정원'이라 불릴 만큼 인간의 유일한 자산이다. 정원이라고?

우리 주위에 끊임없이 일어나는 그 모든 천재지변들을 보라. 토네이도, 지진, 화산, 홍수, 화재, 수재 등의 그 모든 엄청난 혼란을 보라. 수많은 문어알들이 부화되지만 제대로 성장하는 것은 한 마리에 그치고, 날아다니는 수많은 나비들이 결국 거의 다 새들의 밥이 되고 마는 그 수많은 죽음이 초래하는, 그 모든 놀라운 낭비를 보라. 하나의 죽음은 다른 하나의 생명을

---

35) [역주] "땅이 네게 가시덤불과 엉겅퀴를 낼 것이라"(창3:18). 에덴동산에서 아담과 하와가 죄를 범한 후에 아담이 받은 벌로서, 이전에는 사람이 원하는 대로 각종 먹을 것을 제공하던 땅이 이제 사람이 먹고살 것을 얻기 위해서 고생해야만 하는 '가시덤불'의 역경이 가득한 환경이 되었다.

36) "너희를 두려워하며 너희를 무서워하리니"(창9:2). ◆

부양한다. 그러나 이 거대한 도살장에서 조화를 발견하는가? 우리는 실증적인 관찰에서뿐만 아니라 다른 데서 준거 기준을 찾아야 한다.

하나님은 에덴이라 불리는 정원을 창조하여 그곳에 인간이 거주하게 했다. 모든 피조물들 가운데, 별들 가운데, 우주 가운데 하나님은 에덴이라는 정원을 창조한 것이다. 그 이름의 뜻은 쾌락과 기쁨과 즐거움이다. 땅은 우리의 에덴이요 우리의 기쁨이다. 거기에서 모든 것은 인간의 기쁨을 위해 구상되었다. 모든 것은 선하고 아름답고 조화롭고 순수했으며, 쾌락도 마찬가지였다. 그런데 단절이 일어났다. 그렇지만 인간을 위해 만들어진, 고유한 장소인 이 땅은 이 연합과 이 기쁨을 위해 마련된 것이다. 이 땅이 그렇지 못하다면, 다시 그렇게 되도록 회복되어야 한다. 왜냐하면 부서지기 쉽고 갈가리 찢긴 이 땅이 우리의 유일한 거처요, 우리의 유일한 고향이기 때문이다.

이 점에서 우리는, 인간이 은하계를 식민지화하여 다른 혹성들에 식민지를 건설해야 한다거나 우주 정거장을 설치해야 한다는 주장을 끝까지 물리쳐야 한다. 미래의 상상을 담은 소설들은 흔히 생존불가능하게 된 지구를 떠나 다른 혹성에서 모습을 나타내는 인간들이 거주하는 식민지들을 보여준다. 나는 그것을 부정한다. 내가 부정하는 것은 그것이 우주를 식민지화하는 것이기 때문이다.

식민지화한다는 말이 무얼 뜻하는지 아직 모르고 있단 말인가? 이슬람이 북아프리카 지역 국가들을 식민지화하고, 유럽이 아프리카의 나머지 지역 국가들을 식민지화하고, 인종들의 용광로라는 미국이 인디언들을 식민지화하고, 스페인과 포르투갈이 남아메리카를 식민지화한 후에 무슨 일이 일어났는지 아직도 모른단 말인가? 모든 식민지 개발은 이중적인 재앙을, 즉 피식민지 국가와 식민지 국가에 다 재앙을 불리온다는 걸 아직도 모르고 있는가? 행복한 결과를 가져온 단 하나의 식민지 개발도 없었는데, 이 모든 경험들이 아무런 교훈도 전해주지 않았단 말인가? 우주를 식민지화하다면, 과연 그 우주에 무엇을 건설하기 시작할 것인가? 무엇보다 엄청난 규모의 전쟁 기구들일 것이다. 인공위성들과 우주 정거장들이 무얼 의미하는가. 모든 것이 전쟁을 치르기 위한 것이다. 그러니 다시 지구로 돌아와서 이 땅을 인간적이고 살만하고 조화로운 것으로 만드는 일을 하라. 왜냐하면 그것이 우리의 출구이기 때문이다.

이 땅은 우리의 유일한 거처이다. 이 땅의 기쁨을 회복하라. 대재앙들을 탓하며 이 땅을 미워하고, 농업 관련 산업과 광물자원들과 탄화수소들을 무분별하게 개발하여 이 땅을 파괴하고, 수백만 년 동안 천천히 축적되어온 것을 수십 년 만에 소진시켜서 턱없이 낭비하는 것 대신에, 인간을 위해 만들어진 이 거처, 이 정원, 이 고향을 비정상적 시각이 아니라 정상적인 시각으로 제대로 바라보라. 평원의 충만함을, 산들의 위대함을, 대양의 광대함을, 숲의 은밀함을 관조하라. 수천 년 동안 인간이 그렇게 해온 것처럼, 거기서 행복에 필요한 모든 것을 받아들이며 산다면, 그 모두는 우리를 위한 것이 된다. 그러나 관계의 단절이 있은 뒤로 이 땅은 정원일 뿐만 아니라 비극과 재앙의 장소가 되었다. 인간이 여기서 해야 할 일은 우리의 유일한 고향을 원래 그대로 회복하는 것이다.

하나님은 인간을 그 정원에 살게 하면서 인간에게 경작하고 보존하라는 단 하나의 명령을 내렸다. 그것이 우리가 해야 하는 전부이다. 제대로 경작하려면, 땅을 고갈시키지 않고, 흉측하게 변모시키지 않고, 본래 형질을 변질시키지 말아야 한다. 또한 제대로 보존하려면, 땅 자체에 잃어버린 조화를 회복시키고, 우리 자신은 그 안에서 우리의 과욕의 한계와 절제를 찾아야 한다. 인간이 만물의 척도인 것은 분명하다. 그러나 인간의 정원인 땅도 또한 인간에게 허용된 합당한 행위들의 척도가 된다. 우리는 땅을 소중히 여기고, 우리의 의지와 애정을 쏟아서, 창조 정신에 부합하는 온전한 상태로 가꾸어가야 한다. 그것은 조화를 이루는 것이다. 그러나 우리는 또다시 근본적으로 길을 잘못 들었다.

인간의 재능은 조화를 이루는 것이 원래의 소임인데도, 500년 전부터 정복과 착취와 위세를 얻기 위해 사용되어왔다. 우리는 더 많이 소유하기 위해서 파괴하기 시작했다. 소유를 축적하려고 모든 것을 파괴하는 것은 모든 것을 잃는 것이다. 우리는 지금 정원을 해체시켜가고 있는 중에 있고, 이대로 계속 한다면, 우리의 지구는 생명이 없는 뼈들로 가득 쌓이게 될 것이다. 에덴의 최후의 흔적들이 사라져가고 있는 중이다. 이런 말이 자연을 보호하자는 생태학적 주장에 불과하다고 보는가? 나는 이 말이 지구의 죽음에 대한 애가élégie가 되리라는 두려움을 가지고 있다.

이는 우리 인간이 받은 소명이 아니었다. 우리는 하나의 조화를, 하나의 평정을, 능력과 수단의 적절한 분배를, 지구의 풍성한 자산의 균형 있는 배분을 이루어가도록 부름을 받았다. 우리는 그 사실을 막연히 예감하고 있었다. 그러나 그런 마음을 권력욕에 의해 차단시켰다. 나는 조화의 추구와 권력욕이 동일하게 대립하고 있는 인간 사회에 대해서도 동일한 주장을 펼 수 있다.

조화로운 사회는 하나의 유토피아로서 그걸 이루기 위해서는 값을 크게 치러야만 한다. 이 조화로운 사회를 떠올리기 위해서 어느 쪽을 택해야 하는가. 있을 수 있는 최상의 세계에 살고 있다고 스스로를 납득시키는 쪽인가, 아니면 하나도 잃을 게 없는 법칙의 작용이라며 자연의 실상에 눈을 감는 쪽인가. 그러나 그것이 사실이 아니라는 걸 우리는 알고 있다. 계속 손실이 발생하고 끊임없는 싸움이 일어나고 있다. 그런데 조화는 자유와 정의의 경우처럼 실재하지 않는다. 우리는 그것에 대해 정의를 내릴 수 없다. 그러나 인간은 조화를 열정적으로, 그리고 절망적으로 갈구한다. 현실이 던지는 끊임없는 도전들에 직면해서 인간은 강박적인 환상을 좇으려 한다. 인간이 그토록 조화를 원하기 때문에 조화가 존재한다고 나는 말하련다.

나는 너무도 단순화하는, 회의적인 이론을 거부한다. 그 이론에 따르면, 인간에게 조화나 정의에 대한 갈망이 생겨날 수 있었던 이유를 합리적으로 설명함으로써, 그 조화나 정의가 인간 존재의 정신분석학적인 작용 속에서만 존재하는, 불합리한 환상에 지나지 않는다는 것이다. 그게 전부라는 것이다. 그러나 합리적으로 다 설명할 수 있는 것은 존재하지 않는다. 언제나 거기엔 빈틈이 있고 그 빈틈으로 그와 같은 갈망이 스며들었던 것이다. 그 갈망은 다른 것이 아닌 그 조화를 이루려는 것이다.

인간은 자신이 말하는 것이 무얼 뜻하는지 모르지만, 자신이 무엇으로 인해서 고통을 받는지는 알고 있다. 인간은 그 조화가 살아있는 실재가 되는 곳에서 살 수 있는 그 시간을 기다린다. 조화가 이루어질 때 인간은 자신이 그것을 인식할 수 있다는 걸 안다. 인간은 그것이 영원하기를 원하지만 그것은 곧 사라지고 말 뿐이다. 그것이 영원하다면 삶의 구성요소들이 다 멈추면서, 무한 반복하는 기계장치 같은 것이 작동하게 될 것이다. 이는 더 이상 조화로운 것이 될 수 없다. 아니면 허무와 공허함의 긴 침묵이 따르게 될 뿐이다. 아무도 조화를 정의할 수도 규정할 수도 없다. 우리는 조화에 대해서 비유나 은유로서만 말할 수 있다. 그렇지만 우리는 경험을 통해서 조화에 관해서 어느 정도 알게 된다. 여기서 조화에 대한 최초의 잘못된 인식이 발생한다.

우리는 조화는 우리의 의지와는 전적으로 무관한 일종의 기적처럼 생겨난다고 생각한다. 황혼에 지는 해는 오팔opale처럼 현란하고 형형색색으로 변하는 하늘은 잠간 동안 조화를 보여준다. 그것은 우연처럼 보이지만, 그 우연은 나와 관련된 것이다. 왜냐하면 그 조화를 포착하고 경험하기 위해서는 내가 그 자리에 있어서 내 눈으로 바라보아야 하기 때문이다. 아무도 눈으로 그 조화를 포착하지 않는다면, 그 현상이 일어났어도 그걸 조화라 부를 수 없고, 그것은 아무 의미도 없는 빛의 조합에 지나지 않게 된다.

인간이 연관될 때에 비로소 조화가 존재한다. 그 자체로는 아무 의미없는 객관적인 상황을 인간이 바라봄으로써 그걸 조화로 인식하고 전율하는 것이다. 그리하여 인간과 무관하게 존재하는 현상 그 자체만으로는 조화가 성립될 수도 없고, 객관적으로 인식될 수도 없다고 할 수 있다. 한 사람에게 조화인 것이 그 옆에 있는 다른 사람에게는 아무 것도 아닐 수 있다. 조화는 이론의 여지없이 객관적인 실체로는 성립될 수 없다. 그렇기 때문에 자연의 법칙의 조화라는 말을 할 수 없는 것이다. 시장의 법칙이 자유롭게 작용하여 생겨나는 경제적인 조화라는 말은 성립될 수 없다. 상당수의 연계된 사건들이 발생할 때 경제적인 조화를 체감할 수는 있지만, 거기에 더하여 그 조화는 만들어져야 하고 야기되어야 하고 고안되어야 하고 산출되어야 한다.

조화는 우리가 할 일이다. 그렇기 때문에 우주에서 우리에게 던져준다는 식의, 기존의 조화 그 자체에 대한 개념을 버리는 것이 정말 중요하다. 왜냐하면 그것은 인간의 책임성을 파기하기 때문이다. 나는 이 땅에서 인간의 소명은 우리가 정의, 자유, 기쁨, 평화, 진리라고 부르는 모든 것들을 포함하는 하나의 조화를 수립하는 것이라고 믿는다. 인간의 소명은 이 세상의 물질들에서와 같이 다른 사람들 사이에, 우주를 구성하는 요소들 사이에 조화를 이루어내는 것이다. 그렇기 때문에 모든 과욕과 지배욕, 물질들과 인간 존재들을 강제로 착취하는 행위는 인간의 소명 그 자체에 반하는 것이다. 그러나 본능적인 경향을 따르면 모든 것이 당연히 혼돈에 이르게 된다.

인간은 조화로운 질서를 수립하기 위해 노력할 수 있다. 나는 다음과 같은 창세기의 장면을 연상한다. 하나님은 인간이 독처하는 것이 좋지 않다고 말씀하면서, 인간이 자신의 반려를 찾게 하고, 모든 짐승들을 줄지어 지나가게 하여서 그 짐승들에게 이름을 붙이게 했다. 셈족의 세계에서 이름이 가지는 중요성을 잊지 말아야 한다. 이름은 그 이름이 붙여진 존재의 영적인 특성과, 세상 질서 속에서 그 위치를 설정해주는 것이다. 그리하여 세상의 수많은 짐승들에게 각기 이름을 붙여줌으로써, 인간은 인간과 동물계 사이에 하나의 조화로운 질서를 수립한 것이다. 그러나 이 장면은 조화의 또 다른 측면을 보여준다.

아담은 말에 따라 행동했다. 그런데 말보다 더 애매하고 불안정하고 쉽게 변하는 것은 없다. 일단 말하고 나면 그 말은 사라지고 만다. 효력이 없는 것은 아니지만 더 이상 거기에 존재하지 않는다. 따라서 말로 수립된 조화는 수집가의 코르크판에 박혀있는 나비처럼 고정된 것이 아니라, 점차 감소되어가는 그 말의 효력과 함께 진행되고 경험되는 것이다. 말에 따른 것이기에 조화는 쉽게 사라진다. 그것은 내가 황혼에 지는 해를 언급할 때 미리 알게 해주고 싶었던 것이다. 잠시 후에는 어둠이 자리 잡는다. 내일이면 또 볼 수 있을지 모른다. 그와 같이 조화는 결코 지속되는 것이 아니고 고정되는 것이 아니다.

조화는 한 순간 만들어지고 경험된다. 그 후에는 행복하고 기쁨을 주는 하나의 추억만이 남는다. "이 세상에서 행복한 추억은 어쩌면 행복보다 더 사실적일 수 있다." 반대로 그 추억은 잃어버린 커다란 행복을 생각하면서 현재를 타버린 재로 뒤덮어버릴 수도 있다. 나는 혁명적 봉기의 열광적인 짧은 절정의 순간을 연상한다. 그것은 승리라기보다는 오랫동안 축적된 희망들이 만든 무지개가 펼쳐지면서, 일단의 사람들이 정의와 보편적인 형제애가 가능하며 진정으로 새로운 세계가 임한다는 확신에 돌연히 사로잡히는 순간이다. 그 기쁨은 지속되지 않고, 사람들은 곧 조화와는 반대의 상황에 부닥치게 된다.

그것은 지속성을 띨 수 없는 것으로 언제나 새롭게 창조되고 갱신되고 다시 시작되어야 한다. 조화와 반대되는 것은 고정된 것으로서, 그 빛나는 영광을 불변하는 하나의 기정사실로 변화시키는 것이다. 그렇게 쉽게 사라지고 마는 특성이 조화의 속성이라는 점은 의심의 여지가 없다. 우리가 그 조화를 어느 때나 볼 수 있고, 우주만큼이나 오랫동안 지속되는 것이라고 확신한다면, 조화는 우리에게 아무런 의미가 없이 차갑게 고정된 것으로 더 이상 우리를 위한 것이 될 수 없다.

살아있으라, 차가운 자연이여, 계속 살아있으라 끊임없이
우리 발밑에서 우리 머리맡에서 그대의 법칙대로

살아있으라 그리고 경멸하라 그대가 여신이라면
인간은, 잠시 지나가는 미천한 객으로서, 그대에게는 왕이었던 존재

그대의 모든 눈길은, 그대의 모든 눈물은 어디 가 있나
두 번 다시 볼 수 없는 것을 사랑하라

내 말은 안정을 얻게 되면 조화는 있을 수 없다는 것이다. 예술 작품이 그 자체로 지속적으로 조화를 이루고 있다는 말은 무의미하다. 피에타Pietà,37)는 피에타 그 자체로 머문다. 그 작품이 대리석 덩어리와는 다른 조화를 드러내기 위해서는 관람객의 눈길이 필요하다. 사물과 집단과 관계와 작업의 안정성은 조화 속의 삶을 가로막는다. 제도화와 반복성과 연속성을 지켜보라. 혁명적 봉기의 순간이 주는 엄청난 열광은 살육과 원한으로 가득

---

37) [역주] 로마 바티간의 성 베드로성당에 있는 미켈란젤로의 조각상. 예수의 유해를 무릎에 안고 비통해하는 성모 마리아상.

찬 사회를 불러온다. 혁명은 성공할 수 있지만, 인간은 제도 속에 가려지고, 사회는 새로운 질서에 순응하지 않는 모든 사람들을 탄압하는 가운데 타락한다.

조화가 고정적으로 자리 잡게 되면 두 가지 모습을 띨 수 있다. 그 하나는 즉각적으로 조화를 소멸시키는 모습이다. 여기서 나는 영예로운 혁명과는 반대되는 것으로 시계처럼 계산된 계획적인 혁명을 연상한다. 인간은 전략에 따라 움직이는 체스의 말에 지나지 않는다. 비인간적이고 야만적인 그런 혁명은 당연한 결과로서 공포정치를 양산한다. 거기서 우리는 공포의 지속적인 재현과 비인간성의 승리가 고착되어가는 걸 목도한다. 공포정치는 조화와는 정반대되는 것이다.

그러나 인간의 창의적 행위가 전도顚倒되는 것은 과거의 조화를 단순히 반복적으로 재개하는 것을 통해서나, 그 조화를 지속시키려는 조치들을 취하는 것을 통하여 더욱 기만적으로 은밀하게 진행된다. 그리하여 모든 사람들에게 활기차고 흥미로운 것으로 받아들여지는 하나의 도덕이나, 모든 존재의 공존에 필요한 하나의 법을 수립함으로써, 사회에 하나의 질서를 도입할 때, 조화를 만들어내려는 이런 행위와 조치가 생겨난다. 이런 것들은 다 말에 의한 행위로서, 도덕은 체제의 순응주의와 진부한 통념과 사소한 일상으로 변질되고, 법은 강요와 억측과 부담으로 전환되는 취약점을 가진다. 세상이 변화되어서, 이 도덕과 법이라는 한 축과 그리고 사회적 존재와 공동의 열망과 가치라는 다른 축이 긴밀하게 맺어져 있던 시간이 지나가버리면, 도덕과 법의 수립은 치명적이 된다.

조화의 시간을 깊이 누려야 하지만, 결코 붙잡으려고 하지 말아야 한다. 새로운 조화를 불러오려고 노력하는 것으로 충분하다. 그것은 은총이다. 그러나 그것을 이용하거나 그것으로 모든 잘못이 용인되는 것으로 착각해서는 안 된다.

내가 지금까지 한 모든 말이 이 조화의 궁극적인 본질을 독자에게 명쾌하게 밝혀주지 못한다는 점을 잘 알고 있다. 조화에 대한 개념 정의는 닫혀 있지 않다. 그것은 지적인 문제가 아니라 삶의 문제이다. 그것은 어린아이의 탄생의 순간과 같다. 그것은 어떤 인간관계에서나, 아름다움이나 과거의 유산으로 특별해지는 어떤 장소에서 진부하게 들릴지 모르지만, 나로서는 파르테논 신전 앞에서 느낀 감동을 언급하고 싶다 경험하는 충만한 느낌과 같다. 그것은 첫사랑의 기쁨이 주는 충만함과, 사랑하는 사람을 잃은 슬픔 가운데 얻을 수 있는 절대적인 위로가 주는 충만함과, 폭격을 받은 와중에 살아남은 자로서 경험하는 충만함과 같다. 빛나는 섬광처럼 경험하는 이 충만한 느낌은 부지부식 간에 돌연히 그 순간 아무 것도 더할 나위가 없다는 완전한 확신이 들 때 생겨난다. 그러나 거기서 아주 작은 것이라도 떼어내면, 우리가 완벽한 것으로 경험하는 그 성취의 기적은 파괴되어버린다.

한 번 더 강조하자면, 조화가 일어나는 것은 내가 거기 존재하기 때문이다. 그것은 주체와 객체가 긴밀하게 연합하는 것이다. 그것은 우리가 불가항력적으로 분리하려는 존재와 소유와 행위, 이 세 가지가 긴밀하게 연합하는 것이다. 이 점이 조화의 핵심에 해당한다고 나는 믿는다.

마르셀[38] 이래로 철학자들이 강박적으로 현대인들이 좇는 소유는 아무런 의미가 없고, 존재를 우위에 두어야 한다고 주장한 것은 맞는 말이다. 다만 존재는 소유가 없으면 아무 것도 할 수 없다. 소유가 존재에 종속되는 것은 의심의 여지가 없지만, 모든 소유를 없애고 금욕하는 것은 인간에게 끔찍한 악영향을 미쳐서 인간성의 경직성과 메마름을 초래한다. 기술주의자들의 어리석은 이데올로기와는 반대로, 소유에 의해서 존재가 증가하는 것은 아니지만, 무엇인가를 소유하지 않고는 존재를 활짝 펼칠 수 없으

---

38) [역주] 가브리엘 마르셀(Gabriel Marcel, 1889–1973), 프랑스의 철학자. 기독교적 실존주의 이론을 펼친 것으로 알려져 있다.

니 중용[39])을 취해야 한다. 또한 잠언의 말씀이 있다. "나를 가난하게도 마옵시고 부하게도 마옵시고 오직 필요한 양식으로 나를 먹이시옵소서. 혹 내가 배불러서 하나님을 모른다 여호와가 누구냐 할까 하오며 혹 내가 가난하여 도둑질하고 내 하나님의 이름을 욕되게 할까 두려워함이니이다."잠 30:8-9

소유가 하나도 없는 궁핍한 존재는 조화를 경험할 수 없다. 마찬가지로 존재는 행위로 표현되어야 한다. 이상적인 것은 행위가 존재 전부를, 존재 그 자체만을 표현하는 것이다. 행위가 지배적이 되어서 존재를 배제하고 스스로에게 근원적인 가치를 두는 현대 기술 사회를 향해 근본적인 문제 제기를 해야 한다. 그러나 존재가 주관하는 위치에서 소유를 유지하며 절제하고, 존재가 활동 속에서 과도하지 않은 행위로 표현될 때, 상황이나 분야를 막론하고 조화가 형성된다. 예를 들어, 남녀 한 쌍의 커플이 형성하는 조화가 있다. 한쪽으로 치우친 과잉이나 결핍이 없이 서로가 서로에게 전부를 의미할 때, 상호 간에 균등한 소유와 커다란 부요함과 활력의 배가와 매번 새로워지는 조화가 형성된다. 커플들은 흔히 열정과 인내 속에서 그런 조화를 경험하게 된다.

조화는 감정적인 고양 상태와 같은 순간적인 것이 아니다. 화가와 음악가의 존재와, 관람객과 청중의 존재 간에 완벽한 결합이 생겨날 때 형성되는, 예술적인 조화 역시 마찬가지이다. 예술가가 소중한 자신의 것을 선물로 내어놓고 감상하는 사람이 그 작품을 살아있는 양식으로 소화할 때, 예술가가 모든 사람들에게 무엇인가를 내어주는 행위를 하고 관람객이 거기에 상응하는 반응을 할 때, 그런 조화가 형성된다. 왜냐하면 진정으로 예술의 조화가 형성되기 위해서는 이 선물을 살아있는 또 하나의 작품으로 소

---

39) aurea medocritas. ◇[역주] 라틴어로 황금의 중용을 뜻한다. 이는 로마의 시인 호라티우스가 중용의 덕을 표현한 말이다.

화하는 관객의 반응이 있어야 하기 때문이다.

그렇기 때문에 사람들이 제시하는 현대 미술 작품이나 현대 음악 작품이 나에게는 예술과는 아무 상관없는 것으로 여겨진다. 왜냐하면 거기에는 어떤 조화가 생겨나는 것이 가능하지 않기 때문이다. 그런 작품은 전적으로 조화를 거부하고, 부조화와 단절과 무질서와 혼란에 기반을 두고 있기 때문이다. 거기에는 존재도 소유도 없으며, 기껏해야 손가락 사이로 마른 모래처럼 빠져나가고 마는, 광적인 행위의 산물이 있을 뿐이다.

나는 여기서 무용의 두 가지 유형들을 대조하게 된다. 발레와 고전 무용은 모든 구성요소와 포즈가 상징적인 의미를 가지고, 부딪침이 없는 하나의 완벽한 행위로 결합되는 반면에, 오늘날 우리에게 제시되는 끔찍스러운 현대 무용은 제스처들이 단절된 자동인형들과 같고 인간의 몸은 묘기를 부리는 도구가 되고, 얼굴은 아무런 표정도 없는 무無의 가면을 쓴 것 같고, 일련의 포즈들은 로봇을 연상시킨다.

현대인은 조화가 무엇인지 더 이상 알아볼 수 없다. 그런데 그 결과는 엄청나다. 왜냐하면 그 사실은 현대인이 균형을 찾을 수 없고 현대인에게 열려진 가능성이란 존재하지 않는다는 걸 뜻하기 때문이다. 조화는 그 충만함으로 인간의 두 가지 욕망들을 충족시킨다. 그 욕망들은 세상에서, 다른 사람들과의 관계에서, 자기 자신과의 관계에서 평정과 균형을 찾아내려는 욕망과, 그것들을 만들어내려는 욕망이다. 그 평정과 균형에서 서로 반하는 모든 세력들이 완전히 융합하고, 거기에서부터 모든 가능성들이 열려진다. 다시 말해서, 조화는 운명과 가혹한 인과관계와 가능성의 닫힘과는 반대가 된다. 이 때문에 늙는다는 것은 조화의 가장 큰 적이 된다 조화로부터 인간에게 수많은 선택의 가능성들이 열려지게 된다.

그리하여 대부분의 경우 제약 요인들과 필수 요건들에 의해 제한을 받고, 경제적 사회적 조건들과 선거 상황들에 의해 결정을 강요당하기 때문에, 선택의 여지가 아주 적을 수밖에 없는 정치에서, "운명이 망설인다"는 위고Victor Hugo의 말처럼 일시적인 조화의 순간들이 존재한다. 즉, 상황들이 유동적일 때가 있다. 기본 틀이 붕괴되었다거나, 아직 실천 사항들이 실행에 옮겨지지 못했다거나, 대중 운동이 아직 형성되지 않았다거나, 정당들과 조합들이 해체되었다거나, 연합이 아직 이행되지 않았다거나, 경제적인 여건들이 아직 현실화되지 못했다거나 하는 상황들이 존재할 수 있다. 인간의 결정이 곧 확정될 일에 분명하게 영향을 미칠 수 있는 순간들이 존재한다. 나는 바로 그 시점을 정치의 조화로운 순간이라고 부른다. 이는 모든 부분들이 제자리를 잡고 행동할 여지가 더 이상 존재하지 않을 만큼 모든 것이 완결된 하나의 완전한 사회를 조화로 보는 일반적인 이해와는 상반되는 것이다. 그런 완전한 사회에는 조화가 아니라 운명이 존재할 뿐이다.

6. 악, 그리고 선을 향한 갈망

악은 홀로 발생하지 않는다. 악은 무분별한 사건들이 불확실하게 전개되는 가운데 생겨나는 것이 아니다. 악은 악을 저지르는 인간이다. 인간은 근본적으로 사악하다. 이런 말은 앞에서 기술한 내용과 상반되는 것 같지만, 전혀 그렇지 않다. 인간의 소명은 이 세상에 조화를 이루는 것이다. 조화가 세상에 널리 펼쳐지지 않는 것은 인간적 행위의 결과이다. 우리가 부딪치는 난관은 인간이 사악하다는 사실이다. 그러나 그 말을 정확히 할 필요가 있다. 나는 여기서 도덕적인 판단을 내리려는 것이거나, 도덕적, 형이상학적 악을 말하려는 것이 아니다. 그리고 신학적으로 인간이 죄인이라는 걸 언급하려는 것도 아니다.

인간이 사악하다는 내 주장은 죄의 개념에서 추론한 것이 아니다. 만약 그렇다면 이는 신학적으로 중대한 오류를 범하는 것이다. 왜냐하면 죄는 예수 그리스도의 희생으로 세상에서 제해졌기 때문이다. 인간이 선하게 변화된 것이 아니라, 하나님 앞에서 세상의 모든 죄를 예수 그리스도가 다 담당했기에, 계속해서 사악한 상태에 있다 하더라도 인간은 하나님에게는 더 이상 종말론적으로 죄인이 아니기 때문이다. 화해는 성취되었다. 인간이 의인인 동시에 죄인임은 물론이지만, 그 사실이 더 이상 죄의 구체적인 결과들을 불러오지 않는다. 인간이 악을 범할 때 인간은 이미 경험한 죄의 실재를 다시 찾는 것이다. 그는 죄에 다시 합류한다. 그러나 죄는 더 이상 인간의 사악함의 원인이 아니다. 그러므로 인간이 사악하다는 나의 말은 윤리적이거나 신학적인 차원에 속하지 않는다.

이 주장은 가장 단순하고 구체적이고 기본적인 의미에서 한 것이다. 인간은 악을 범한다. 모든 인간은 악을 범한다. 인간은 자신의 이웃에게, 자신의 아내에게, 자신의 죄수에게, 자신의 적에게, 그리고 자신을 둘러싸고 있는 자연에게 악을 범한다. 인간이 근본적으로 사악하다는 말은 인간이 거의 모든 행위들을 통하여 자신의 주변에 있는 모든 존재들에게 악을 저지르고 있다는 뜻이다.

나는 이 말을 부당하게 일반화하고 싶지는 않다. 이 말은 현재 이 세상에서 그렇다는 말이다. 어쩌면 어떤 괴물도, 어떤 전쟁도, 어떤 불륜도, 어떤 광기도 없는 모범적인 인디안 부족이 어딘가 존재할 지도 모른다. 어쩌면 세계의 역사 속에서 증오도 착취도 이기성도 없었던 특별한 시기가 존재했을 지도 모른다. 나는 그런 사실에 관해 알지도 못하고, 증언도 들은 바 없다.

그러나 모든 문명의 자취 속에서, 전쟁, 대학살, 희생제물을 바치는 종교, 노예제도, 거짓, 기만, 억압 등이 발견된다. 그런 역사에 관한 증언자들을 따로 찾을 필요가 없다. 현재 상황을 관찰하는 것으로 충분하다. 악이 횡행하지 않는 국가가 단 하나라도 존재하는가. 어디에나 악이 존재할 뿐만 아니라 악이 모든 것에 영향을 미친다. 정치적, 경제적 행위와 선전과 갈수록 선전에 이용되는 정보에 이르기까지 그 영향이 미치지 않는 곳은 없다.

우리는 전쟁의 세계에 살고 있다. 서구의 모든 국가에서는 앞으로 일어날 전쟁에 대한 대비가 모든 정책의 기본적인 요건이다. 그 사실이 인간의 사악함을 입증하는 것은 아니라는 주장은 비겁하다. 왜냐하면 내가 늘 더 강력한 수단들을 채비하는 이유는 남들이 사악하다고 믿으면서 남들을 두려워하는데 있기 때문이다. 이 확신은 또한 나 자신의 사악함을 드러내준다. 왜냐하면 남에 대한 나의 판단은 나 자신을 통한 것이고, 나의 지각에 의거한 것이기 때문이다. 내가 남들을 사악하다고 판단하는 것은 내가 남들을 나 자신과 같이 판단하기 때문이다.

미디어로 전파되고 짜 맞추어지는 전쟁들이 존재한다. 동서의 양쪽 진영40)의 주변국들 간에 발생한 전쟁들은 사실상 양쪽 진영이 야기한 것이다. 이라크와 이란 간의 전쟁, 에티오피아와 소말리아 간의 전쟁, 아프가니스탄 사태, 레바논 사태, 니카라과와 콜롬비아와 앙골라의 게릴라 내전들이 일어났다. 그 모든 전쟁들 가운데 최악의 것은 지하드 성전이다. 성전이 최악일 수밖에 없는 것은 그 전쟁은 결코 끝날 수 없기 때문이다. 거기에 평화란 있을 수 없다. 휴전도 있을 수 없다. 지하드는 타협이 있을 수 없는 전쟁이어서, 전쟁 선포도 없이, 모든 수단들을 동원해서 광신적인 민족들에 의해서 계속 수행된다. 그것은 원수인 비非이슬람권 세계가 완전히 멸망하기 전에는 끝나지 않는다. 현대에 와서 다시 선포된 이 지하드는 인간의 극단적인 사악성이 드러나는 끔찍한 현상을 보여준다.

악은 어디에서나 횡행하고 있다. 캄보디아 킬링필드의 비극은 히틀러식의 대량학살을 다시 재현하고 있다. 폴 포트 정권과 비슷한 행태를 보이는 국가들은 근본적으로 사악하다고 말할 수 있지 않을까? 수용소와 강제노동수용소와 재교화수용소를 두고 있는 모든 나라들은 베트남에서 쿠바, 그리고 중국에서 라틴아메리카의 독재국가들에 이르기까지 다 그러하다.

고문은 또 어떤가? 우리는 고문이 어디서나 다소간에 자행되고 있다는 사실을 알고 있다. 1940년에 전쟁이 발발하고 난 뒤에 고문이라는 기막히

---

40) [역주] 이 책이 출판된 1987년에는 구소련 중심의 공산진영과 미국 중심의 민주진영 간의 냉전 체제가 유지되고 있었다.

고 믿기조차 힘든 행위에 대해 수많은 연구와 분석이 행해졌다. 어떻게 그런 고문이 우리 시대에 다시 일어날 수 있단 말인가? 그러나 히틀러를 패배시키고 난 뒤로 그것이 사라지기는커녕, 나치의 고문 방식은 온 세계에 널리 퍼졌다. 고문은 정치 현실과 정치 체제가 작용하는 것이지만, 고문하는 사람은 체제의 단순한 톱니바퀴가 아니라 고문을 실행하는 자로서 거기서 쾌감을 느끼며 자신의 지배욕과 잔혹성을 발휘한다. 고문하는 사람 자신이 근본적으로 사악한 것이다. 모두가 알고 있는 이런 사실들을 다시 환기하는 것이 무슨 소용인가? 그러나 나는 이 사실을 계속 환기해야 한다는 입장을 견지한다. 왜냐하면 모든 국가들이 하나도 예외 없이 고문을 실행하고 있고, 모든 사람들이 거기에 참여하고 있기 때문이다.

그러나 주기적으로 인간 사회를 정화하는 집단적인 정신분석학적 장치가 작동된다. 우리는 집단적으로 사람들의 모든 사악함을 담당할 하나의 희생양을 선택한다. 4년 전에는 이스라엘이었고, 지금은 남아프리카공화국이다.[41] 모든 미디어들은 엄청난 대량 선전으로 절대적인 악의 존재는 그곳에 있고, 우리는 순수한 양심과 깨끗한 손을 가지고 있다고 사람들을 설득한다. 우리는 아파르트헤이트와 아무런 상관이 없으므로 남아프리카공화국만이 유죄이다. 그러므로 캄보디아 난민수용소 문제, 보트피플 문제, 시아파 민병대가 저지른 학살 사건들에서 저지른 모든 죄악들은 다 삭제되고 우리는 깨끗하게 정화되는 것이다. 2차 대전이 끝나고 40여년에 걸쳐서 이런 희생양을 만드는 방식을 사용해왔던 것이다. 그 원인은 지라르[42]가 입증한 바와 같이 아주 뿌리 깊은 것이지만, 세계적인 여론화는 텔레

---

41) [역주] 이 책이 출판되기 4년 전인 1983년에 이스라엘의 레바논 침공 사건이 있었다. 팔레스타인자치기구가 로켓포 포격으로 이스라엘을 공격한 것이 직접적인 원인이었지만, 세계 여론은 이스라엘을 비난하였다. 그리고 이 책이 출판될 즈음인 1987년에는 남아프리카가공화국의 인종차별정책인 아파르트헤이트가 세계 여론의 공격을 받고 있었다.
42) [역주] 르네 지라르(Ren Girard, 1923-2015), 프랑스의 종교인류학자, 사회철학자. 인간의

비전, 라디오, 신문으로만 가능한 것이다. 희생양의 라벨을 붙이는 것은 바로 그 미디어들이다. 그것들은 국민들 전체와 개인들을 정당화하는 도구들이다.

인간은 인간에게 끊임없이 악행을 저지른다. 개인의 행위를 소홀하게 넘기지 말아야 한다. 개인의 폭행, 폭력, 마약, 자동차, 오토바이 등은 모든 살인행위보다 더 많은 희생자를 낳는다. 운전자에게는 악행을 저지를 의도가 전혀 없다고 사람들은 말한다. 그것은 커다란 잘못이다. 추월하고, 더 빨리 가고, 소리를 더 요란하게 내고, 힘을 발산하고, 보행자나 평화롭게 운전하는 다른 사람을 무시하는 모든 욕구는 악의 표출이다. 그것은 노래의 후렴처럼 이미 알려진 주지의 사실이지만, 반복해서 다시 언급할 필요가 있다. 왜냐하면 사람들은 이 모든 것이 우리 사회의 가치혼란에 따른, 인간의 사악함의 표현이라는 사실을 말할 용기를 내지 않기 때문이다.

모든 터부와 금기와 규칙들로부터 인간을 자유롭게 한다고 주장했던 모든 용감한 자유의 행위들은 사회적 가치혼란을 야기하여 결국 아무런 원칙도 법도 없는 상태를 초래했을 뿐이다. 거기서 인간은 아무런 두려움이나 한계도 없이 자신의 사악한 본성을 온전히 드러낸다. 우리는 악의 민주화라는 현상을 목도하고 있다. 이 말은 충격적이다. 물론 나는 민주주의가 악하다고는 추호도 말하고 싶지 않다. 오히려 그 반대이다. 게다가 여기서 악하다는 말은 윤리적인 악을 뜻하는 것이 아니다. 그러나 그것은 다만 사람들이 서로 관계를 단절함으로써 가져오는 악이나, 앰프 소리로 이웃을 녹초가 되게 함으로써 그 이웃에게 가하는 악을 의미한다. 이 악은 아주 광범위하게 걸쳐있다. 그러나 아주 구체적이고 물리적인 악과 도덕적인 악

모방욕망에 주목하면서, 무고한 약자를 희생시켜서 평화를 유지하며 살아가는 인류의 희생양 메커니즘을 지적하였다. 그리고 기독교를 그런 희생양 메커니즘을 고발하고 극복한 유일한 종교로 평가한다.

을 동일한 단어로 쓰는 것이 전혀 의미가 없지 않다는 사실을 유념해야 한다. 사실 대부분 남들에게 물리적으로 행하는 악은 우리 안에 있는 도덕적인 악에서 비롯된다.

아주 간단한 일반적인 사실에 따르면, 갈수록 더 많은 수의 사람들이 이웃들에게, 혹은 옆에 사는 익명의 사람들에게 해를 끼칠 수 있는 수단들을 소유하게 된다. 바로 이것이 악의 민주화이다. 예전에는 권력자와 부자와 귀족들에게만 주어진 특권이었던 수단들을 이제는 모든 사람들이 소유할 수 있게 되었다. 이 수단들을 권력의 도구들로 사용해서 부자들과 권력자들은 자신의 지배력을 확보하면서 다른 사람들에게 피해를 줄 수 있었다. 이 특권적인 수단들을 우리가 소유할 수 있게 된 것은 아주 중요한 사실이다. 이는 우리에게는 아주 당연한 것이다. 이는 안락과 복지의 민주화요, 생활수준의 향상이다. 이런 낙관적인 관점에서 보면 그것은 아주 좋은 일이다. 그러나 그것과 함께 자기 자신에게 또 남들에게 끼칠 수 있는 악의 민주화가 성립된다.

예전에는 부자들만이 말과 마차를 소유하였고, 그들은 간간히 보행자들에게 사고를 일으켰다. 17세기와 18세기의 이야기들이 전해주는 바와 같이, 그들은 흙탕물을 끼얹는다든지 도로를 뭉갠다든지 진열창을 박아버린다든지 하는 식으로 최소한의 곤란한 장면들을 연출했다. 그러나 그들은 아주 극소수였고, 실제로 그들이 끼친 손해뿐만 아니라 그 경멸적인 태도 때문에 미움을 받았다.

오늘날 프랑스인들 과반수가 자동차를 소유하고 있다. 사람들은 흔히 점잖고 단정한 선량한 사람이 성능 좋은 자동차를 운전할 때는 심리적으로 변화하는 걸 목격하게 된다. 자동차 운전자들의 관계는 늘 허세와 경멸과 경쟁과 분노의 관계로서 모욕적인 언사를 주고받기 일쑤이다. 그런 관계들은 결국 희생자를 낳는 사고로 종결된다. 나는 거의 모든 영역에서 이와 동일한 성격의 실례들을 몇 갑절이나 열거할 수 있다.

악의 민주화가 생각하게 하는 것은 두 가지다. 하나는 생활수준의 향상으로 더 많은 수단들을 더 많은 사람들이 가지면서 남들에게 피해를 끼치는 것이다. 또 다른 하나는 더 강력하고 효과적인 행동 수단들을 사용하기 위해서는, 인간은 능력을 갖추어야 할 뿐만 아니라 자신을 통제하고 자제하며 남들을 존중하고 자신이 하는 행동의 결과에 주의를 기울여야 한다는 것이다. 바꾸어 말해서, 인간이 도덕적인 차원에서 훨씬 더 개선되어야 한다는 말이다.

현대의 인간이 지나간 과거의 인간보다 더 사악하지 않다는 것은 확실한 사실이다. 그러나 그렇다고 더 나아진 것은 아니다. 현대인은 이제 자신을 공포의 대상으로 만들 수 있는 수단들을 소유하고 있다. 아주 단순한 예를 하나 들어보자. 자신의 이웃을 증오하는 사람이 막대기 하나만 있다면 경기관총 한 자루가 있는 경우보다 그 이웃을 공격하기가 훨씬 더 용이하지 않을 것이다. 그런데 오늘날 모든 사람들이 여러 다양한 영역에서 경기관총에 해당하는 무기를 갖추고 있다.

소음 문제를 생각해보자. 모든 사람들은 극심한 소음은 모든 면에서 아주 위험하다는 걸 알고 있다. 그런데 18세기에는 소음을 내는 수단들이 아주 제한되어 있었다. 이는 냄비 두드리기 풍습에서도 마찬가지였다. 오늘날 모든 사람들은 하이파이 채널에서부터 모터사이클에 이르기까지 소음으로 이웃을 아주 질리게 할 수 있게 되었다. 서구인이라면 이런 능력을 갖출 필요가 있다. 그는 달리 만족할 수 없다면 자신이 내는 소음으로 남들을 제압이라도 해야 한다. 우리는 삶의 다른 모든 영역들에서도 이와 같은 점을 찾아낼 수 있다.

대기오염과 교통사고는 거의 모든 사람들이 그런 능력을 발휘할 수 있는 수단을 가지고 아주 무책임하고 공격적으로 운전한다는 사실에서 비롯된다. 얼마 전에 나는 아르카숑Arcachon 유역에서 아주 빠른 모터보트가 정박된 요트들 사이를 요리조리 빠져나가는 것을 지켜봤다. 파도가 그 모터보트의 진로를 살짝 비켜나게 했다. 그 보트는 요트에 충돌했다. 물 위로 드러난 요트의 선체에 커다란 구멍이 났다. 그 모터보트는 후진해서는 지체하지 않고 가버렸다.

모든 사람이 마약을 얻을 수 있는 가능성을 생각해보자. 예전에는 부자들과 예술가들과 약간 광기가 있는 지식인들만이 얻을 수 있었다. 이제는 마약이 민주화되어서 서민계층에서 오히려 새로운 더 나은 애호가들을 충원하고 있다. 이는 악의 민주화이다. 이제 폭약도 또한 쉽게 얻을 수 있다. 한 세기 전에는 폭약을 이용한 테러행위는 어렵고 위험했다. 무정부주의자들은 자신이 설치한 폭탄이나 다이너마이트와 함께 목숨을 잃는 것도 무릅쓴 영웅들이었다. 현재는 플라스틱 폭약과 다른 종류의 폭약들을 어디서나 구할 수 있다. 테러행위와 인질극과 비행기납치는 흔한 일이 되어버렸다.

18세기에 민주주의를 요구했던 모든 위대한 작가들은 민주주의는 시민의 미덕을 수반해야 한다고 주장했다.그 중에서도 루소의 주장은 가장 출중했다 이는 참으로 정확한 지적이다. 인간의 자유는 개개인이 타인들과 공동체를 배려하며 합리적으로 처신하고 악을 목적으로 삼지 않는다는 걸 전제로 한다. 민주주의를 운용하거나, 인간을 선하게 하거나, 인간이 유해한 존재가 되는 것을 방지하는 데 있어서, 제도들만으로는 충분하지 않다. 그런데 정치적 민주주의를 위해 요구되는 그와 같은 당위성은 기술 수단들의 민주화, 곧 기술 수단들이 확산되어 모든 사람들이 그 수단들을 이용하게 하기 위해서는 백배나 더 강력해진다.

현대 국가에서 폭력이 증가하게 된 것은 인간이 더 폭력적이 된 것이 아니라나는 그 반대라고 생각한다 인간이 폭력을 취할 수 있는, 아주 쉽고 간단한 수단들을 가지게 되었기 때문이다. 아주 미약한 폭력 충동이 그 수단들의 파급으로 인해서 극단적인 폭력의 결과들을 낳는다.

사회를 살만한 곳으로 만들기 위해서는 그 사회의 시민들이 개선되어야 하고, 도덕적인 진보가 일어나야 한다. 정치 조직이나 경제적 변화나 심리 변화는 거기에 별 도움이 되지 않는다. 현재의 상황은, 마르크스주의가 예견한 것과는 달리, 도덕적인 진보가 결코 생활수준의 향상이나 경제 조건의 개선이나, 모든 사람들에게 주어진 다양한 수단들의 증가에 달려있지 않다는 사실을 보여준다. 그와는 반대로 그런 것들은 단지 악의 분출과 광란을 초래할 뿐이다. 하나의 도덕적 질서를 수립하는 것이 긴급한 것이 아니며, 그것은 결코 외부의 힘이나, 보다 우세한 권력에 의해 이루어질 수 없다.

긴급한 것은 자신을 통제하고, 남들을 존중하고 주어진 권력을 절제 있게 사용하는 길을 찾아가는 것이다. 그것은 우리 시대에는 안타깝게도 신뢰를 잃은 말인 지혜와 도덕을 추구하는 길이다. 이 길을 가지 않는 것은, 경제적인 위기나 전쟁보다 더 확실하게, 우리로 하여금 함께 공존할 수 없게 하리라는 사실을 깊이 숙고해야 한다.

이런 나의 주장에 대해서 수많은 선행 사례들과 자선 사업들과 연대 활동들을 들면서 반박할 수도 있다. '국경 없는 의사 협회' Médecins sans frontières와 테레사 수녀와 같이 자신의 이웃을 돌보는 수많은 익명의 사람들이 존재하고, 화재 현장과 지진 발생 지역에서 위험을 무릅쓰고 사람들을 구하는 헌신적인 사람들이 있다는 걸 잘 알고 있다. 그러나 그것은 비교 될 수 없는 성질의 것이다. 잘 알려진 통설과는 달리 선과 악 사이의 균형은 존재하지 않는다.

악은 총체적인 집단적인 현상이다. 남들에게 악을 범하는 것은 군중과 대중과 민족이다. 그러나 선을 보여주는 것은 예외적인 개인들이다. 물론 개인적인 살인자들이 있지만, 나에게 충격을 주는 것은 집단적인 사악성이다. 대중 속에 있을 때 인간은 돌연히 남들에게 중대한 해악을 끼치려는 의지를 드러낸다. 그는 홀로 있을 때는 두려움이나 수치심으로 그걸 절제한다. 그러나 군중의 관대한 충동도 보지 않았는가? 전혀 그렇지 않다. 그래도 "내 친구를 건드리지 마"43)와 같은 인종차별반대운동은 건전하고 긍정적이지 않은가? 그렇지 않다.

"내 친구를 건드리지 마"와 같은 운동은 인종차별의 또 다른 측면에 지나지 않을 뿐이다. 왜냐하면 거기서 "백인들은 끔찍한 종족이야"라는 식의 뿌리 깊은 확신이 드러나기 때문이다. 백인들의 인종주의를 끊임없이 강조하고 유럽이 세계의 모든 국가들에게 저질렀던 모든 죄악들을 밝히는 것은 좋지만, 그것은 모든 백인들을 총체적으로 정죄하는 것이다. 우리는 그 실제적인 예를 로디지아Rhodésia에서 흑인이 권력을 잡았을 때, 늘 흑인을 선대하고 우호적으로 대했던 백인들도 다른 백인들처럼 학살당했던 사실에서 발견한다.

아무 것도 존중하지 않는 성향을 가진 인간의 이러한 사악함은 인간의 집단적인 어리석음과 일치한다. 세련되고 지적이고 교양 있는 사람이 대중운동에 사로잡혀서는 바보가 된다. 나치즘 속에서 하이데거가 그러했고, 스탈린 공산주의체제 속에서 사르트르44)가 그랬다. 그러나 다른 많은 사

---

43) [역주] 프랑스어로는 "Touche pas à mon pote." 1985년 프랑스의 인종차별반대운동 단체인 'SOS Racisme'이 내건 슬로건이다.

44) 사르트르가 어떻게 그런 영향력을 가질 수 있었는지 나는 늘 자문했다. 물론 나는 그의 작가로서의 자질과 철학자로서의 가치를 부정하지 않는다. 그러나 한 지식인이 스탈린주의와 같은 거대한 현상을 전혀 이해하지 못할 때 사람들은 어떻게 그를 신뢰할 수 있을까? 왜냐하면 스탈린주의는 제21차 소련공산당대회에서 그 정체가 드러난 것이 아니기 때문이다. 1935년 시작된 모스크바의 대대적인 숙청 재판은 결정적인 중요성을 가졌다고 나는 판단한다. 스페인 내란 중에 공산주의자들은 무정부주의자들을 학살했다. 프랑코 총통에게는 공산주의자들보다 더 나은 협조자들이 없는 셈이었다. 독소불가침조약과 소련의 폴란드 분할은 스탈린주의의 정체를 명백하게 드러내 보이게 하는데 충분하지 않았던가? 사르트르는 아무 것도 이해하지도 인지하지도 못했으며 아무런 결론도

람들도 그와 같았다. 나는 터무니없고 사악한 활동에 수백 명의 사람들이 동원되어 깔때기에 빨려들 듯이 휩쓸려 들어가는 걸 본다. 베트남과 캄보디아의 해방을 부르짖는 군중들에게 분별력을 호소하는 것은 소용없는 일이었다. 우리는 그런 해방 운동들의 결과가 무엇이었는지 안다. 오늘날 남아프리카공화국에 항거하는 투쟁가들이 불러올 사태도 마찬가지다.

지독한 어리석음으로 인간은 판단과 평가와 분별의 능력을 상실하여, 성찰과 분별과 예측을 할 수 없게 된다. 그러한 어리석음에 대해서는, 여론을 고착시키는 미디어들이 많은 책임을 져야 한다. 그 어리석음은 인간의 사악성이라는 동전의 뒷면이다. 인간은 그러한 존재다. 또 다시 말하건대, 이는 비관주의나 죄에 대한 종교적 확신에서 나온 것이 아니다. 이는 현재의 상황을 직면하기 원하는 사람이 발견하게 되는 놀라운 현실이다.

그런데 나는 그런 사람을 사랑한다. 그 사악하고 비뚤어지고 잔인한 인간성을 감안하면서도, 나는 인간 개개인을 사랑한다. 20년간 나는 불량 청년들과 마약 중독자들을 대상으로 사회부적응과 범죄의 예방을 위한 일을 했다. 그들이 저지른 모든 악행에도 불구하고 그들은 악인이지만 본질적

내리지 못했다. 그는 어리석거나 무지했다. 마르크시즘을 정당화하고 소생시키려던 그의 철학적인 노력들은 그의 한계를 보여준다. 그에게 스탈린은 존재하지 않았다. 마르크스 사상으로 충분했다. 역사를 배제한 채 마르크스 사상에 더 순수한 의미를 부여하면 된다는 것이었다. 『변증법적 이성 비판』*Critique de la raison dialectique* II권의 제1장에 좋은 구절이 나온다. "역사의 변증법적인 명료함은 사회에 참여하는 사상가가 동류의 다른 사상가들과 함께 실제적이고 활기 띤 토론을 계속하는 행위를 통해서만 발전될 수 있다"(Michel Contat, 1985년 12월 6일자 르몽드). 집단수용소가 이 '행위'의 관심 사항이 아니었을 때, 집단수용소는 존재하지 않는 것이었다! 사르트르가 크라브첸코에 대해서, 소련의 집단수용소를 처음으로 용감하게 증언한 루세(D. Rousset)와 바르통(P. Barton)에 대해서 증오와 독설을 퍼부으며 비난했던 사실을 잊지 말자. [역주: 1956년에 열린 제20차 대회에서 흐루쇼프는 비공개회의에서 스탈린을 비판했지만, 1959년 열린 제21차 대회에서는 공개적인 비판을 단행한다. 크라브첸코(Victor Kravchenko)는 소련군 장교로서 1944년 미국으로 망명하여 『자유의 선택』*Chose Freedom*이라는 회고록을 써서 스탈린 치하의 대숙청과 집단수용소에 대해 증언함.]

으로는 불행한 사람들이기 때문에 나는 그들을 사랑한다. 그들이 용서 받을 수 있다고 말하는 것은 아니다. 그들이 저지른 악행은 악한 것이다. 그들의 책임이 없다는 말이 아니다. 그것은 그들을 모욕하는 것이다. 그들은 책임을 져야 한다. 그러나 그들은 불행하다. 나는 그들의 사악함이나 어리석음보다 그들의 불행을 중시한다. 정도 차이가 없이 모두가 다 범죄자이다. 그러나 심지어 아우슈비츠의 학살자들조차도, 폴 포트 정권의 학살자조차도 모두가 불행하다.

> 그러나 그대는 그게 과장이 아니라는 걸 아는지
> 그가 벌거벗은 채로 떨고 있다고 말할 때
> 그가 불행하다고, 그가 동시에
> 죽음의 위협과 차갑고 짙은 안개에 시달리고 있다고,
> 그가 몸이 덜덜 떨린다고, 떨고 있다고 말할 때
> 그가 머리 둘 곳도 없이 떠도는 방랑자라고
> 그가 문밖에 있다고, 그가 동시에
> 인간에게 매를 맞고 신에게 매를 맞고 있다고

나의 평생을 통하여 인간이 더 명료한 의식으로 자유롭게 스스로를 돌아보며, 군중 속을 빠져나와 스스로 선택하고, 자신의 사악함과 어리석음에서 벗어날 수 있도록 도우려고 노력해왔다. 나의 책들은 그 이외의 다른 목적이 없다. 내가 만난 그 모든 사람들을, 그들의 과거 행위가 어찌되었든 간에, 나는 사랑하려고 애를 썼다. 나는 나의 평생을 그 위대한 신학적인 선언의 말씀에 의거해서 보냈다. "하나님이 세상절대적인 악이 존재하는 곳을 이처럼 사랑하사 독생자를 주셨으니 이는 그를 믿는 자마다 멸망하지 않고 영생을 얻게 하려 하심이라."요3:16

인간은 생각해보면 볼수록 가장 혼란스러운 존재이다. 왜냐하면 이 사악한 인간에게 선에 대한 근본적인 갈망이 존재하기 때문이다. 그는 악행을 저지르지만, 선을 갈망한다. 인간은 정의와 자유의 땅을 갈구한다. 그는 기아에 시달리는 사람들이 겪는 비참한 상황을 보고 마음이 흔들린다. 그런데 남들에게 악행을 저지르고는 언제나 자신을 정당화하려고 한다. 오랫동안 나는 모든 인간이 하는 자기정당화는 악을 배가하는 것이라고 생각해왔다. 나는 이와 같이 말하곤 했다. "나는 사람이 살인을 저지르는 것을 수용할 수 있는데, 특히 자신의 살인 행위를 정당화하려고 변명하지 않는 경우에 더 잘 수용한다." 변명하는 것은 이미 저지른 악에다가 위선을 더하는 것이다. 나는 그 판단을 아직도 견지하고 있다.

그러나 정당화하려는 노력은 또한 선에 대한 갈망의 표현이다. 인간은 단지 악행일 따름인 악행이나 악행이라고 인정된 악행을 범하는 것으로 만족할 수 없다. 인간은 자기 자신에게만은 자신의 선행을 인정받으려고 하는데, 이는 인간이 완전히 파렴치한은 아니라는 걸 뜻한다. 인간은 정의의 재판관을 똑바로 응시하며 "예 그렇습니다. 내가 했습니다. 그게 전부입니다."라고 말하지 않는다. 그는 언제나 아담처럼 한다. 도망을 가고, 책임을 남 탓으로 돌린다. 또한 인간은 가인처럼 한다. 인간은 악행을 범하면서도 자신은 선한 일을 했다고 생각한다. 그는 자유, 행복, 평등, 진보, 조국, 진리, 사랑 등을 내세우며 선한 일을 했다고 믿는다. 수많은 이웃들이 그 선한 일을 위해 살해될 것이다.

자기가 행한 일 속에 선이 있다고 믿으면서, 인간은 바로 그 선에 대한 갈망 때문에 참회하지 않는다. 교회가 이단자들과 마녀들을 벌하기 위해서가 아니라 그들의 영혼을 구원하기 위해서 화형에 처했다는 기막힌 경우를 생각해 보라. 인간은 구원하기 위해서 살인도 저지를 것이다. 그런 행위가 신앙의 행위라고 불린다.

나는 인간의 위선을 정죄하지 않는다. 나는 선을 향한 갈망이 인간의 아주 뿌리 깊은 특성이라고 믿는다. 인간은 주변에 악행을 저지를 뿐이다. 그러나 그가 한 일이 어떤 것인지 깨닫게 된다면, 모든 인간은 바울이 선포한 말씀의 뜻을 알아차리게 될 것이다. "내가 원하는 바 선은 행하지 아니하고 도리어 원하지 아니하는 바 악을 행하는도다."롬7:19 그러나 여기에는 근본적인 차이가 있다. 바울은 성령의 조명 아래 자신의 상태를 명료하게 보고 깨닫는 반면에, 기독교 신앙을 떠나서 악행을 범하는 인간은 자신의 행위가 보다 더 큰 선을 위한 것이라고 정당화하면서 스스로 자랑스럽게 여긴다.

7. 삶을 향한 사랑

서구 문명이 스스로를 자각하기 시작한 이래로, 문학에서, 그리고 약간 뒤늦게 음악에서 가장 애용되는 주제는 사랑이다. 사람들은 사랑을 얘기하고 글로 기록하였다. 이 사랑이라는 주제는 특히 현대에 폭발적이다. 이성 간이나 동성 간의 사랑, 다자 간 사랑, 자유로운 사랑, 일시적인 사랑, 외향적인 사랑, 시험적인 사랑, 국경 없는 사랑 등 모든 형태의 사랑이 존재한다. 정신분석학자는 물론이고 과학자, 특히 유전학자, 의사, 심리학자, 윤리학자, 가톨릭 주교, 철학자 등 모든 사람들이 그 주제를 다루며, 나름대로의 해결책과 견해를 내어놓고, 방향을 제시한다.

여기서 내가 그동안 자주 해오던 말을 다시 해야겠다. 아직까지 이 말에 대해서는 아무도 반박하지 않았다. "사람들이 어떤 인간적인 소재를 지나치게 많이 언급할 때, 언급된 그 소재는 사실 존재하지 않는다. 자유에 대해서 사람들이 지나치게 많이 언급하면, 이는 자유가 사라졌다는 걸 뜻한다." 이 말은 언제나 정확한 사실로 드러났다. 나는 여기에 이 말을 기꺼이 적용하고자 한다. 그 주제에 관해서 그렇게도 많은 소설, 수필, 연구, 경험, 제안 등이 쏟아진다는 것은 그 근본적인 결핍을 감추기 위한 것이다.

현대 사회에 사랑은 존재하지 않는다. 남아있는 것은 그 단어뿐이다. 누군가 이렇게 말할 수도 있다. "사랑에 대해서 한 늙은이가 주장하는 말이 무슨 대수란 말인가. 그는 사랑을 하지도 못하고 할 수도 없지 않은가. 늙은이는 지나간 과거나 되씹고 있느라 주변에서 벌어지는 아름다운 사랑의 탄생을 알아볼 수 없단 말이야." 그러나 나는 아직 할 말이 남아있다. 그것은 오랜 경험과 많은 안타까운 별리들을 겪으면서 얻은 것으로 오늘날엔 별로 언급되지 않는 내용을 담고 있다. 그러나 먼저 나는 현재의 동향들에 대해 하나의 문제제기를 하는 것으로 시작해야겠다. 그것은 사랑의 해체라는 문제이다.

1) 사랑의 해체

1985년 4월에 '유전자 조작'과 '유전공학'이 다양한 방면에서 제기하는 문제들에 대한 '생명윤리'를 주제로 국제적인 심포지엄이 열렸다. 우리가 할 수 있는 것은 무엇인가? 어디까지 나아갈 수 있을까? 인간 복제, 시험관 아기, 인공 수정, 염색체 변이, 대리모 등을 통해서 인간 존재의 탄생에 인간이 개입할 때, 우리는 뭔가 시대에 뒤쳐진 느낌을 받고, 익숙했던 관습은 흔들린다. 이때 두 가지 입장이 어김없이 충돌한다. 하나는 자유[45]를 주장하는 것으로 진보주의와 페미니즘 진영이 옹호하는 것이다. 다른 하나는 기독교와 유사해 보이는 전통적인 도덕을 주장하는 것으로 아주 퇴보적이고 시대에 뒤진 느낌을 준다. 여기서 나는 또 다른 관점을 제시하고 싶다.

우리가 일반적으로 사랑이라 부르는 것은 인간이 아주 오랫동안 겪어온 진화의 산물이다. 모든 동물들과 같이, 남성은 처음부터 여성과 짝을 맺었다. 우리는 이런 짝짓기가 지속적인 관계로 이어지는지는 알 수 없다. 그

---

45) 낙태의 자유에 이어서 피임의 자유, 인공적인 방법으로 아이를 갖는 자유를 말한다. ◆

러나 가장 오래된 인간의 발자취를 추적해봄으로써 우리는 짝짓기가 단 몇 분에 그치는 일도 아니고 우연적인 행위도 아니라는 사실을 알게 되었다. 한 남성과 한 여성 혹은 여러 명일 수도 있지만 언제나 같은 사이에 더 복합적인 관계가 맺어졌고, 성행위는 전체적인 삶과 책임에 연결되어 있었다. 남성은 여성에 대하여 맡아서 할 일들이 있었고, 여성은 남성에 대하여 그러했다. 짝짓기는 일시적이거나 쉽게 사라지거나 우연에 그치는 것이 아니었다. 성적인 결합은 지속적인 관계였다.

모든 나라들과 모든 부족들 가운데 이 관계가 발전하여 터부, 근친상간, 불륜, 금기 등을 규정한 결혼제도가 되었다. 성적인 관계는 삶의 중요한 현실에 속하는 것으로 더 광범위하게 규제되었다. 그러므로 남성과 여성은 총체적이고 전반적인 관계 속에서 살아갔고, 성행위는 주된 것도 두드러진 것도 아니며 일반적으로 아이의 탄생이 목적이었다. 하나의 상징이 점차적으로 여기에 접목되었고, 여성과 남성의 결합은 승화되었다. 그 관계는 이제 명시되었고, 종교적이 되었다. 그것은 사랑의 단계, 즉 한 인격적인 존재의 다른 인격을 향한 앙가주망과 선택이 되었고, 또한 터부와 금기와 함께 이상화되었다. 사랑은 이렇게 감성적이고 의지적이고 상호적인 것이 모두 다 작용하는 것이었다. 두 남녀의 사랑은 결합의 산물로 탄생하는 제3의 존재인 자녀의 사랑으로 이어졌다.

비육체적인 사랑을 지나치게 이상화하는 낭만주의자들은 총체적인 사랑의 존재를 부인하면서, 반만년 전부터 계속되어온 인간의 뿌리 깊은 실재를 인정하지 않았다. 육체적이고 생리적인 것은 총체적 존재와 관계와 영적인 것과 분리되지 않는다. 그런데 우리가 지금 처한 상황 속에서는 이 일체성ensemble이 완전히 해체되어가고 있다. 낙태46)를 쉽게 할 수 있게 함

---

46) 나는 임신중절을 완전히 반대하지 않다는 점을 밝혀둔다. 아주 심각하고 중대한 이유가 없이는 낙태시술을 하지 않는다는 조건으로, 나는 임신중절센터의 설립을 도왔다.

으로써 이 일체성이 벌써 훼손되었지만, 그것은 부차적인 것이다. 이제 총제적인 사랑을 구성하는 요소들이 해체되어간다.

성애는 일체성에서 전적으로 분리된다. 정자를 주거나 받는 인격적인 존재와의 관계를 벗어나서, 모든 사람이 자유롭게 아이를 가질 수 있게 하는 것은 인간의 원초적인 행위들 가운데서 인간적 사랑을 분리시켜버리는 것이다. 남성은 다른 모르는 여성의 수태를 위해 자신의 정자를 기증하고, 여성은 익명의 남성의 정자를 받아 수태하는 한 커플의 경우에, 총체적인 사랑은 어떻게 될까? 시험관 배아를 거친 임신을 한 경우에는 또 어떻게 될까? 한 여성의 난자에 남편이 아닌 남성의 정자를 수정시키는 것은 생물학적인 불륜이라고 단언한 과학자도 있다. 위에서 언급한 국제적인 심포지엄의 토론회에서 보건부 장관은 "그런데 모든 걸 차치하고, 대체 커플이란 무엇인가?"라고 선포했다. 그의 말은 사랑의 복합적인 총체성이 해체된 현상을 드러내준 것이었다.

아이를 가지는 것은 더 이상 함께 나눈 기쁨과 애정과 계획의 산물이 아니다. 그것은 이제 단순히 기계적이고 기술적인 행위에 지나지 않는다. 마찬가지로, 인공유산은 합당한 이유도 없이 매우 흔하게 시술되어, 중절시킨 생명에 대한 최소한의 배려나 책임감도 없이 수행되는 단순한 기술적인 행위가 되어버렸다. 기술적인 행위들을 통해 사랑이었던 것을 잘라내는 것은 생리적인 것과 감성적인 것과 관계적인 것을 단절시키는 것으로서 근본적으로 심각하고 중대한 문제다. 나에게는 그것이 도덕이나 종교의 문제가 아니라, 인간 존재의 총체성을 부인하는 문제이다. 인간 존재의 총체성을 존중해야 하는가? 아니면, 그것을, 분해 가능한 부품들이 결합된 하나의 물체나, 분리와 이동과 조립이 가능한 다양한 톱니바퀴들로 구성된 하나의 기계로 보아야 하는가? 이는 유전 공학의 모든 활동들과 관련되어 있는 것이다. 이는 인간의 인격성을 부정하며, 부품들을 제거하고 붙이고 대체할 수 있는 하나의 자동인형이나 로봇처럼 인간을 취급하는 의미를 내포한다.

그러나 만약에 인간이 분리되는 부품들로 구성된 복합체일 뿐이고, 커플 관계란 존재하지 않으며 사랑은 헛된 것이라면, 철저하게 끝장을 보려는 용기를 가져야 한다. 이런 인간 기계를 왜 존중해야 하는가? 왜 여기서 말한 것보다 더 잘 조종할 수 없을까? 이제 인공유산이 여성의 단순한 기분에 따라 시술되고, 새로운 법령의 선포와 함께 인공수정도 또한 절실한 필요성이나 치료의 목적 없이, 단순히 개인적인 편의를 위해 시행된다면, 인간의 권리들에 대해서 그렇게 크게 왈가왈부할 필요가 있는가? 무슨 권리들이라니? 이미 기본 부품을 분리해낸, 이 조작 가능한 기계에 대한 사랑이라니? 이미 미국에서 실행하고 있는데, 왜 유해제품들을 시험하는 것을 금지하는가? 그러나 그렇게 되면, 인간이 기계에 지나지 않는다면, 나치 의사들이 행한 실험들을 정당화하게 된다. 이는 유전공학이 우리에게 제기하는 문제의 진정한 본질이다.

여기서 자유에 대해서는 언급하지 말라. 누구의 자유란 말인가? 이미 부분적으로 해체되고 인격성은 부정된 인간의 자유를 말하는 것인가. 더욱이 그 궁극적인 논지는 아주 명확하다. "당신들은 정말 구닥다리다. 당신들은 진보를 막을 수 없다. 이제 장기 복제나 이식을 할 수 있는 능력이 있으니, 그걸 실행에 옮길 것이다. 더 논의할 것도 없다. 도덕적이고 휴머니즘적인 논쟁은 뒤쳐진 자들의 논쟁에 불과하고, 이미 패배한 것이나 다름없다."

이 논지는 놀라운 것이다. 왜냐하면, 이 말은 다음과 같은 뜻이기 때문이다. "당신들은 선택할 것도, 결정할 것도 없다. 당신들은 기술 진보가 가능하게 하고 또 실행하도록 요구하는 것을 수용하고 실행해야만 하는 것이다." 자유의 승리라고? 사실 노예화와 반자유의 승리이다. 진보의 노예로서 당신들은 인간이 살아가는데 가장 귀중한 이유인 사랑이 비천하게 되고 파괴되는 것을 당신들의 눈으로 지켜봐야 한다. 문제의 본질이 여기에 있다. 그렇기 때문에 우리는 이런 딜레마들에 대해서 뤼스티제 신부[47]가 던진 질문에 귀 기울여야 한다. "이런 문제들을 충분히 심사숙고해 보았나요?"

2.) 진정한 사랑

이 모든 것은 서두에 불과하다. 그러나 나는, 다양한 관계에서 나타나는 사랑의 경솔함을 내 눈으로 지켜볼 때 얼마나 슬픔을 느끼는지, 사랑에 대한 근본적인 무지를 보여주는 경우들을 보고 얼마나 긍휼함을 느끼는지 전하고 싶다. 다른 사람을 향한 열정이 생긴 탓에 한 커플이 헤어지는 걸 볼 때 나는 한 아이의 죽음 앞에서와 같이 슬픔을 느낀다. 이미 흔하게 되어버린 바 성행위와 사랑을 혼동하는 걸 지켜볼 때 나는 슬픔을 느낀다.

사람들은 이제 '사랑을 하다'[48]는 말을 항상 사용한다. 그러나 사람들은 사랑을 '만들지' 못한다. 아마도 우리를 계발하고 우리를 만들어가는 것이 사랑일 것이다. 아무도 사랑을 결코 만들 수 없었다. 기껏해야 사람들은 그걸 경험할 수 있을 뿐이다. 경험하는 것과 만드는 것은 전혀 같을 수 없다. 그러나 이제 사랑은 이 '성행위'에 그치고 만다. 상대는 누구라도 상관없다. 상대방은 이제 더 이상 "살 중의 살이요", "뼈 중의 뼈", "나 자신보다 더 나인 존재"라고 불리지 않고, 하나의 게임과 일시적인 쾌락의 파트너로 불린다. 사랑은 이제 그렇게 되어버렸다.

---

47) [역주] 뤼스티제 신부(Jean-Marie Lustiger, 1926-2007), 프랑스의 가톨릭 신부.

48) [역주] 프랑스어로 'faire l'amour'는 문자적으로 해석하면 '사랑을 하다, 사랑을 만들다'가 되겠지만, 관용적으로는 '성행위를 하다'는 뜻으로 사용되고 있다.

내가 낭만적이라고? 예수 그리스도의 탄생이 있기 전 5천 년 전의 인간도 낭만적이었다. 나는 사람들이 성적으로 잘 맞는지 알아보려고 혼전 경험을 가지도록 권고하는 걸 들을 때 슬픔을 느낀다. 왜냐하면 그것은 결혼이 사랑이 아니라, 잘 만들어진 부품들을 조정하여 하나의 기계를 만드는 것과 같다는 걸 뜻하기 때문이다. 나는 서로에 대해 책임을 지려는 것이 아니라 그냥 살림살이를 하는데 그치는 남성과 여성의 결합을 볼 때 슬픔을 느낀다. 왜냐하면 그것은 되는 대로 산다는 걸 뜻하기 때문이다. 그러면 왜 나는 분노하거나 판단하거나 비판하지 않고 슬픔을 느끼는가?

나는 슬픔을 느낀다. 왜냐하면 그런 식으로 살아가는 사람들은 그 모든 경우에 결코 사랑이 무엇인지 알 수 없을 것이기 때문이다. 그들은 그들의 삶에 놓인 수많은 가능성들을 놓쳐버리고, 평생 동안 인간이 이룰 수 있는 가장 아름다운 것을 모르고 넘어갈 것이고, 삶의 고유한 진실을 지나쳐버릴 것이다. 그들은 이론적인 생각이나 감성적인 열정을 명분으로 삼느라, 시작부터 참된 생명의 길로 나아가지 못할 것이다. 그렇게 사람들이 생명의 삶을 잃어버리는 걸 지켜보면서, 나는 슬픔을 느낀다.

사랑은 일시적인 것도 시험적인 것도 보헤미아 집시처럼 자유분방한 것도 아니다. 사랑은 지속적으로 건설하는 것이지, 향기를 맡고 날아가는 나비의 비상과 같은 것이 아니다. 사랑은 삶이기 때문에 지속하게 되어있다. 사랑에서 삶이 비롯될 뿐만 아니라 다른 사람들과의 진정한 관계가 형성된다. 이 근본적인 관계가 없이는 아무도 살아갈 수 없다. 그것은 남들 안에 이미 내가 존재한다는 걸 전제로 한다. 이는 마치 내 안에 이미 남들이 존재하는 것과 같다. 이 실존적인 존재가 없이는 사랑은 가능하지 않다. 그러나 그래도 사랑을 드러내야 한다.

그리고 남들을 내 쾌락의 일시직인 도구나, 나와는 습관이나 경험의 측면을 떠나서는 전혀 상관없는 전적인 타인으로 대하지 말아야 한다. 이는 나와 너의 관계를 사회적 관계로만 인식하는 것이 아니다. 이는 내가 타인을 대상으로 보는 것이 아니다. 왜냐하면 타인은 곧 나이며 불특정한 존재가 아니라 유일한 존재이다. 타인이 내 안에 있는 것과 같이 나는 타인 안에 있다. 완전한 이타성異他性, altérité은 서로의 자기성自己性, ipséité을 배제하는 동일한 정체성identité으로 상호 보완된다. 이는 인간이 평생의 삶을 통하여 겪을 수 있는 가장 근본적인 경험이다. 그때에야 비로소 "사랑은 죽음보다 강하다"라는 말이 진실이 된다.

그러나 사랑이 진부한 말이 되면서 수많은 애매모호한 관념들이 끼어든다. 사랑의 정확한 뜻을 새겨야 한다. 사랑은 인간 존재를 향한 인간 존재의 사랑을 말한다. 조국이나 인류와 같은 추상적인 것들을 향한 느낌을 사랑이라고 하는 것은 터무니없다. 사랑은 자유로운 가운데 나누는 것이다. 사랑은 희생을 요구할 뿐인 상상의 존재를 향한 감정적인 열망이 아니다. 나는 자유라는 단어를 방금 사용했다. 사실 사랑과 자유는 밀접하게 연관되어 있다. 그러나 그것은 흔히 말하는 자유로운 사랑이 야기하는 비극적인 혼란 상태와는 다른 것이다.

자유로운 사랑은 자유로운 척하는 겉모양 말고는 자유와 아무런 상관이 없다. 나는 너를 가진다. 나는 너를 떠난다. 우리를 붙잡는 것은 아무 것도 없다. 우리를 연결시키는 것은 아무 것도 없다. 이는 우리가 기피하지만 흔히 말하는 "사랑을 하다"의 함께 잔다는 의미 이외에는, 진정한 사랑이 없다는 걸 뜻한다. 함께 자기 위해서는 삶을 다 바칠 필요가 없음은 물론이지만, 자유에 대해 말할 만한 것도 없다.

물론 한 세기 전에 자유로운 사랑은 진리의 한 단면을 드러낼 수 있었다. 이는 사랑이 없는 결혼으로서 사회적으로 어떻게 해볼 도리 없는, 강제적인 관계의 경우에 해당한다. 사랑이 없는데 계속 구속하는 관계에 대항하는 사람들의 행위는 확실히 정당하다. 그러나 그런 결혼이 애초에 사랑으로 시작되었다고 말할 수 있었을까? 시작할 때 사랑이 존재했다면, 무엇 때문에 그 사랑을 다시 문제 삼고 싶어 했을까? 누군가에 대해 갑자기 새롭게 불타는 열정이 생겨나서? 하지만 그것은 낭만적인 환상이지 않았을까?

우리 시대에 사람들은 그런 의문을 던지지 않는다. 각자 상대방에게 자유로운 것은 당연하다. 즉, 자유로운 사랑을 하는 커플에게 상대방은 중요하지 않다. 내가 원한다면 상대방을 떠나면 되는 것이다. 그렇다면 나는 자유로운가? 그러나 나는 자유라는 이름으로 사실은 본능적인 충동과 내분비선의 작용에 따르고 있을 뿐이다. 사랑과 자유에 대해서는 우리가 진지하게 논의해볼 수 있지만, 자유로운 사랑은 아니다.

사랑과 자유, 정말 간단하고도 명백한 말이다. 자유가 없는 사랑은 존재하지 않는다. 그러나 역으로 사랑이 없는 자유는 있을 수 없다.[49] 사랑은 강요할 수 없다. 사랑은 개인적인 자유가 존재할 때 가능하다. 사랑을 경험하기 위해서는 자유가 있어야 한다. 사랑을 하고, 상대방의 사랑에 자유롭게 응답하기 위해서는 자유가 있어야 한다. 어떤 도덕적, 사회적, 상황적 강제를 통해서도 사랑을 생겨나게 할 수도 발생시킬 수도 없다.

사랑은 어떤 강요도 없는 자유의 길에서만, 자유로운 두 존재가 만나는 데서만 일어난다. 그러나 역으로 사랑이 없는 자유는 존재하지 않는다. 이는 받아들이기가 그리 쉽지 않다. 왜냐하면 우리는 자유는 독재 권력을 파괴하는 것이나, 내 마음대로 아무런 제약 없이 행하는 것이라고 잘못 생각하는 경향이 있기 때문이다. 이는 무시할 것은 아니지만, 대개 기만적이고 편향적이다.

의미와 목적이 없는 자유는 가치가 없다. 자유를 위한 자유는 분별없는

---

49) 『자유의 윤리』*Ethique de la liberté*를 참조하라.

것으로 어디나 갈 수 있고 아무 것이나 할 수 있는 것에 불과하다. "아무 것이나"는 우리 사회를 특징짓는 것으로 단지 터무니없는 것일 뿐이다. 그러나 자유는 의미가 있으므로 터무니없는 것이 아니다. 자유는 그 자체에 정향定向이 있다.

인간의 자유의 정향은 사랑을 시작하고 발전시키고 지속하는 것이다. 이 정향을 떠난 자유는 불가피하게 타인에게 광적으로 집착하거나 억압적으로 대하는 행태를 보인다. 타인에 대한 광적인 집착과 억압은 타인이 나를 만족시키는 수단이 되게 한다. 사드 백작은 보카사50)와 같은 광적인 독재자들과 유사한 모습으로 동일한 유에 속한다.

자유는 사랑 속에서 발견된다. "사람이 혼자 사는 것이 좋지 않다." "두 겹 줄은 한 겹 줄보다 풀기가 쉽지 않다." 자유란 사랑하는 가운데 상대를 존중하고 자기를 선물로 주면서 사랑의 기쁨이 꽃처럼 피어나는 것이다. 사랑이 없이는 자유도 존재하지 않는다. 어쩌면 1790년의 혁명가들이 자유에다가 박애를 첨가했을 때 이 사실을 조금이나마 알아차린 것이 아닌가 싶다.

사랑의 이미지는 주는 모습이다. 영적인 혹은 단순히 정신적인 경험이나 진정한 인간관계를 통해서, 주면서 스스로 받고, 주면서 스스로 성장하고, 주면서 진정한 자유를 얻는다는 사실을 모르는 사람은 거의 없다. 그러나 사랑에는 또 다른 끔찍한 모습이 존재한다.

독점적으로 소유하려고 하고 지배하려고 하는 사랑은 크게 두 가지로 나타난다. 하나는 한 사람의 사랑 안에 상대를 흡수하려는 것이다. 소설에

---

50) [역주] 장-베델 보카사(Jean-Bédel Bokassa, 1921-1996), 1966년 쿠데타로 중앙아프리카 공화국의 대통령이 되었고, 프랑스의 나폴레옹1세를 모방하여 1976년 중앙아프리카 제국의 황제로 등극했으나, 1979년 쿠데타로 실각했다. 17명의 부인과 56명의 자녀들을 둔 그는 호색한으로 엽기적인 행각들을 버린 것으로 유명하다.

서 종종 등장하듯이, 아들을 독점적으로 소유하려는 어머니의 사랑이 아들이 남성의 구실을 못하게 가로막는 경우가 있다. 사랑이 너무도 강력한 독점욕으로 변하여 상대의 존재와 자유를 박탈하지만, 말은 사랑이라고 한다. 그런 사랑은 암세포처럼 은밀하게 자라난다. 이는 어머니의 경우뿐만 아니라, 커플의 경우에도 도데의『사포』Sapho, 51)에서와 같이 존재한다. 상대방은 사랑할 필요도 없이, 한 사람의 사랑으로 둘에게 아주 충분하다는 것이다. 그러나 그 한 사람은 상대의 실체를 자양분으로 취한다.

또 다른 하나는 에로틱한 것이다. 사랑의 대상은 실제로 대상에 지나지 않게 되어, 그런 사랑에 사로잡힌 상대의 독점적인, 개인적인 만족을 위해 이용된다. 거기에 대해서 이미 사드의 경우는 언급했다. 에로스 역시 총체적으로 지배하려고 한다. 그러나 상대를 대상으로 축소시키면서 에로스는 상대를 부정하고 이용하고 배제하면서 결국 죽이고 만다.

내가 사랑이라고 부르는 것은 주는 사랑이지 가지는 것이 아니다. 주는 사랑은 지속된다. 왜냐하면 그것은 삶이기 때문이다. 사랑은 살아있는 동안 계속해서 존재하는 것이다. 사랑은 죽을 때까지 그칠 이유가 없다. 그러나 그렇게 평생을 통하여 지속하는 동안 사랑은 변화되고 새롭게 되고 다른 양상과 힘을 가지게 된다. 약화되기는커녕, 사랑은 함께 한 경험들을 통하여 점차 견실하게 구축된다. 그러나 또한 다양한 난관들을 극복하고 단절된 관계를 다시 회복해나가는 과정을 통해서, 모든 것들을 동원하여 사랑이 견고하게 세워져 간다. 그래서 사랑은 파멸되는 것이 아니라 실제로 굳건하게 세워진다. 나는 여기서 한 평생 동안 계속되어온 사랑 이야기52)

---

51) [역주] 프랑스의 소설가 알퐁스 도데(Alphonse Daudet, 1840~1897)가 1884년에 발표한 작품으로 한 청년이 사포라는 한 미모의 여인으로 인해서 애욕의 수렁에 빠져 방황하는 모습을 그리고 있다.

52) 당연히 나는 레오토나 주앙도처럼 어릿광대와 같은 사람들을 정말 경멸한다. 그들은 모든 글에서 사랑에 대하여 거짓말을 했다. 일없는 구경꾼 같은 사람들은 자기만족 속

를 전하려고 한다.

3) 인간의 사랑

"나는 나의 사랑을 확신한다. 왜냐하면 나는 당신이 죽는 것을 원하지 않지만 당신이 죽을 것을 알고 있기 때문이다."[53]

열정

첫 시작은 물론 열정이었다. 나는 그녀를 처음 발견하고 태양이 폭발이라도 하는 것 같은 느낌을 받았다. 그녀는 나의 모든 갈망과 소망에 완전히 부합했다. 나의 가장 깊은 내면에서 용솟음치던 모든 것을 다 채울 수 있는 존재를 향한 격정이 불가항력적으로 일어나는 걸 설명할 길은 없다. 그녀는 나의 우주가 되었다. 나는 그녀의 눈을 통해서, 그녀의 눈 안에서 모든 것을 보았다. 그러나 그 황홀함에 대해 쓴다는 것은 별 소용이 없을 것이다. 왜냐하면 그 많은 책들이, 그 많은 소설들이 수도 없이 사랑에 대해, 그 순간에 대해 언급해왔기 때문이다.

그 소설들이 묘사하는 것은 언제나 사랑의 열정과 흥분, 그리고 남자에게 초월의 느낌을 주는 사랑이다. 거기에서 묘사하는 것은 사춘기에 피어나는 첫사랑, 사랑이 없는 결혼에 붙잡힌 삶을 변화시키는 사랑의 감동, 불륜의 일화, 노년기에 접어들어서 마지막으로 비할 데 없는 사랑을 만나 새

에 무기력하게 된 최악의 체제순응주의를 반체제적인 것으로 착각하면서 그들을 높이 평가했다. [역주: 폴 레오토(Paul Léautaud, 1872–1956), 프랑스 소설가, 문학비평가. 상식과 관습을 넘어서는 기괴한 언행으로 유명했다. 마르셀 주앙도(Marcel Jouhandeau, 1888–1979), 프랑스 소설가로서 신비적인 신낭만주의자로 불린다. 대표작은 『테오필의 소년기』이며, 여러 작품들을 통하여 신앙의 관점에서 인간 영혼을 분석했다는 것으로 인정받기도 하지만, 악마주의적 신비성으로 지탄받기도 했다.]

53) [역주] 귀스타브 티봉(Gustave Thibon, 1902–2001), 프랑스 철학자.

롭게 젊음을 되찾은 사람의 고양된 감정 등에 관한 것이다. 그리고 그 모든 경우에 이 열정적인 사랑을 얘기한다. 이는 마치 이 열정적 사랑이 모든 사랑을 대표하는 듯하다. 어떤 의미에서 나는 이 점을 별 어려움 없이 이해할 수 있다. 왜냐하면 그 사랑은 흥분을 불러일으키고 환희를 주는 것이기 때문이다. 그것은 가장 분명하고 감동적이어서 쉽게 강박적인 집착으로 전이되고, 의식의 영역을 엄습할 수 있다. 그 시점은 곧 사랑이 성애와 쉽게 혼동되는 때다. 왜냐하면 인간 존재가 성적인 관계를 맺는 가운데 온전한 성취를 이루는 것은 사실이며 좋은 것이기 때문이다.

성애는 사랑에서 분리되는 것이 아니다. 우리는 사랑하는 상대를 또한 성적으로도 사랑한다. 둘은 한 몸이 된다. 이는 아주 좋은 것이다. 내 눈이 더 잘 보게 되기 때문에 상대의 얼굴을 늘 다시 새롭게 발견하게 된다. 그리고 성애는 반복되는 것을 피하면서 탐색과 기교를 통하여 다양화한다. 그러나 곧 첫 번째 경고음이 울린다. 성애가 더 섬세해지면서 성애 자체에 사로잡혀 그것이 이끄는 대로 가버릴 위험이 발생한다. 즉, 파트너를 바꾸어서 성애를 변화시켜보려는 욕망과 욕구가 생기는 것이다. 이때부터 성애가 사랑을 압도한다. 열정은 이제 배타적이지 않고 다른 상대를 향한다. 그것은 또한 수많은 소설들이 우리에게 묘사하는 또 다른 측면이다. 물론 성애는 사랑의 완성이기도 하지만, 성애를 사랑과 혼동하는 것은 사랑을 파괴한다.

커플에게 첫 번째로 다가오는 커다란 유혹은, 우리 세대에 생겨난 커플 교환과 집단 섹스라는 놀라운 현상과 함께 성적으로 다양한 욕구들을 만족시키면서도, 커플 관계는 깨뜨리지 않으려는 것이다. 그러나 그 모든 것은 사랑과는 아무런 상관이 없다. 곧 관계가 단절되는 시간이 오고, 적어도 둘 중 한쪽에게 상처를 주는 이별이 뒤따른다. 나는 처음에 서로 상대에게 전적인 자유를 허용하는 데 합의를 보았다가, 어느 정도 시간이 흐른 뒤에는 한쪽이 도를 넘는 자유를 행사할 때 상대에게 깊은 상처를 주는 커플들을 알고 있다. 상처를 받은 쪽은 물론 약한 쪽, 즉 진정으로 사랑했던 쪽이다. 이점에 대해서도 서구의 문학작품들은 불륜이 있고 나서 일어나는 관계단절과 이혼과 파멸에 관한 이야기들을 풍성하게 전하고 있다. 그러나 모든 관계가 그렇게 되는 것은 아니다. 열정적인 사랑과 성적인 탐닉의 시기를 지나, 정점을 넘어서면 다른 곳을 향해 아래로 내려가는 하강이 시작된다.[54)]

정복할 사랑의 대상을 새롭게 찾아다니는 일을 멈춘다면, 사랑의 다른 길이 나타난다. 나는 그것을 함께 책임을 지는 길이라고 부른다. 아이들이 있고, 직업이 있고, 함께 나누어야할 일이 있어서, 서로 도움을 주고받아야 하는 일이 섹스뿐만 아니라 삶 전체에 걸쳐서 생긴다. 문학작품들은 간혹 가다 그런 삶을 얼핏 언급하게 될 때, 아주 비판적인 태도를 보이면서, 일상적인 습관이 지배하는 장면으로 묘사한다. 모험과 자유 대신에 집안의 권태로운 삶이 시작된다. 나는 거기에 전혀 동의하지 않는다. 사랑과 섹스를 동일시하지 않는다면, 훨씬 더 깊은 사랑을 발견하게 된다. 왜냐하면 사랑이 삶에 통합되기 때문이다.

그것은 진부한 일상이 아니라 삶의 현실을 직면하는 것이다. 혼자라면 결코 삶의 그 풍성함과 어려움을 감당할 수 없다. 삶을 함께 할 때 어려운 시간들이 다가올 수 있다. "기쁠 때나 슬플 때나, 좋을 때나 안 좋을 때나 언제나 함께 하며…." 삶을 위한 새로운 투쟁이 시작된다. 그것은 피로와 권태에 대항하여 둘의 결합에 새로운 의미를 부여하며 함께 투쟁하는 것이다. 화려함은 덜해지고, 진지함과 깊이가 더해진다. 이런 사랑은 반짝이는

---

54) 롤랑 바르뜨(Roland Barthes)는 『사랑에 관한 부분적인 담론』*Fragments d'un discours amoureux*에서 이점을 다음과 같이 밝히고 있다. "나는 사랑은 시작(첫 눈에 반함)이 있고, 끝(자살, 포기, 애정이 식어버림, 수도원, 여행 등등)이 있는 하나의 에피소드라고 생각한다. 그러나 나는 처음 황홀했던 시간을 재현시키려고만 한다. 그건 이미 지나간 일인데…"

것이 아니라, 진실을 경험하게 한다.

아주 근본적인 질문이 일어난다. "지금까지 얘기해왔던 것이 진실한 것인가?" 사랑으로 흥분하여 구름 위에 둥둥 뜬 것 같은 상태에서는 진실이 문제가 될 수 없다. 열정과 환상만이 가득하다. 공동 책임을 수용하는 것은 말로 고백한 사랑의 진실성을 시험하는 것이다. 상대를 위해, 사랑을 위해 죽음도 불사할 마음이었다. 그런데 알고 보니, 삶이 축제가 아니라 반복되는 일과 진부한 일상이 기다리는 현실이라는 걸 견디며 함께 살아갈 준비를 아직 갖추지 못했다.

책임

열정적인 사랑이 지나간 뒤에 책임을 지는 사랑이 임한다. 그것은 권태로운 것도 속된 것도 아니고 더 미묘하고 세밀한 것이다. 거기에 부연 설명이 필요하다. 전통적인 섹스 관계에서 여성은 관계를 맺을 때마다 임신할 위험을 감수하는 책임을 의무적으로 졌다. 쾌락과 함께 책임감이 동시에 존재했다. 여성은 자신의 행동에 대한 책임을 져야 했던 것이다. 그 관계에서 남성은 자신이 원하고 수용할 때만 책임을 졌다. 남성은 여성과 아이를 거부함으로써 무책임하게 처신할 수 있었다. 남성이 그렇게 처신하는 것은 어느 상황에서나 비열한 일이었다. 그러나 남성에게 책임을 지는 것은 선택 사항이었다. 이제는 피임약 덕분에 여성도 동일한 선택을 할 수 있게 되었다. 그 사실은 남성과 동일한 조건을 공유하는 여성의 자유로 인정되었다. 이제 여성은 그 책임을 감수하거나 거부할 수 있다. 여성이 아이를 갖는 책임을 선택할 수 있게 된 것이다. 그러나 대부분의 경우 여성도 남성처럼 책임지지 않는 쪽을 선호한다. 이 점은 남성들의 책임감을 요구하고 책임지는 것을 아주 높이 평가하면서, 동시에 인간이 모든 책임을 회피할 수 있도록 피임약이나 안전장치 같은 수단들을 쌓아가고 있는 이 사회 속에서 아주 주목할 만한 사실이다.

사랑으로 삶의 책임을 감수할 때, 우리는 더 높은 단계의 사랑으로 나아간다. 그러나 커플이 사랑을 만들어가고 발전시켜가는 단계마다 위험이 도사리고 있다. 나는 위에서 공동으로 해야 할 일에 대해 언급한 바 있다. 상대를 향한 사랑으로 그 공동의 일을 혼자 담당하는 것은 그 일이 아주 많은 노력을 요구하며 힘을 소진시키는 때일 수도 있고, 혹은 아주 재밌고 활력을 주는 때일 수도 있다. 그럴 때 각자 자신의 일과 직업적 문제나 혹은 자녀교육55)에 대해 독백하는 일이 벌어진다. 사랑의 풍성함을 위해서 공동으로 맡아야 할 책임이 개인적인 일이 되어버리면서, 사랑은 약화된다. 왜냐하면 둘 사이에는, 처음 만난 시절의 추억과, 기념일이나 휴가나 생일에나 잠시 반짝하는 열정만이 남아있기 때문이다. 그러나 추억들만 있는 사랑은 살아있는 사랑이 아니어서 퇴보하게 되고, 삶은 과거에 묶여 있게 될 뿐이다.

그러나 이 시험을 극복하고 한쪽의 일에 다른 쪽이 배려와 관심을 보이고 둘이 공동으로 책임을 맡으면, 커플은 더 풍성한 사랑을 누리게 되며, 사랑의 역사는 멈추지 않는다.

습관적이 되기는커녕, 사랑의 이 두 번째 시기에서는 사랑하는 대상과 나를 분리시키는 모든 것을 의식한다. 섹스나 성격뿐만 아니라, 관심사와 다른 활동들에 대해서도 관심을 둔다. 어쩌면 삶이 양극화될 수도 있다. 한 사람은 일을 맡고, 다른 사람은 자녀를 맡는 식이다. 그러나 다른 사람은 나와 다르기 때문에, 즉 그 사람 자신이기 때문에 사랑하는 법을 배워야 한다. 상대는 스핑크스도, 사마귀도, 물건도, 도살장에 끌려가는 어린양도,

---

55) 여기서 '혹은'이라는 단어를 쓴 것은 아직도 90프로 이상의 경우 자녀양육은 여성이 담당하고 남성은 간혹 가다 관심을 비칠 뿐이라는 사실을 고려한 것이다. ◇

나를 노리는 거미도, 내 그물에 걸린 파리도 아니고 다른 사람이다. 그는 더군다나 내 뼈 중의 뼈요 살 중의 살이기에 더욱더 사랑받아야 한다. 그런데 나는 그에게 가장 진실하고 친밀한 얘기를 나눌 수 있다. 왜냐하면 그는 나에게 내가 가지지 않은 것을 가져다주기 때문이다. 그와 나누는 것은 진실하다. 왜냐하면 사랑이 그것을 가능하게 하고 진실하게 하기 때문이다. 그 사랑은 열정적인 사랑이 야기하는 거짓과 환상이 소멸됨으로써 활짝 피어난다.

인정

이제 사랑의 새로운 시기가 도래한다. 나는 이 시기를 서로를 진정으로 인정하는 인정의 시기라고 부른다. 이는 조금은 놀라운 것일 수도 있다. 왜냐하면 사랑이 일어날 때 상대에 대한 인식과 인정이 이미 존재하기 때문이다. 사랑하는 사람은 맹목적인 사랑 탓에 상대를 있는 그대로 볼 수 없다고 믿는 것은 정말 잘못된 것이다. 그와 반대로, 나는 사랑은 존재를 있는 그대로 볼 수 있게 하는 유일한 것이라고 믿는다.

사랑하는 사람이 자신의 아내가 가까운 지인들과 친구들의 판단과는 다르다고 말할 때, 그 말이 맞는 말이다. 그는 아내의 결점이나 한계를 모르는 것이 아니다. 그는 그녀 안에서 그녀는 그 안에서 남들은 볼 수 없지만 실재하는 것을 볼 수 있다. 맹목적인 것은 남들이다. 사랑은 한 존재의 실상을 드러나게 할 수 있다. 누군가를 알고 또 그 자질을 알아보기 위해서는 먼저 그를 사랑해야 한다. 증오와 경멸과 냉소적인 태도로는 상대를 결코 알 수 없고, 상대에 대해서 스스로 그린 그림만을 볼 수 있을 뿐이다.

이와 같이 사랑이 시작된 첫 날부터 상대에 대한 인식connaissance이 생겨난다. 그렇다면 이 세 번째 시기의 인정reconnaissance이란 무엇을 의미하는가? 상대의 이타성異他性을 실제로 인지하는 시기가 있는 것 같다. 열정적으로 관계를 맺는 시기와 공동의 일을 함께 책임지는 시기를 지나서, 커플 사이에 일종의 거리가 존재하게 된다. 각자는 상대에게 다른 존재로서의 특수성을 드러낸다. 이런 일은 아담이 이브를 발견했을 때 이미 일어났다. 이브는 아담과 하나이지만 다른 존재이다. 왜냐하면 아담이 그녀에게 '이샤 56)라는 그녀만의 고유한 다른 이름을 지어주었기 때문이다.

그녀는 정말 나와 다르고, 나와 다른 감성과 생각과 욕구를 지니고 있다. 그것은 커플의 관계가 한층 더 진전된 것이다. 왜냐하면 상대의 이타성을 인정한다는 것은 이제 두 개의 길이 가능하기에 서로에게 삶을 더 풍요롭게 하는 결과를 낳기 때문이다. 그게 아니면, 이타성을 발견함으로써 서로 갈라질 수 있다. 즉, 우리는 정말 너무나 다르고 이제 더 이상 열정도 없으니, 그만 헤어지자고 할 수 있다.

대화

그렇지 않으면 상대의 이타성을 인정하는 것은 일상의 권태를 넘어서는 새로운 관계를 불러올 수 있다. 나는 이 관계를 좀 진부한 말인 대화의 관계라고 부르고 싶다. 자신과 다른 존재라야만 진정한 대화가 가능하다. 대화는 사랑의 근본적인 요건이다. 그러나 이제 대화는 보다 깊은 대화가 된다. 대화의 화제는 이제 공동의 책임이나 개별적인 책임이나 살림살이의 지겨움에 그치는 것이 아니라, 다른 존재인 상대에 대한, 다른 존재로서 그대로 홀로 둘 수 없는 상대에 대한 심층적인 문제로 발전된다.

대화는 사랑 그 자체를 위해서, 커플 각자를 위해서 꼭 필요한 것이다. 이 대화는 차이와 함께 갈등까지 드러나게 하기 때문에 쉬운 것이 아니다. 사람들은 그런 것을 잘 조정해서 주의를 분산시키는 방법으로 감추기도

---

56) [역주] 남자의 히브리어 원어를 한글 음역으로 하면 '이시'이고, 여자의 경우는 '이샤'이다. 창 2:23 참조.

한다. 가끔 본질적인 차이가 문제가 되기도 한다. 그것은 차이가 있다는 걸 단순히 확인하는 것에 그치지 않고 이해를 못함으로써 관계가 단절될 위험을 초래할 수도 있다.

대화를 위해서는 함께 하는 삶과 말에 하나의 규칙이 필요하다. 그것은 자신을 망각하는 것이다. 대화는 상대를 위한 것이라고 생각해야 한다. 따라서 나의 존재는 잊어버리고, 곧바로 반응하거나 강요하려고 하지 말고 상대가 말하는 것을 듣고 있어야 한다. 대화의 위대한 법칙은 상대에 대해서 내가 옳다는 논리를 구하려고 하지 말고, 내가 알고 있고 믿고 있는 것에 대한 신념이 아무리 확고하다 할지라도, 상대가 말할 때 침묵하고 수용하는 것이다.

대화에서 내 잘못을 인정하고, 내 신념에 반해서 내가 틀렸다는 걸 수용하는 것은 전혀 쉬운 일이 아니다. 그러나 그것은 대화함으로써 커플이 상대의 이타성을 통하여 일치를 이룰 수 있도록 발전시켜 가게 하기 위한 필수 조건이다. 그렇지 않으면 대화는 아무 열매 없는 공허한 토론이 되고 만다.

흔히 인용되는 말과는 정반대가 되는 내용을 거기에 적용해야 한다. 즉, "플라톤은 나의 친구지만, 진리는 더 좋은 친구다"[57]가 아니라 "진리는 친구이지만, 아내는 더 좋은 친구다"[58]가 되어야 한다. 대화는 부정했던 모든 '진리들'에 대한 사랑을 자라나게 한다. 그것들은 얼마 지나지 않아서 많은 열매를 맺게 될 것이다. 둘이 함께 할 수도 있었을 신랄한 논쟁을 몇 달 후, 몇 년 후에 되돌아보면, 그런 토론의 무익함과 허망함을 곧 인식하게 될 것이다. 대화 가운데 상대의 이타성을 인정하는 것은 사랑이 무르익는 새로운 시기를 초래한다.

---

57) Amicus plato, sed magis amica veritas. ◇
58) Amica veritas, sed magis amica mulier. ◇

불가분리

나이가 들어가면서, 사랑은 승화되며 변화한다. 불가분의 존재가 된 두 사람은 서로가 다름을 알았지만, 수많은 유혹과 다양한 난관들을 함께 극복해오면서 더 이상 분리될 수 없고, 서로의 부재 상황을 생각할 수도 없게 된다. 수많은 허물과 잘못을 다 수용하는 용서가 있는 시기이다. 그러나 그들을 하나 되게 하는 것은 습관이 아니다. 분리가 불가능한 이 시기에도 나름의 위험과 시험이 따른다.

첫 번째 시험은 습관에 기인한 것이다. 그녀는 나의 일상의 한 부분이 되어서 나와 분리될 수가 없다. 나는 그녀가 없으면 너무나 고통스러울 것이고 나의 습관과 버릇을 바꾸어야 할 것이다. 이보다 더 잘못된 것은 없다. 사랑은 언제나 새롭고 현실적이어야 한다. 사랑은 의례적인 언행에 그치는 것이 아니다. 그러나 습관에는 다른 많은 형태들이 존재한다. 예를 들자면, 한쪽이 다른 쪽을 흡수하는 위험이 있다. 이는 모든 사랑의 시기에 걸쳐서 위협적인 요소이다. 그렇기 때문에 이타성異他性을 인정하는 시기는 정말 근본적으로 중요하다.

한 커플에서 둘 중 한쪽이 언제나 더 우세하고, 더 큰 개성과 권위를 가지고 있어서 점차적으로 다른 쪽을 흡수하게 된다고 흔히들 말한다. 많은 작가들은 커플을 사마귀의 짝짓기와 비유한다. 사마귀는 수컷이 일을 마치고 나면 암컷이 수컷을 잡아먹어 버린다. 인간의 경우에는 그것과 달리, 대부분 남성이 여성의 존재를 흡수하고 무력화하여 소멸시켜 버린다. 반복해서 말하지만, 그렇기 때문에 상대방의 이타성을 인정하는 시기가 결정적으로 중요한 것이다.

그 시기를 보내고 난 후에 불가분리의 관계가 서로의 사랑이 균등해지는 가운데 명확해진다. 그러나 남성은 나이에도 불구하고 혹은 나이 때문에 다시 새롭게 성적으로 불타는 욕망을 겪을 수 있다. 그것은 불가분리의 관계를 깨뜨리지는 않는다. 그러나 그것은 아주 심각한 위기를 초래한다. 그 위기를 극복하는 길은 진실한 대화뿐이다. 진실한 대화는 앞에서 언급한 대화의 법칙, 즉 먼저 스스로가 틀렸다는 입장을 견지함으로써 가능하다.

불가분한 관계의 시기에서 마지막으로 왜곡될 수 있는 사랑의 형태는 우정과 같은 사랑이다. 우리는 다음과 같이 간략한 말을 정말 많이 듣는다. 커플이 나이가 들어감에 따라 진정한 사랑은 진정한 우정으로 바뀌어가면서 세상에서 둘도 없는 친구처럼 함께 나란히 살아간다. 그렇지 않다.

사랑과 우정은 별개이다. 성적인 행위를 더 이상 할 수 없기 때문에 우정으로 가는 것이 아니다. 나는 좋은 친구들이 있어서, 우정이 무엇인지 알고 있다고 믿지만, 우정을 구성하는 근본적인 요소들 중의 하나는 독립성이다. 즉, 아무리 가까운 친구라 할지라도 서로의 독립성을 유지한다. 삶의 커다란 부분은 강한 우정 관계와 관련됨이 없이 진행된다. 정치적인 의견이 다를지라도 우정 관계는 확고하다. 그러나 친구는 나와 다른 가정과 직업과 시간을 가진다. 우리는 기쁨으로 만나면서, 함께 함으로써 삶에 행복을 주는 충만감과 일치감을 누린다. 그러나 그것은 사랑이 아니다.

사랑은 한 사람을 상대방에게 전적으로 몰두하게 한다. 삶의 모든 순간들을 상대방에게 할애하면서, 모든 관심사를 나누고 모든 우려와 걱정을 함께 한다. 불가분한 관계의 사랑은 성적인 관계와 열정은 없다 할지라도 우정이 아니다. 왜냐하면 사랑은 인간의 삶을 구성하고 있는 모든 요소들을 점차적으로 함께 통합해온 두 사람의 역사가 낳은 산물이기 때문이다.

일체성

이제 사랑의 모험과 발전의 마지막 단계라고 생각되는 시기를 접하게 된다. 나는 이 시기를 일치하는 사랑의 시기라고 부르고 싶다. 일치는 첫 눈에 반한 첫 만남에서 주어지지 않는다. 그 증거로서 수많은 관계 단절과 이혼 사례들을 들 수 있다. 그런 사례들이 발생한 것은 처음에 둘 사이에 일치가 없었다는 점을 보여주는 것이다. 일치를 이루는데 있어서 함께 자고 함께 기뻐하는 것으로 충분하지 않다. 커플이 진정으로 성숙한 사랑으로서 완전하고 충만한 일치를 이루기 위해서는, 앞에서 언급한 모든 시기들을 함께 보내야 한다. 유혹을 극복하고 함께 책임을 수용하고, 상대방의 이타성을 인정하고, 대화를 통해 일치를 이루면서 옆에 있는 타인이 아니라 불가분리의 존재가 되어가는 과정을 겪어야 한다.

이 일치하는 사랑은 분리를 불가능하게 한다. 그렇기 때문에 비극적이 되기도 한다. 왜냐하면 대개 인생이 끝날 무렵에 이 시기에 도달함으로, 죽음이 서로의 존재에게 위협적으로 다가오는 시간을 맞이하게 되기 때문이다. 두려움과 커다란 고뇌를 주는 것은 나의 죽음이 아니라 상대방의 죽음이다. 이 일치하는 사랑은 상대방이 겪은 모든 것을 잘 아는 것을 전제로 한다. 상대방에게 묻거나 스스로 자문해볼 필요가 없다. 상대방이 고통스러워하는 것과 두려워하는 것이 무엇인지, 또 상대방을 기쁘게 하는 것과 상대방을 안도하게 하는 것과 명랑하게 하는 것과 어둡게 하는 것이 무엇인지 안다. 상대방과 함께 같은 삶을 살았기 때문에 다 아는 것이다. 둘은 서로 일치를 이루는 까닭에 서로에 대해 모르는 낯선 것이 없다. 실제로, 많은 시간이 걸린 뒤에 "이는 내 뼈 중의 뼈요, 살 중의 살이로다"라는 사랑의 선언이 성취되는 것이다.

이는 남자가 자신의 아내를 자신에게 통합시켜서 그녀가 남자의 일부분이 되었다는 걸 의미하는 것이 아니다. 나는 자신의 아내를 "나의 일부"라고 지칭하는 것을 끔찍하게 여긴다. 왜냐하면 그 역의 논리도 성립하기 때문이다. 즉, 아내는 남편을 자신 안에 통합시켜서 남편은 자신의 일부가 되었다고 말할 수 있게 된다. 이는 하나님이 아담의 갈비뼈를 취하여 아담의 아내를 만들었다는 유명한 이야기에 덧붙이는 조금은 터무니없는 의미가 아닌가 싶다. 그래서 아담의 아내는 자신 안에 자기 남편의 일부를 통합시켰다는 것이다. 사실 누가 우위에 있다 할 것 없이 서로는 하나이다. 이 말은 물론 대화가 필요하지 않다는 뜻이 아니라, 연합이 대화를 초월해서 진정한 공감이나 위안으로 이미 존재한다는 뜻이다. 함께 고통을 나누고 해결책을 찾는 것은 상대방의 감정, 생각, 기대와 욕망을 어느 정도 미리 예감하는 것을 전제로 한다. 삶 속에서 상대방의 기대와 욕망과 감정에 응답하는 것보다 더 중요한 일이 없고, 상대방이 생각하는 것을 따라간다. 상대방은 사랑이 불타오르는 때와 같이 삶에서 가장 중요한 존재가 된다.

삶의 여정에서 "단 하나의 존재가 사라져버리는 것은 모든 존재가 다 사라져버리는 것과 같다"는 위대한 사랑의 선언은 초기에 일어나는 열정적인 사랑의 시기에 적용되는 것이다. 따라서 그것은 점차 희미해져서 확실성이 약화되어가는 것 같다. 그러나 이 마지막 시기에 그 선언이 완전히 확고해진다. 나는 그녀가 없이는 존재할 수 없다. 그녀가 없는 것은 모든 존재가 다 없는 것과 같다.

이 일치된 관계 속에서 이 단계에 다다른 모든 커플들이 다 잘 알고 있는, 특이한 나눔이 일어난다. 그것은 필요한 에너지의 나눔이다. 한쪽이 약해져서 병에 걸리면, 상대방은 생각지도 않은 에너지를 자신에게서 발견하게 된다. 예전에는 자신이 약한 쪽이어서 힘이 없었는데, 이제 갑자기 예상치 않은 에너지가 자신에게 생긴 것이다. 물론 상대방이 병에서 회복되고 나면 그 에너지는 다시 소진되어버린다. 그러나 그 관계는 한쪽이 필요로 하는 모든 것을 상대방이 제공하게 되는 관계이다. 한쪽이 보호를 받아야 할 경우에, 상대방은 그에게 보호를 제공할 채비가 되어 있다. 그 사실이 중요하다. 사람이 혼자 사는 것은 좋지 않다. "두 사람이 한 사람보다 낫다…. 넘어지면 한 사람이 다른 사람을 일으켜준다…. 다른 사람보다 힘이

센 사람도 두 사람이 합치면 이길 수 있다."전4:9-12 이는 삶의 여정에서 사랑을 통하여 이르게 되는 단계이다.

이제 하나의 원이 완결되었다. 사람들은 열정적인 사랑으로 시작해서 단번에 이 일치하는 사랑에 도달했다고 믿는다. 둘이 하나가 되는 놀라운 경험을 한 사람들은 이전에 그와 같은 믿음을 가졌던 적이 있다. 사실 모든 것이 은총으로 주어졌지만, 그 일치된 관계는 삶의 시련으로 깨어질 수 있는 것이다. 깊은 열정들이 약화되면서 그 일체성은 해체되어 간다. 일치된 관계가 선하고도 진실한 것임을 알았다면, 그 일치를 원하고 이룩해야 한다. 아직은 잘 모르지만 그걸 향해 나아갈 수 있도록 그 빛나는 추억을 간직해야 한다. 그러나 그것은 처음에 알았던 것이 성취되는 것으로서 미리 예감될 수도 있다.

번개의 섬광이 부드럽고 평화로운 충만한 달빛으로 발전되어가는 데는 경험과 실수를 거쳐서 많은 시간이 걸린다. 달은 너무나 매혹적이어서 많은 사람들이 신성시하기도 했다. 이와 같이 완성된 사랑의 일치를 통해서 하나님의 형상인 온전한 인간 존재가 형성된다. 이외에 다른 길은 없다. 남자의 존재 하나만으로는 결코 하나님의 형상이 되지 못하고, 여자의 존재도 마찬가지다. 오직 일치하는 사랑만이 그걸 가능하게 한다. 하나님의 형상을 이 땅 위에 등장하게 하는 것은 남자와 여자의 근본적인 책임이다. 그러나 세상에 영원히 계속될 수 있는 것은 없다. 열정적인 사랑의 시기에 둘의 일치가 삶으로 인해서 위협을 받았다면, 삶의 여정이 끝날 무렵에 이 일치를 완성한 사랑은 죽음으로 인해서 위협을 받는다.

한 사람의 인생에서 여러 가지 우여곡절과 역경에도 불구하고 가는 세월과 다양한 우리 욕망들을 극복할 수 있는 유일한 것이 사랑이라고 나는 믿는다. 사랑을 알지도 경험하지도 못한 사람들은 정말 가련하고 불행하다. 왜냐하면 그들은 그 모든 격정적인 경험과 손쉬운 성적 관계보다 훨씬 더 흥분되는 이 사랑의 모험에 자신의 전부를 다 투신하지 않았기 때문이다. 한 사람의 사랑은 완벽하게 독점적이기에, 십계명에서 하나님은 "나는 질투하는 하나님이다"라고 선언한다. 이는 인간적인 의미의 질투나 결함이 아니라 사랑의 완전함에 기인한다. 왜냐하면 사랑은 사랑 안에 모든 것을 다 포함하기 때문이다.

내가 이 모든 것을 다 경험한 것은 아니다. 여기서 내가 살아온 이야기와 내가 경험한 것을 기록한 것이 아니라는 점을 유념하기 바란다. 나는 내 삶을 모범적인 예로 제시하지 않는다. 내 삶을 뒤돌아볼 때 자랑할 것은 아무 것도 없다. 사랑의 발전과 완성 과정 속에서 나는 앞에서 언급했던 모든 종류의 유혹과 시험을 받았고, 그런 유혹과 시험을 다 극복하지는 못했다. 나는 다른 사람들과 같은 보통 사람이다. 나는 사랑을 시험하는 유혹에 그만 넘어가버린 경우도 있었다. 나는 간혹 사랑이 아닌 것을 사랑으로 착각한 경험을 했지만, 진정한 사랑이 어떻다는 것을 안다.

사랑을 향한 사랑의 긴 여정은 의미 있는 여러 가지 성과들을 수반한다. 먼저 평생을 함께 하는 사랑은 하나가 되게 한다는 사실이다. 하나가 되는 커플은 둘로 구성되지만 하나일 수밖에 없다. 별개의 두 존재가 되거나 구성원을 바꾼다면 이 사랑의 모험을 실행할 수도, 이 사랑의 왕궁을 건설할 수도 없다.

여정 중에 상대를 바꾼다면, 삶의 완성을 위해 필요한 시간을 확보할 수 없다는 것은 분명하다. "그렇지만 그게 무슨 상관인가"라고 말할 수도 있다. 그래 사랑이 무슨 상관인가. 나는 그런 사람들에게 다만 사랑이라는 말은 사용하지 말라고 간청하고 싶다. 그들은 사랑이란 말을 하지 말아야 한다. 그들은 쾌락과 향락을 말하고, 파트너를 바꾸는 취미와 다시 시작하는 욕망에 대해 얘기한다. 나는 그 모든 것이 인간의 본성에 속한다는 걸 인정한다. 그러나 그런 것들을 사랑에 연관시키는 것은 멈추어야 한다. 왜냐하면 그 모든 것은 아무런 열매도 맺지 못하고 곧 시들해지고 말 것이기 때문이다. 한 번 파트너를 바꾸게 되면, 계속해서 바꾸어야 한다. 그 점에서는 돈 주앙don Juan, 59)이 맞다.

마찬가지 논리로 사랑은 복수가 될 수 없고 일부다처나 일처다부를 초래할 수 없다. 이는 사회적 관습이나 전통인 경우도 있지만, 사랑이 무엇인지 모르는 사람들에게서 언제나 발생하는 것이다. 나는 동물들의 경우를 거론하면서모든 동물들이 다 그런 것은 아니며 커플 간에 서로 충실한 경우도 있다 그것이 본능적인 것이라는 주장은 그리 수용하고 싶지 않다. 그렇다 치자. 그래서 인간이 동물처럼 행동하며 살 수도 있을 것이지만, 그것은 사랑이 아니다. 왜냐하면 나는 동시에 둘을 사랑할 수도, 나 자신을 둘로 나눌 수도 없기 때문이다.60)

그러나 단 한 번 착각해서 그런 잘못을 범한 것이라면, 고칠 수 있지 않을까? 그것은 수많은 소설들이 다루고 있는 주제이다. 나는 추상적으로는 판단할 수 없다. 그렇지만 처음부터 착각해서 그런 것은 아니었다는 점을 지적해야겠다. 처음에 서로에게 끌리는 그런 불같은 애정과 열정으로가족들에 의해서 강요되어 결정한 결혼을 말하는 것이 아니다 결합했던 것은 엄연한 사실이다. 그런 점에서 착각이었다는 말이 정확한 것인가. 다른 사람을 만나고

---

59) [역주] 14세기 스페인에 살았던 인물로 많은 여성들을 편력하며 쾌락을 추구하고 살아간 것으로 알려졌다. 티르스 데 몰리나, 몰리에르, 바이런, 버나드 쇼 등 많은 작가들의 문학 작품에 등장하는 전설적인 캐릭터이다.

60) 나는 권위 있는 인물의 말에 의거하여 내 말을 주장하고 싶지 않다. 그러나 나는 이 점에서는 파스칼의 말을 인용하고 싶다. "문란하게 여러 곳에서 사랑을 하는 것은 영적으로 부정한 것과 같이 끔찍한 것이다."(『사랑의 열정에 관한 담론』Discours sur les passions de l'amour)

나서부터 갑자기 상대방이 재미없고 부족하고 괴팍하고 성마르게 보이기 시작한 것이 아닌가?

다른 사람이랑 함께 하면 모든 것이 더 잘될 것 같이 여겨지는 것은 망상이다. 왜냐하면 첫 번째 경험이 뒤이은 다른 모든 경험들을 망치게 하기 때문이다. 이는 행복한 재혼이 불가능하다는 말이 아니다. 다만 모든 경험은 뒤를 잇는 다른 경험에 대해 회의적이고 까다로운 태도를 취하게 한다는 사실을 지적하는 것뿐이다. 자기 자신을 잊어버림으로써, 순조롭지 못한 결혼을 상호 책임과 상대방의 이타성이 수용되는 결혼으로 변환시키는 것은 늘 가능하다.

내가 결혼이라는 말을 쓰는 것은 시청과 성당에서 치르는 의식에 중요성을 둔다는 뜻이 아니라 결혼과 동거를 차별화하려는 것이다. 이는 말의 유무에 달려 있다. 동거는 사실관계로서 시작할 수 있고, 별 문제 없이 중단할 수도 있다. 결혼은 다른 사람들 앞에서 증언하고 교환하고 고백하는 말로 이루어진 행위이다. 말에 전 인격이 담겨있다며 말의 가치를 인정하는 사람들이 남들 앞에서 "예"라고 선언하는 것은 그냥 같이 사는 것보다 훨씬 더 확실한 책임감을 수반한다. 그 중요성은 법률적인 관계나 이혼의 어려운 조건에 있다기보다, 한 사람의 진심이 그 말에 담겨있다는 사실에 있다. 그 말을 하지 않는 것은 그 진심에 아직 문제가 있다는 의미이다. 사랑의 삶을 시작하려는 뜻이 아직 확고하지 않은 것이다.

내가 기술한 이런 사랑의 과정은 "사랑하는 사람들은 세상에서 자신들만 존재하는 것처럼 느낀다"고 흔히 하는 아름다운 말을 더 잘 이해할 수 있게 한다. 이런 말은 대개 열정적인 사랑의 시기에 한다. 사랑하는 사람들은 남들이 하는 말은 무시한다. 그들은 사회와 이웃과 부모와는 별개로 존재하고, 자신들만으로 충분하여 남들의 충고나 격려는 필요로 하지 않는다. 그들의 열정은 강력한 불의 장벽으로 그들을 둘러싼다. 그들은 눈으로 자신들 이외에는 아무도 보지 않는다. 그들은 서로의 관심만을 의식할 뿐이다. 그들은 서로에게 독점적인 동시에 세상과 고립된 삶을 산다. 즉 아무도 그들에게 도움을 줄 수 없게 한다. 그들이 역경과 난관에 처한 경우에도 그들은 세상에서 자신들만의 세계를 구축한다. 아무도 그들에게 간섭할 수 없다.

그러나 그렇게 시작한 사랑의 역사는 점차적으로 남들을 향해 열리고 남들을 풍요롭게 한다. 커플은 인간관계를 맺어가기 위해서 독점적인 태도를 그치게 된다. 사랑하는 사람들은 그들의 사랑이 성숙하고 강력해짐에 따라서 세상에서 그들만이 존재한다는 자세를 버린다. 그 사랑은 복음서에서 나무가 새들이 날아와 둥지를 틀 수 있게 자라는 것과 같이 크게 성장한다. 불가분의 한 몸을 이룬 커플은 외로운 사람들과 고통 받는 사람들과 가난한 사람들에게 엄청난 힘을 가져다준다. 그들은 자신들을 포용하는 사려깊은 사랑을 필요로 하며, 이 커플이 살아가는 사랑의 모험에 함께하여서 환대와 신뢰와 내적인 풍요함을 누릴 수 있다. 이와 같은 사랑은 편협성과 폐쇄성과 둘만의 이기주의와는 정반대이다. 반대로 이 사랑은 혼자가 아니라 둘이 함께 있음으로써 모두를 환대하고 관대하게 포용할 수 있다는 사실을 기쁨 가운데 알게 한다.

4) 하나님의 사랑과 관계

마지막으로 한 가지를 지적하려고 한다. 이 글을 쓰면서 나는 커플의 인간관계는 인간과 하나님의 사랑의 관계와도 연관된다는 생각을 한다. 신적인 진리가 계시되고 나서 하나님의 임재가 내 존재 전체를 관통하는 불같은 나날들을 보내고 난 후에, 이제 중요한 것은 나의 구원의 문제가 아니라 내가 계시 속에 성취해야 할 임무가 되는 시간이 다가온다. 이제 할 일을 맡아 책임을 져야 한다. 이때 영적인 자유를 점점 망각해가면서, 일을 우선시하고, 교회를 조직화하고 제도화하려는 유혹이 다가오기도 한다.

이 단계를 넘어서면, 상대방의 이타성을 인정하는 시점에 다다르게 된다. 그리고 전적인 타자로서의 하나님에 대한 지식이 아주 극적으로 주어지기도 한다. 그것이 극적으로 주어지는 것은 지속적인 대화가 없어서 빠질 수 있는 소외감과 낙심의 유혹 때문이다. 이제 불가분의 시간이 임한다. 나는 전적인 타자로서의 하나님을 가까이 느끼는 것이 아니라 하나님을 의식하지 않고는 나 자신조차 인식할 수 없게 된다. 자신의 그리스도인으로서의 정체성에 의문이 드는 순간도 있다. 그러나 의문을 거꾸로 뒤집어서, "하나님이 계시지 않는다면 나는 무엇이 될까?"라고 바꾸어버리는 것으로 문제는 충분히 해결된다.

예수 그리스도의 성육신이 내가 하나님과의 관계에서 소망할 수 있는 모든 것을 완전히 성취하였기 때문에 나의 생명은 그리스도 안에 있으며 나 자신에 대해서 나는 죽을 수밖에 없다는 사실을 완전히 수용하게 될 때에 마지막 단계인 일치하는 시기에 이르게 된다. 일상적인 삶에서도, 하나님이 침묵할 때도, 기도가 응답되지 않을 때도, 하나님의 부재를 느낄 때도 이 사실은 계속 된다. 왜냐하면 이 모든 일은 하나님의 임재를 경험하고 나서 벌어지는 것이기 때문이다.

비록 하나님의 임재를 경험하는 것이 내 평생을 통해 한 번에 그칠지라도, 이 승리 위에서 나의 여생을 보내게 되며, 그 기억을 유지하는 것으로 나의 존재가 빚어져 간다. 인간관계에서도 사랑의 매 단계마다 처음의 강렬한 열정의 기억을 소중하게 간직해야 한다. 언제나 그 기억이 살아있게 해야 한다. 은밀하게라도 계속 간직하고 있어야 한다. 하나님과의 관계와 인간관계에서 사랑이 서로 동일한 것이 맞는다면, 내가 앞에서 언급한 바와 같이, 인간관계에서의 사랑하는 커플은 우리 가운데 볼 수 있는 유일한 하나님의 형상이 된다.

나는 노년의 나이는 소중하게 아껴야 할 필요가 없다는 티봉의 말을 좋아한다. 케케묵은 말라빠진 나무 조각 같이 조금 남은 것을 빨리 불태워버린다고 잃을 게 있는가? 장래가 없는 나이는 또한 조심할 것이 없는 나이다. 노년의 특성이 무관심이라는 것은 각자가 경험하고 있는 확실한 사실이다. 그러나 그 무관심은 사실상 죽음을 준비하는 것을 거부하는 것이다. 그 무관심은, 예전에는 지혜로 여겨졌지만 이제 더 이상 아무도 괘념치 않는 시대에, 노인이라면 누구나 다 마음 속 깊이 담고 있는 이 경험적인 지식을 받아들이기를 거부하는 것이다.

노인은 무감각해지고 인간관계를 상실하면서, 방패로 가리거나, 딱딱한 등껍질 속에 숨어버리는 거북이 같이 스스로를 감춘다. 그것은 자신의 무익함을 숨기는 것이기도 하다. 왜냐하면 나에게서 떨어져나가며 나에게 복종하지 않는 내 몸이 해체되는 것을 깊이 관조하면서 그것은 내가 아니라고 생각하기 때문이다. 사람들은 아직도 내가 활력이 있다고 하는데, 나는 내 안에서 죽음이 엄습하는 것만을 느낀다.

노년과 영적인 삶의 선택은 대립된다. 영적인 삶의 선택은 인간이 자기 수단들을 확실하게 가지고 있을 때 그걸 사용하지 않겠다고 선택하는 것이다. 이제는 "우리가 우리 몸을 포기하는 것이 아니라, 우리 몸이 우리를 포기하는 것이다. 우리가 포기하는 것이 아니라 무기력해져서 몸을 잃게 되는 것도 영혼에 유익한 것일까? 그것이 질병과 노년의 모든 문제이다."[61] "너의 청년의 때에 너의 창조주를 기억하라"전12:1는 전도서의 요청

---

61) 이 글은 어느 면에서는 『베일과 가면』Le Voile et le Masque(Fayard, 1985)에서 노년과 죽음에 대한 깊은 성찰을 보여준 티봉(G. Thibon)에게서 받은 영감에 따른 것이다.

은 근본적으로 중요하다. 사람들이 아직도 나에 대해서 뭔가를 기대하는 걸 안다. 그런데 나는 기억력이 약해져서 허튼 말을 지루하게 반복할까 봐 두렵다. 이제 미래는 기대와 약속이 아니라 위협으로만 다가온다. 그러나 모든 것이 주어진 것처럼 하루하루 살아가야 한다. 받아들이지 말아야 할 것이 하나도 없다. 내 인생의 실상을 직면해야 하는 시간이 다가오기 때문이다.

제2부

역사, 인간의 모험

1. 역사의 부침

    인간사에 관한 서술도 아니고 역사나 철학이라기보다 개괄과 가설에 가까운 고찰을 몇 페이지로 요약한다는 것은 정말 주제넘은 일이라는 걸 잘 알고 있다. 더욱이 현대의 지식인은 각기 자신이 선택한 관점에서 역사에 대해 스스로 탐문한다. 그러므로 여기서 나는 늘 하나의 역사적인 시각으로 반세기에 걸쳐서 수행해왔던 연구의 산물로서 나의 관점을 제시하려고 한다. 이런 나에게 두 개의 난관이 나타난다.

    첫 번째 난관은 사회적, 정치적, 이데올로기적인 면에서, 한 시대에서 다른 시대로, 하나의 문명에서 다른 문명으로 이어지는 하나의 계속적인 변천과정이나 하나의 연속적인 진화는 존재하지 않는다는 것이다. 여기서 나는 변천과정 그 자체를 파악할 수 없다고 말하고 싶다.

    제도사에 대한 강의를 할 때, 나는 학생들에게 언제나 거기서 연속적으로 단편적인 면들을 발견하게 된다는 점을 보여주곤 했다. 공문서, 고문서, 증언들, 일화들이 자료로 존재하는 덕택에, 일례로 우리는 14세기 무렵의 프랑스 서남부 지방의 제도들을 살펴볼 수 있다. 그리고 나는 그보다 50년이 지난 후의 형태를 슬라이드로 보여줄 수 있다. 나는 그 사이에 일어난 변화를 감지하고 그 차이를 구분하여 도표화할 수 있을 것이다. 그러나 그 변천과정은 어떻게 된 것인가? 제도는 본래 지속적인 것인데 어떻게 하나의 제도가 변경되었을까? 나는 그 변천과정을 발견할 수 없다.

아주 세부적인 연구를 통해서 변화의 요인들을 찾을 수 있지만 결코 완전한 것은 아니다. 거기에는 언제나 빈 여백이 있고 단절된 부분이 존재하며, 심지어 급변한 상황도 나타난다. 우리는 사회 전체에 격변을 가져온 아주 일반적인 원인들을 찾아볼 수 있다. 그러나 거기서 사회제도가 한 단계에서 다음 단계로 변화되는 변천과정은 발견할 수 없다. 왜냐하면, 공문서들과 규정들과 판결문들을 다 살펴보아야 할 뿐만 아니라 풍습과 신념과 이데올로기들도 함께 고려해야 하기 때문이다. 풍습과 신념과 이데올로기들은 사회에 뿌리내린 제도에 대해서 문서들이 우리에게 알려주는 것보다 훨씬 더 깊은 면을 보게 한다.

변천과정은 결코 단순하지 않고 반복되지 않는다. 하나의 사례에서 변천과정의 윤곽을 찾았다고 해서 그것을 일반화하여 다른 사례에도 적용할 수 없다. 시간의 경과를 미미한 요인으로 간주함으로써 우리는 얼마나 잘못된 시각을 가지게 되는가? 4세기의 제도와 8세기나 9세기 것으로 보이는 제도를 눈앞에 두었다면, 나는 틀림없이 뒤의 제도가 앞의 제도에서 나온 것이라고 말할 것이다. 그러나 역사에 대한 사람들의 기억과 겉으로 드러나지 않은 제도의 지속성에도 불구하고, 아무런 흔적도 찾을 수 없는 몇 세기의 공백기가 경과한 뒤에 한 제도나 관습이 다른 제도나 관습에 영향을 미쳤다고 보기가 힘들다. 가톨릭교회만큼이나 고문서를 보관하는데 주의를 기울여온 제도적인 기관들의 사례에서도 마찬가지이다. 그러므로 유일한 변천과정은 찾아볼 수 없고, 시간의 경과에 따라서 아주 다양한 변수들과 변경 요인들이 작용할 뿐이다.

예를 들자면 생물사회적 영역과 문화적인 영역의 경계면interface에는 유일한 결정적인 요인이 존재하지 않는다는 점은 명백하다. 두 영역은 상반되고 배합될 수 없다. 두 영역은 각각 고유한 유전형질을 가지고 있지만,

그 유전형질은 다양한 조합이 가능하다. 역사의 행위 주체인 개인은 그런 유전적 인자들의 제한을 받지 않는다. 이 유전형질의 분석 연구는 개인적인 차원에서나 집단적인 차원에서나 아무런 결론도 얻어낼 수 없다. 거기에는 어떤 엄밀한 인과관계도 작용하지 않는다. 개인은 자신의 게임에서 많은 카드들을 쥐고 있다. 그는 그 카드들만으로 게임을 할 수 있지만, 아주 다양한 방식으로 그 카드들을 사용하여 아주 다른 결과들을 불러올 수 있다. 이는 문화적인 환경에서도 마찬가지인 듯하다.

유전학자와 문화론자의 논쟁은 잘못된 것이다. 날 때부터 어떤 환경에서 성장한 사람은 자신에게 이미 주어진 것을 발견하게 된다는 건 명백한 사실이다. 거기에 적응하는 것 이외에 달리 할 도리가 없다. 최근의 어떤 연구는 어린아이에게 언어를 가르치는 것은 지적인 테러행위라고 주장한다. 왜냐하면 그렇게 함으로써 언어 이외의 다른 걸 배울 수 있는 아이의 능력을 제한하고, 그의 지적인 재능을 일정한 틀에 한정시켜버리기 때문이라고 한다. 그 주장은 터무니없다. 왜냐하면 아이가 언어를 배우지 않는다면 그 아이는 다른 걸 배울 수가 없게 되기 때문이다. 그는 다른 아이들과 어떤 관계도 맺을 수 없는 자폐아가 되고 말 것이다. 그러므로 우리는 이미 주어진 것을 피할 수 없다.

그러나 이미 주어진 것이 유전형질과 마찬가지로 개인을 전적으로 제약할 수는 없는 것이다. 왜냐하면 한 개인은 생각, 풍습, 습관, 이해, 신념, 다양한 집단들63)과 맺는 관계와 같이 아주 복합적인 요인들을 가지고 있고, 그 요인들은 다양하게 조합될 수 있어서, 세대별로 결코 같을 수가 없기 때문이다.

그렇기 때문에 나는 부르디외64)의 『재생산인가 계승인가』*La Reproduction*

---

63) 여성 남성 집단, 아주 다양한 연령 집단, 동년배 집단. ◆
64) [역주] 피에르 부르디외(Pierre Bourdieu, 1930-2002), 프랑스 사회학자이자 서구문명비평

*ou les Héritiers*와 같은 연구사례를 접하면 불편하다. 왜냐하면 세대 간에 현저한 차이를 확인하면서,[65] 어떻게 해서 재생산으로 다음 세대들이 나오는지 잘 이해할 수 없기 때문이다. 마찬가지로 토드[66]의 『제3의 지구』*La Troisième planète*에서 나타나는 가계famille 형태의 분류와 같은 치밀한 결정론은 일종의 기계론에 해당한다는 인상을 준다. 토드의 방식에 따르면 로마의 사례에서 어떻게 부계혈족이 씨족으로, 이어서 부계혈족에서 모계혈족으로 변천했는지 알 수가 없다. 바꾸어 말해서, 나는 집단적인 차원에서나 개인적인 차원에서나 결정론은 가능하지 않다고 생각한다.

유전형질이나 인간문화유산의 조합으로 이루어진 하나의 체계나 요인이 존재하는 것이 아니라, 다양한 형태의 적응 방식들만이 가능한 것이다. 또한 여기서 우리는 지나친 단순화로 진화론과 유사한 이론에 빠지지 않도록 조심해야 한다. 적자생존은 결코 언급하지 말아야 한다. 먼저 무엇에 대한 적응이란 말인가? 인간에게 여러 가지 요건들이 있다. 인간이 적응해야 할 것으로는 자연기후 환경과 인구변화[67]와 그리고 기술변화가 있다. 인간이 적응해야 할 수많은 환경들이 존재한다. 가장 적응 잘 하는 사람이 생존한다는 말은 사실이 아니다. 반대로 제일 적응을 잘 한 사람이 먼저 사라질 수 있다. 왜냐하면 하나의 환경에 완전히 적응한 사람은 그 환경의 변화에 제일 민감하게 되기 때문이다. 가장 적응을 잘 하는 사람은 가장 약한 사람일 수가 있다. 따라서 다양한 적응 형태들은 주어진 요건들의 이용방식들을 이해하는데 있어서 하나의 중요한 요인이 된다. 단 새로운 다른 요

가. 프랑스사회의 불평등을 조장시키는 고등교육제도에 대한 비판으로 '68 혁명의 이념적 기반을 제공했다. 미국 주도의 신자유주의에 대항하여 시민사회의 국제적인 연대를 주창한 것으로도 유명하다.

65) 여기서 또 다시 시간의 경과를 미미한 요인으로 간주하여 지나간 과거의 시기들은 잘 이해하지 못하게 된다. ◆

66) [역주] 에마뉘엘 토드(Emmanuel Todd, 1951 –), 프랑스 사회학자, 인류학자, 역사학자.

67) 급격한 인구증가나 인구감소는 사회적 이데올로기적 급변사태를 초래한다. ◇

인들의 가능성을 수용하는 개방성과 유연성은 유지해야 한다는 조건이 따른다. 왜냐하면 모든 변화는 설명이 불가능한 영역과 함께, 혁신과 새로운 이해를 구하는 영역을 지니고 있기 때문이다.

여기서 세 가지 면을 살펴보아야 한다. 첫 번째는 개인이나 사회계층이나 집단의 결정적인 요인들이고, 두 번째는 그 요인들을 다양하게 조합할 수 있는 가능성이고, 세 번째는 예측할 수 없는 요인의 등장이다. 그렇게 하지 않는다면, 살아있는 존재의 복합적인 역사를 설명하는 건 고사하고 이해할 수도 없게 된다.

정확하게 연구 영역을 확정할 수 없기 때문에 어려움은 가중된다. 오늘날의 제도사는 예전에는 법제사라고 불리었다. 거기서 사람들은 사회현상 전체와의 연관성은 고려하지 않고 법의 명백한 규정들과 그 변화 양상을 연구했다. 이제 우리는 법을 연구하기 위해서는 권력과 사회경제구조와 이데올로기의 연관성을 살펴보아야 한다는 사실을 인식하고 있다. 이차적으로는 거기에다가 정신사도 포함시켜야 한다. 법은 인간정신의 정향定向이나 관념을 완벽하게 반영하고 있다. 죽음에 관한 당시의 관념과 신념을 참조하지 않고는 유언장의 내용을 연구할 수 없다. 인문과학에서 연구영역 설정을 위한 용어들은 끝없는 다양함을 보여주고 있다.

예를 들어 사회사라는 용어를 보자. 이 용어는 사회의 역사를 말하는가? 그러나 이는 아무런 의미도 가질 수 없다. 그 전체를 뜻할 수도 있고 아무 것도 뜻하지 않을 수도 있기 때문이다. 위니베르살리 백과사전[68]을 찾아보면, 사회사라는 항목에서 가계의 구조와 변화만을 다루고 있다는 사실을 확인하게 된다. 그것은 실제로 몇몇 인류학자들의 관점이기도 하다.

---

68) L'Encyclopaedia Universalis. [역주: 프랑스어판 브리태니커 백과사전으로 1968년에서 1975년까지 30권으로 편찬됨.]

그러나 정치학자에게는 사회사가 권력의 복잡한 관계와 각각의 권력이 각기 처한 상황의 다양성을 의미한다. 사회사에 관한 내 강의에서, 사회사는 노동과 노동조합의 역사와, 그리고 노동조합조직들의 구성과 운용이 이루어지는 사회경제적 기반들의 역사를 뜻한다. 그러므로 이러한 영역에서는 불확실성의 여지를 남겨두어야만 한다.

그러나 가장 중요한 것은 일방적인 해석은 배제해야 한다는 점이다. 그 일방적인 해석이란, 하나의 사회관계나 하나의 현상을 인간역사에서 압도적이고도 결정적인 요인이자 주요 맥락으로 삼는 것이다. 나는 몇 가지 사례들을 들고자 한다. 각각의 명제는 정확한 사실을 반영하는 부분도 있지만, 그것을 우선적인 특정 요인으로 삼으려고 하는데서 오류가 일어난다.

19세기 중엽에 역사학자들은 자유라는 개념에 매료되었다. 그들은 역사적인 단계들 속에서 인간이 자유를 쟁취해가는 것을 주요 맥락으로 삼는 역사서들을 저술하였다. 그 역사서들은 자유의 열망과 요구와 연관시켜서 역사적인 현상들을 해석했다. 조금 시간이 지난 뒤에 그것은 개인이 집단으로부터 벗어나는 자유로 이어졌다. 원시시대에는 먼저 계급, 부족, 씨족의 집단이 형성되어 있었고, 그 집단 속에서 인간은 아직 개별화가 되지 않았다. 그래서 개인은 개인차를 의식하지 못한 채 그 집단에 용해되어 버림으로서, 대체할 수 있는 존재에 그쳤다. 뒤이어서 천천히 점차적으로 집단의 통합성과 유일성에서 벗어나면서 개인의 의지로서 특별한 행동을 취하려는 생각이 일어났다. 집단의 단일성은 무너지고 점차 개인의 단일성이 자리 잡게 되었다.

인간은 더 이상 집단의 구성 요소가 아니고, 집단은 개인들의 집합체가 된다. 인간은 전체를 구성하는 요소le molaire가 아니라 한 개인l'individuel이 되었다. 이 밀접한 두 가지 개념들은 사실 유럽의 역사에 기인하는 것으로 유럽중심적인 개념들이다. 이 개념들은 일반화될 수 없는 것이라는 사실을 이제는 다 인식하고 있다. 최근의 뒤르켕Durkheim과 귀르비치Gurvitch 학파 학자들은 이 두 개의 개념들을 밀착시켜서 신분제에서 계약제로 변천되는 과정이라고 이론화했다.

원시시대 사회에서 개인은 하나의 신분, 즉 고정된 위치를 가졌다. 그는 사회집단이 정한 권리와 의무를 가졌다. 집단의 다른 사람들과의 관계는 고정되고 예정되고 의례적이고 객관적이다. 개인은 그 어느 것도 주도할 수 없었다. 모든 것은 신분적으로 고정되고 신분은 원칙적으로 불변하는 것이었다. 이제 계약 단계로의 변천이 일어나 역사적으로 1,900년대에 시작된 현대에 이른다. 인간의 역사 전체가 여기에 들어간다. 즉, 집단의 구성과 경제적, 법적, 정치적 관계의 구성이 의견이 일치되는 계약을 통해서 이루어지는 상황이 도래했다. 그것은 정치적인 민주주의이다. 그 가설은 아주 매력적이다. 역사를 이런 방식으로 해석할 수도 있다. 그러나 역사의 해석에는 수많은 다른 방식들이 있기에 이 방식만으로 한정할 수는 없다.

모든 역사를 지배하는 것은 남성과 여성의 대립이라는 이론이 있다. 이 이론은 많이 알려진 것은 아니지만 최근에 많은 조명을 받고 있다. 가장 근본적인 요인은 성적인 차이다. 이 성적인 차이가 사회적 관계의 구성과 제도적 구조에서 결정적인 요인으로 작용한 것은 아닐까?

19세기말의 독일 학자들은 최초에는 권위를 가진 여성을 중심으로 구성된 모권사회가 형성되어 있었다는 이론을 내어놓았다. 그러나 남성은 선사시대에 다양한 방법으로 여성의 권위를 빼앗아 차지하였다. 그때부터 모든 역사에서 남성 주도로 사회가 구성되었다. 사회의 중요한 목적은 여성을 종속적인 상태에 매어놓고 여성이 남성의 후견을 받아야 하는 것을 제도화하는 것이었다. 그러나 여성은 자신의 독립성을 얻기 위해 투쟁하면서

평등, 자유, 권위를 쟁취하기 원한다. 페미니스트들은 그런 투쟁의 자취들을 찾아내기 위해 역사를 뒤진다. 그런데 남성의 우위가 너무도 명백하여서 역사 속에서 그런 증거를 발견하기는 아주 어려운 일이다. 이러한 역사 해석은 무엇보다 현대 페미니스트들이 취하고 있는 입장이다. 그들은 과거의 연구자료와 아마조네스의 사례와 같은 고대의 증언들을 찾아냈다. 그러나 나는 적절한 때에 인간의 역사는 그렇게 단순한 것이 아니고, 여성과 남성의 대립이 역사의 핵심은 아니라는 점을 입증할 것이다.

마지막으로 나는 하나의 지배적인 요인을 가지고 역사를 해석하는 이러한 이론들 중에서 가장 널리 알려진 이론을 살펴보고자 한다. 그것은 지배와 피지배의 변증법적 형태의 변형인 계급투쟁이라는 마르크스주의와 포스트마르크스주의 이론이다. 현대의 모든 사람들은 이 거대 담론의 핵심적인 내용을 알고 있다.

마르크스는 19세기에 사회적으로 대립된 두 집단들의 존재를 확인했다. 그들의 이해관계는 한 집단의 경제적 예속이 다른 집단의 존속을 가능하게 하는 만큼 타협이 불가능한 것이다. 그들의 관계는 노동과 자본의 관계로 대표된다. 자본은 노동력의 구매를 가능하게 한다. 노동력을 제공하는 집단은 자신들이 소비하는 것보다 더 많은 가치를 창출하여, 자본가 집단이 사회의 모든 영역에서 지배력을 키워나갈 수 있게 한다. 프롤레타리아는 노동력만을 소유하고 있는 탓에 자신들의 노동력을 팔 수 밖에 없다. 그렇게 하여서 그들은 노동력을 사는 자본가들에게 잉여가치를 획득할 수 있게 하며, 그 잉여가치는 또 다시 자본가들로 하여금 새로운 노동력을 살 수 있게 한다. 프롤레타리아는 그 상황을 벗어날 방법이 없다. 그런 식으로 사회적으로 착취당하는 집단의 존재는 사회 안정을 구성하는 요소가 된다. 자본주의체제가 정착한 뒤로는 그 사회에서 살아가기 위해서는 둘 중 하나의 집단에 속하는 것 말고는 다른 길이 없다. 점차적으로 자본가 집단은 그 집단에 속하지 않는 모든 사람들을 프롤레타리아가 되게 한다. 이제 그 사회는 안정적인 집단들로 이루어진 특정한 형태를 형성하고, 사람들은 그 집단들을 사회계급이라고 부르게 된다.69)

이 사회계급들은 필연적으로 대립한다. 왜냐하면 자본가 계급은 노동자 계급의 노동력을 이용하지 않으면 존재할 수 없기 때문이다. 그러나 노동자 계급은 자신의 것을 빼앗기는 것을 오래 참을 수 없다. 이를 의식하게 되면서, 노동자 계급은 자신들을 착취하는 계급에 대항하여 봉기한다. 따라서 계급투쟁 현상이 전체적으로 이 사회를 지배하게 된다. 19세기에 이 사실을 확인하고 나서, 마르크스는 사회 역사의 의미와 해결책을 발견했다고 생각했다. 그는 역사 전체가 모든 사회에서 지배 계급에 대항하는 피지배 계급의 해방 투쟁으로 구성되어 있다고 보고, 이 연구 결과를 모든 역사에 확대 적용한다.

물론 마르크스는 모든 사회 변화를 설명하기 위해서 그 도식을 복합적으로 만들었다. 그러나 그는 언제나 하나의 유일한 요인을 해석의 열쇠로 삼는다. 사실 마르크스는 역사적 사실들을 자신의 도식에 맞추기 위해서 상당 부분을 개조했고, 또 무시하기도 했다. 또한 역사적으로 훨씬 이전의 시대에서는 대립하는 사회계급들로 나누어진 사회는 전혀 찾아볼 수 없다.70) 구소련을 제외하고는 이 일방적인 도식을 더 이상 신뢰하는 역사학자는 없다.

---

69) 계급이라는 용어는 마르크스가 아니라, 튀르고가 처음 사용했다. ◆.
   [역주] 튀르고(Anne-Robert-Jacques Turgot, 1727-1781), 중농주의를 주창한 경제학자. 루이16세의 재무장관. 그는 자신의 저서『부의 형성과 재분배에 관한 고찰』*Réflextions sur la formation et la distribution des richesses*에서 토지를 유일한 부의 원천으로 보면서 사회를 세 개의 계급들로 나누었다. 그 계급은 농업생산자 계급, 수공업자 계급, 그리고 지주 계급이다. 그는 농업노동에 의한 잉여가치의 산출을 주장한 케네의 이론을 발전시켜서 기업가 자본에 의한 이윤창출 이론을 제시하기도 했다. 마르크스는 이를 높이 평가하였다.]
70) 5세기에서 10세기까지의 서구사회를 한 예로 들 수 있다. ◇

최근의 반세기 동안의 역사 연구에 대해서 결론을 맺어야 할 것 같다. 극심한 복합성을 보여주는 역사의 진행을 하나의 유일한 요인으로 설명할 수는 없는 일이다. 또한 인과관계를 설정하는 것도 거의 불가능하다. 역사적 변화의 요인들을 논의하는 것이 더 낫다. 역사에 단 하나의 직접적인 인과율은 존재하지 않는다.

좀 더 나아가서 말한다면, 역사에 단선적으로 진행되는 변화도 존재하지 않는다. 단선적으로 진전하는 변화의 이론에 따르면, 각각의 시대는 이전 시대보다 진보하여 다음 세대의 진보를 예비하고, 각각의 사회는 이전 사회의 유산을 계승 발전시킨다고 한다. 이 가설은 인류의 역사가 진보하는 것으로 이해하는 이론과 일치한다. 나는 이것이 근본적으로 잘못된 것이라고 믿는다. 역사에는 진보가 있으면 퇴보도 있다. 높은 수준에 오른 사회가 붕괴되어 야만적인 사회가 그 뒤를 잇기도 한다. 그리고 이미 붕괴되어 사라진 사회의 수준을 모든 면에서 회복하는 데는 수세기가 걸릴 수도 있다. 그러나 그것은 전체적인 차원에서는 맞지 않는 얘기이고, 아주 위대한 시대들에는 적용되지 않는다.

나는 구체적이고 특정한 여건들에서도 이 사실을 확인하게 된다. 예를 들어, 전반적으로 여성은 해방을 바라는 노예상태에 놓여 있었다고 말할 수도 있다. 그러나 그것은 완전히 틀린 말이다. 여성이 노예상태와 같이 매여 있어서 권리도 권위도 배제되었던 시대도 물론 있었다. 그런데 여성이 남성과 동일한 권리와 독립성을 가졌던 시대도 있었고, 때로는 남성보다 우월한 신분을 유지했던 시대도 존재했다. 그리스 시대 말기, 셀레우코스 헬레니즘 시대와 기원전 1세기부터 서기 4세기까지의 로마 시대가 그렇다. "원로원 의원들은 공화국을 다스리지만, 부인들은 의원들을 다스린다."

그러나 모든 것을 상실하게 되는 시기가 존재하는 것은 분명하다. 아랍 민족이 침범한 지역에서 여성은 다시 아무 것도 아닌 존재가 되어 모든 것을 상실한다. 게르만족의 침입으로 이어지는 혼란 속에서 여성은 자신의 권리와 신분을 상실한다. 아랍민족이 침범한 경우에는 이슬람법의 적용으로, 게르만족이 침입한 경우에는, 사회 전체에 미친 폭력의 파급으로 그렇게 되었다.

그러나 중세의 황금기에 여성은 노예상태가 아니었고, 기사도를 주제로 한 소설들이 여성에게 제왕의 지위를 부여한 것은 단순히 보상 차원이 아니었다. 동정녀 마리아 이미지로 여성이 경배의 대상이 된 것 또한 단순한 보상 차원이 아니었다. 현실의 실상을 감추기 위한 이데올로기적 보상 차원이라고 평하는 것은 현실을 잘 모르고 하는 말이다. 여성은 봉토를 소유하여 영주가 될 수 있었다. 농촌사회에서 여성은 일정한 결정권을 가지고 있었다.

반면에 17세기와 특히 19세기에 들어서 여성의 상황과 이미지는 하락했다. 수많은 소설들이 묘사한 부르주아 여성의 이미지는 다시 언급할 필요도 없고 여성 노동자는 가난에 짓눌렸다. 부르주아가 지배하는 시대는 여성을 배제하여 열등한 동시에 사치스러운 존재로 만들었다. 그러나 그런 19세기 상황이나, 17세기의 더 악화된 상황이나, 그보다 더한 13세기 상황만을 보고 결론을 내리면 안 된다. 사실은 단순하지 않다.

진보와 쇠퇴가 반복되는 동일한 현상을 정치권력의 역사, 특히 국가라고 부르는 중앙 집권적인 정치권력의 역사에서 발견한다. 그러나 그런 형태의 정치권력을 국가라고 부르는 것은 그리스와 이집트와 잉카제국과 모스크바공국의 사례들에서는 잘못된 것이다. 중앙 집권적이고 강력하고 조직화된 모든 정치권력이 국가는 아니다. 물론 3백년 전부터 서구사회에 나타나는 현상만 봐서는 그렇게 말할 수도 있다.

역사에서 지방으로 분산되어 약화된 정치권력을 가진 사회가, 지방의 정치권력을 희생시키면서 중앙에 집중되어 강화된 정치권력을 가진 사회로 언제나 발전하는 것은 아니다. 그러나 정치권력이 중앙으로 집중하여 강력해지고 경쟁자들을 물리치고, 권위적, 폭력적, 의례적, 왕권적 혹은 신성화된 형태를 취하게 되면, 시간이 흘러감에 따라 권력은 과다하게 집중되어 모든 것이 정체되거나 비잔틴제국의 사례처럼 해체되어서, 결국 제국은 붕괴되고 만다. 정치권력은 분산되고, 다양한 사람들이 여기저기서 조금씩 정치권력을 나눈다. 그런 현상은 권력 내부나 아스테카 제국의 사례처럼 권력의 외부에서 다 일어날 수 있다. 그것은 자연스럽게 발생할 수도 있으며, 집단적인 무관심에서 유발되기도 한다.[71]

정치권력의 집중 현상이 어느 때에 어느 곳에서 형성되는지 알아내기란 정말 어려운 일이다. 왜 베냉 왕국Bénin, [72]과 다호메이 왕국Dahomey에서는 하나의 국가가 탄생하고, 주변의 아프리카 왕국들에서는 그렇지 못했는가? 그리하여 나는 역사의 진행 속에서 연속과 축적이 아니라 변화를 발견한다. 그 변화는 30년 전에 흔히 말했던 나선형으로 진행되는 것이 아니라, 톱니 이빨처럼 진보와 쇠퇴가 반복하는 형태로 진행된다.

진보와 쇠퇴를 언급하는 것 자체가 벌써 하나의 가치 판단에 속한다. 정치권력 현상에 관해 현대국가의 관점을 취한다면, 나는 정치권력이 집중되면 진보라 하고, 분산되면 쇠퇴나 하락이라고 할 것이다. 그러나 지방분권적인 관점을 취한다면, 내 말은 정반대가 될 것이다. 내가 취하는 관점은 사실 내가 선택하는 가치에 달려 있다. 국가에 대해 긍정적인 가치를 부여한다면, 나는 국가에 동조하여 권력의 중앙집권화를 좋은 것으로 정상적이라는 판단을 내릴 것이다. 그러나 내가 지방분권화나 연방주의나 지방

---

71) 나는 로마제국이 붕괴한 데는 게르만족의 침입이라는 외부세력의 공격보다는 로마인들의 자살에 가까운 자포자기가 더 큰 원인이 되었다고 믿는다.◇

72) [역주] 13세기경에 나이지리아의 베냉 강 유역에서 작은 분립된 왕국들이 하나의 왕국으로 통일되어 베냉 왕국이 세워져서 17세기경까지 지속되었다. 그 이후로 다호메이 왕국이 형성되어 19세기 중엽에 프랑스의 식민지가 될 때까지 존속했다.

자치를 열렬하게 추구한다면, 그 정치적 선택에 따라서 나는 정반대의 의견을 개진할 것이다.

진보는 존재하지 않는다. 소렐[73]의 말대로 한다면 그것은 이데올로기요 환상이다. 마르크스가 그런 완전한 환상을 제시했고, 마르크스주의 전체는 인류의 진보라는 환상을 먹고 산다는 사실을 결코 무시하지 말아야 한다. 진보의 마지막 예찬자인 테이아르 드 샤르댕은 놀랍도록 순진무구한 이론을 수립했다.

그러나 이 말에 분노한 이 책의 독자가 저자인 나에게 다음과 같이 반박할 수도 있다. "그렇지만 오늘날의 인간이 모든 점에서 직립인간보다는 우월하다는 사실을 부정할 수는 없지 않은가? 우리는 직립인간보다는 훨씬 더 많이 알고 있고, 엄청날 정도로 더 진화되고 세련된 에너지, 철학, 기술, 풍습 등을 가지고 있다는 사실을 어떻게 부인할 수 있는가? 우리가 직립인간보다 훨씬 더 잘 살고 있다는 것은 누구도 부정할 수 없는 사실이지 않은가."

일리 있는 말이지만 나는 이 말에 동의하지 않는다. 왜냐하면 선사시대의 야만적인 상태와 비교해서 우리가 상실한 것은 무엇인지 평가할 수 있어야 하기 때문이다. 빙하기의 추위를 우리가 견딜 수 있을까? 우리가 돌창으로 곰이나 들소를 사냥할 수 있을까? 우리가 당시의 원시인들이 오스트리아의 수석燧石,silex, [74]을 운반한 것처럼 수백 킬로미터를 걸어갈 수 있

---

73) [역주] 조르지 소렐(Georges Sorel, 1847-1922), 프랑스 사회주의자로서 마르크스, 프루동 등의 영향을 받았고, 베르그송과 니체의 철학에 탐닉했다. 혁명적 노동조합 이론을 구축하면서, 계급투쟁에서 프롤레타리아의 폭력을 정당화하고 연대파업과 총파업을 옹호했다. 반의회주의자이자 반국가주의자로서 궁극적으로는 무정부주의를 지향한다. 『폭력에 대한 고찰』Réflexions sur la violence, 『진보의 환상』Illusion du progrès 등의 저서가 있다.

74) [역주] 부싯돌이라고도 한다. 석영의 일종으로 서유럽, 이집트, 서아시아에서 구석기시대부터 석기의 재료로 널리 사용되었다. 신석기시대에 들어와서는 거의 모든 지역에서 쓰였다.

을까? 우리가 그들처럼 자연에 대한 육체적 저항력이나 세밀한 지식과 동물적인 후각을 가질 수 있을까? 다시 말해서, 개인적인 능력이라는 면에서는 우리는 원시인보다 훨씬 뒤처져있다. 지적인 능력이라는 면에서는 분명히 아닐지도 모른다. 그러나 그 점에 대해서 우리가 아는 건 별로 없다. 일종의 돌연변이가 일어났다. 우리의 체격과 활동 수단들은 크게 나아졌지만, 우리의 감각과 체력은 형편없이 퇴보했다.

우리는 진보에 대한 평가를 내릴 수 없다. 나는 아직 산업화가 되지 않은 시골에서 진보에 대한 평가를 고려해본 적이 있었다. 나는 부르주아들이 월요일에 읍에서 장을 보러 나온 농부들의 언행이 서툴고 굼뜨고 거친 것을 보고 시골뜨기라고 놀려대는 말을 들었다. 그러나 나는 부르주아가 시골에 왔을 때 정반대의 상황이 전개되는 것을 보았다. 부르주아는 서툴고 겁먹고 무지했다. 식물의 종류를 구별하지 못하고 달의 모양에 따라 때를 구분하지도 못하여 파종할 때도 알아보지 못하는 그들을 보고 농부들은 놀려댔다.

역사가 흘러가는 동안 우리는 많은 것을 얻었지만, 또 다른 많은 것을 잃었다. 정신적, 지적인 면에서 1980년의 프랑스인이 기원전 5세기의 아테네 주민보다 더 우월하다는 확신이 내게는 전혀 없다. 더욱이 우리가 살고 있는 끔찍한 이 세계의 폭력, 마약, 전쟁, 고문 등을 돌아볼 때, 인류가 그런 부분에서는 전혀 진보하지 않았다는 사실이 확실하다. 그러나 우리가 잃은 것에 비해서 얻은 것이 무엇인지 평가하는 것은 불가능하다. 또는 우리가 얻은 것에 비해서 잃은 것이 무엇인지도 마찬가지다. 왜냐하면 그것들은 각기 측량할 수 없는 가치와 크기를 지니기 때문이다. 평가할 기준은 없고 선택만이 존재한다.

전혀 다른 차원으로 시각을 바꾸어도, 예를 들어 단기적으로 보아도, 나는 진보에 대한 동일한 허상을 확인하게 된다. 세대 간에는 두 개의 상황이 가능하다. 하나는 고정적인 상황이다. 사회적 규범들은 확실하게 정해져 있고, 한 세대는 이전 세대를 좇아 그 상황을 재현한다. 우리에게는 그것이 불가능해 보이지만, 전통이 아주 강한 사회에서는 가능한 일이다. 대개 세대마다 고유한 역사가 있다.

후 세대가 전 세대의 유산을 계승하여 거기서부터 새로운 진전을 한다는 생각은 틀린 것이다. 그것은 과학과 기술의 영역에서는 생각해볼 수 있는 일이지만, 정치, 경제, 윤리, 미학 등의 영역에서는 불가능하다. 후 세대가 전 세대의 어떤 경향을 채택할 수는 있지만, 그 모든 것을 통째로 거부하고 자신의 고유한 역사를, 많은 경우 다시 반복하는 것에 불과하지만, 새롭게 시작할 수 있다.

나는 청년들에게 유익한 사례로 쓰일 수 있도록 우리가 겪은 경험들을 전달하는 것이 불가능하다는 사실을 20년째 경험하고 있다. 1930년에서 1950년까지 우리는 많은 시도들을 하면서, 상당한 양의 아이디어와 이론들을 제시했고, 정치적, 경제적, 사회적 측면에서 강렬한 경험들을 했다. 나는 우리의 실패 경험들을 전달하여서 청년들이 동일한 잘못을 피하고, 같은 길을 가지 않게 한다는 헛된 희망을 품었다. 우리는 그들에게 이렇게 말하였다. "그 길로 가지 마라. 가봐야 헛될 뿐이야. 우리에게 일어난 일을 보면 알잖아. 같은 일이 일어날 거야." 그러나 그 말에 귀 기울이는 사람은 아무도 없었다.

1936년의 경험은 1968년에 아무런 교훈도 주지 못했다. 청년들이 다시 공산당에 가입하는 것을 보고 나는 아연실색했다. 모스크바의 대숙청 재판들, 독소불가침조약, 스페인 내란, 강제수용소의 발견, 헝가리와 체코슬로바키아의 탄압 등의 사실들과, 1945년에서 1947년 사이에 공산당에 열정적으로 가입했다가 1956년과 1968년 사이에 뛰쳐나온 수많은 지식인들의 증언들이 아무 소용이 없었다.

청년들은 과거의 경험을 돌아보지 않고 모든 영역에서 다시 시작한다. 전통적인 사회에서 노인은 권위가 있었다. 왜냐하면 노인은 청년들에게 자신이 경험한 구체적인 사례들과 거기서 얻은 교훈들을 전해줄 수 있기 때문이다. 그런데 이제 청년들은 자신들이 독자적으로 한다. 참 좋은 일이다. 그러나 청년들은 과거의 사람들과 똑같은 잘못을 반복하고 있고 같은 실패를 경험하게 될 것을 알지 못한다. 언제나 매번 새로운 형태로 반복이 일어나지만, 그것은 부르디외Bourdieu가 말하는 의미와는 다른 것이다. 사회적인, 개인적인 삶에서 최근에 진보가 일어났고, 과학과 기술의 축적이라는 면에서 분명한 진보가 있었다. 그러나 누가 어디로 우리를 인도하고 있다는 말인가?

인간의 역사에 대해서 '환경'[75]이라는 개념으로 포괄적인 하나의 가설을 제시하려고 한다. 나는 생태학적인 서식지나 인간이 사는 장소만을 환경이라고 부르지 않는다. 내 생각에 환경은 세 개의 관련 요소들을 가진다. 두 개의 요소들은 모순되는 것처럼 보인다. 한편으로 인간이 삶에 필요한 모든 것을 발견하는 곳은 환경이다. 나는 생존이 아니라 삶을 말하고 있다. 환경과의 관계에서 인간은 거기에서 살아가며 적응하지만, 또한 환경을 가공하여 환경이 인간에게 적합한 곳이 되게도 한다. 인간은 환경에서 먹고 사는데 가장 단순하고 기본적인 것으로 공기와 물과 식물들과 같은 자연의 요소들을 발견한다. 인간은 또한 환경과는 무관하게 자신의 삶의 근본적인 활동들 중의 하나인 상징적 활동을 펼칠 기회를 얻는다. 그리고 환경은 인간에게 상징들을 만들 수 있는 가능성을 제공한다. 그것은 인간의 성장을 불러일으키는 풍요로운 자산이다. 환경은 인간의 생존과 성장에 좋은 환경을 조성한다. 그러나 그것은 인간이 가장 먼저 접하는 측면으로서

---

75) 그러나 앞에서 지적했던 오류를 따라서 환경을 변화의 유일한 요인으로 삼으려는 것은 아니다.

환경의 일면에 불과하다.

환경을 총체적으로 이해하기 위해서는 이와 상반되는 요인도 함께 살펴보아야 한다. 환경은 인간을 위험에 빠지게 하는 모든 것이다. 환경은 인간을 도울 수도 있고 해칠 수도 있다. 인간이 죽는 것은 언제나 환경의 영향에 기인한다. 물이나 식량이 없는 것과 같이 환경의 혜택이 없는 곳에 위험이 도사리고 있을 수 있다. 사나운 짐승들과 독사들의 존재도 또한 위험을 부를 수 있다. 그러나 가장 커다란 위험 중의 하나로 머리에 금방 떠오른 것은 다른 인간들의 존재다. 전쟁, 부족 간의 분쟁, 불의 전쟁 등을 보라. 이제 인간에게 자연 환경과 인간 사회 환경이라는 두 개의 환경들이 공존하고 있다고 말해도 될 성싶다. 그런데 내 생각에는 환경들은 공존하는 것이 아니라 계속 승계된다. 인간이 자신과 같은 집단에 속해 있지 않은 사람들에게는 위험한 존재가 될 때, 환경의 변화가 일어난다. 그리하여 인간은 순수한 자연 환경에서 사회적 환경이라는 다른 환경을 접하게 된다.

마지막으로 환경의 세 번째 특징은 그 직접성immédiateté 이다. 인간은 주어진 환경과 직접적으로 연관을 맺게 된다. 인간은 환경에 대해서 먹을 것과 안전한 곳을 찾는, 직접적인 행동을 취하고, 환경은 인간에게 직접적인 영향을 미친다. 인간은 이 환경에 적응해야 하고 그것을 변화시켜 가면서 순응해야 한다. 그러나 이 환경의 존재는 인간에게 언제나 분명한 걱정거리요, 근심거리이다. 인간과 환경의 중간에서 매개하는 것이 존재한다면 환경은 더 이상 인간의 실제 환경이 되지 않는다. 인간은 환경에 통합되지 않고 환경과 거리를 유지하게 되면서, 더 이상 환경과 인간이 함께 변화를 겪지 않는다. 매개체가 있을 경우에, 인간은 이제까지 자신이 적응해야만 했던 환경에 대해 주체로서 행동을 취하게 된다.

환경이라는 개념으로 인간의 역사를 볼 때 세 개의 중요한 단계들을 발견하게 된다. 첫 번째 단계는 인간이 물, 나무, 초원, 산 등과 같은 주변의 자연에 직접적으로 접촉하면서 살아가는 시기에 해당된다. 거기서 인간은 자연의 일부분이 된다. 그러나 점차 인간은 집단을 만들고 이 자연 환경에 행동을 취할 수단들을 발견한다. 인간은 이 장구한 기간을 거쳐서 역사시대로 넘어간다. 사회적 집단이 점차로 인간의 실제 환경이 되어간다. 이제 인간은 사회적 집단에서 삶에 필요한 모든 것들을 찾아내고, 또 모든 위해 危害도 받게 된다. 자연 환경과 사회 환경 가운데 장구한 신석기시대가 전개되다가 우리가 역사라고 부르는 시대가 등장한다. 그러나 200년 전부터 '사회적 환경'은 새로운 환경인 '기술적 환경'으로 대체되었다.

환경이 하나의 환경에서 또 다른 새로운 환경으로 변해가는 데 아주 오랜 시간이 걸리는 것은 분명한 사실이다. 또한 이전의 환경이 제거되거나 폐기되거나 무력화되는 것이 아니라는 점도 당연한 사실이다. 이전의 환경은 단지 이차적이고 간접적인 요소가 된다. 사회가 인간의 환경이 될 때, 사회가 자연을 배제하는 것은 아니지만, 자연의 비중은 점점 덜 결정적이 되어가고, 위험 요소들은 점점 더 사람들로부터 비롯된다. 이와 마찬가지로 기술적 환경으로 넘어가는 것도 사회적 환경이 더 이상 존재하지 않음을 뜻하는 것이 아니라, 사회적 환경이 점점 더 기술에 의해 매개되면서 거기에 의존하게 됨을 뜻한다. 그리하여 대체된 과거의 환경은 배경으로 남아 새로운 것의 하부 기층과 같이 된다.

현실 인식이 항상 지체되는 인간의 사고와 언어의 고착성 때문에, 예전의 환경이 새로운 환경에 들어간 사람들에게 이데올로기적인 준거가 된다. 사회가 지배적인 환경이 될 때 자연은 하나의 모범, 준거, 시금석으로 여겨진다. 법이나 도덕은 자연과 일치해야 한다는 것이다. 나는 이것이 부질없다는 사실을 다른 곳에서 밝혔다. 그러나 또한 인간은 사회적인 동물이므로 인간 본성이 사회적이라고 말할 수도 있다. 그런데 그 말은 부적합하다. 그것은 동물들 가운데서 인간만의 유일한 특징이 아니다. 인간은 결코 홀로 살지 않았다는 뜻으로 말하는 것이라면 분명히 맞는 말이다. 그런데 인간이 언제나 사회를 이루었다는 뜻으로 쓴 말이라면 이는 우리가 아는 사실과 부합하지 않는다. 수천 년에 걸쳐서 인간은 마치 자연 환경이라는 나무에 접목된 가지처럼 살아왔다. 그때 인간은 사회적 동물이 아니었다. 이 결정적인 환경인 자연은 사실은 인간의 환경이 아니었다. 인간이 전적으로 지배하고 자신이 능력을 발휘하는 다른 환경, 즉 자신에게 속한 환경을 조성하려고 했다는 점에서, 인간은 실제로 사회적이다. 그러나 그러한 변화는 존재론적인 것이나 인간 본성에 속하는 것이 아니다. 인간 본성에 대한 탐구는 언제나 그치지 않고 계속될 것이다. 그래서 사회적 환경을 구성하는 가장 중요한 요소들은 사실 자연에서 온 것이라고 쉽게 주장할 수도 있을 것이다.

국가라는 현상은 아주 독특하다. 국가가 수립되어 군림하는 것은 일종의 자연법이 거기에 작용한 것으로, 국가는 자연적인 실재라고 주장하는 것을 사람들은 아무 거리낌 없이 받아들인다. "국가 이성은 스스로가 초래한 고유한 역사를 언제 어디서나 당연한 자연적 현상으로 내세운다. 모든 국민은 자신이 거주하는 국가의 존재를 자연적인 현상으로 믿는다."[76]

우리는 오늘날 기술적 환경으로 변화된 상황에서도, 변화한 현실에 대한 인식은 똑같이 늦어지고 있음을 발견한다. 사람들은 기술이 정치에 의해 좌우되고, 특별한 사회성의 형태일 따름이면서도 당연한 자연적 현상이며, 단지 자연의 활용을 가능하게 한다고 단정한다. 이러한 단정은 아주 잘못된 판단을 초래하고 터무니없는 혼란을 야기한다. 인간은 새로운 환경에서 살아가는 법을 알지 못하고, 자신이 이미 극복하고 부분적으로 파괴

---

76) 장 지글러(Jean Ziegler, 1934-), 『권력 만세! 아니 국가이성의 희열이여』*Vive le pouvoir! Ou les délices de la raison d'état*, Seuil, 1985.

한 이전의 환경들 속에서 살려고 열심히 노력한다.77)

이제 내가 펼쳐야 할 마지막 반론이 남아있다. 환경에 의존하고 환경의 변화에 따라서 변화하면서, 인간이 환경 그 자체에 의해서 결정적인 영향을 받는다는 인식은, 다윈의 이론을 재개하여 역사를 단순히 물질적으로만 보는 관점이 아닌가? 그게 아니다. 왜냐하면 먼저 지금까지 사람들은 자연이라는 단 하나의 환경만이 존재한다고 여겨왔는데, 나는 환경의 변화를 얘기하기 때문이다. 나에게 중요한 문제는 동물과 자연 환경의 유일한 관계가 아니다. 왜냐하면 자연 환경과 달리, 다른 두 개의 환경들은 인간이 만든 것들이기 때문이다.

사회를 조직하고 구현하며 거기서 살기를 원한 것은 바로 인간이다. 기술과 기술의 증식을 원한 것은 인간이다. 인간이 잘 알지 못했던 것은 자신이 원했던 사회나 자신이 만들었던 기술이 인간에게 결정적인 환경이 되어서 인간이 거기에 적응해야한다는 사실이다. 자신이 만든 것이 자신의 총체적인 환경이 되어버렸다. 인간은 그 점을 인식하지 못했고 원하지 않았다. 그러나 그래도 그것은 인간이 만든 것이다.

인간에게 고유한 것은 인간이 하는 일만이 아니라, 바로 인간의 창의력과 독창성이며, 또한 자신이 만든 창조물에 대해 자신이 적응해야만 하는 인간 조건이다. 거기에 물질주의적 결정론이나 기계론은 없다. 인간의 역사는 언제나 열려있는 것이고 만들어 가는 것이다. 그렇지만, 그것이 인간의 의지적인 산물인 것만은 아니다. 인간은 자신도 모르면서 자신이 한 일들로 인해서 자신의 주변 환경이 되어버린 그 주변 환경 속에서, 자신에게 주어진 것과 함께 해야 한다. 나는 거기서 하나님의 형상에 따라 인간을 창조했다는 성서적 계시가 말하는 것과 어긋나는 점을 발견하지 못했다. 그

---

77) 자연을 향한 현재의 열정과 정치에 대해 점증하는 믿음을 보라! ◇

러나 반대로 나는 거기서 명백한 모순처럼 보이는 것으로 하나님의 자유 안에서 자유로운 인간이 자신의 자율성을 유지하면서 우연과 필연에 구속 된다는 사실을 발견한다. 자율적인 인간은 언제나 자유를 생성한다. 그 자 유는 끊임없이 필연으로 전환되어, 인간은 궁극적으로 자신의 자유를 포기 하게 된다. 그러나 그 자유는 사라지지 않았다.

2. 선사시대와 자연 환경

나는 선사시대를 연구하는 역사학자도 인류학자도 아니다. 그러나 대체로 역사시대가 처음 시작하는 시기로 볼 수 있는 기원전 3,000년 이전에 있었던 사실들에 대해 어느 정도 개념적으로 알고 있다. 선사시대나 원사시대protohistoire, 78)라는 말은 50만 년 전의 사람들은 역사가 없었다는 뜻이 아니다. 단지 우리는 그 역사에 대해 아는 바가 없고, 다만 남아있는 주거지들과 뼛조각들과 도구들로 특징지어지는 시기들을 대강 구성해볼 수 있을 뿐이다. 선사시대의 역사는 유럽에서 쓰는 의미인, '문서로 기록된' 역사라고 볼 수 없다. 그러나 그 시기에 있었던 어떤 현상들은 우리가 역사로 해석하고 인식할 수 있는 것들이다. 예를 들자면, 구석기에서 신석기로 넘어갈 때 발생한 도구의 변화뿐만 아니라, 자연적 환경에서 사회적 환경으로 점차적으로 변화해간 아주 중요한 현상이 존재한다. 그런 현상들은 비록 정확한 시점들이나 사건들을 찾을 수 없지만 하나의 역사를 구성한다.

구석기시대와 그 이전 시대에는 인구가 아주 적고 아주 적은 수의 집단들이 형성되어 있어서, 인간은 불가항력적인 거대한 자연에 완전히 종속되

---

78) [역주] 원사(原史)시대는 고고학에서 선사(先史)시대와 역사(歷史)시대 중간에 해당하는 시대. 민족이나 국가의 역사 구성을 문헌 사료 유무에 따라 편술하는 경우, 문헌 사료가 풍부하게 있는 역사시대와, 문서 기록이 전혀 없는 선사시대의 중간에 해당하는 과도기를 말한다.

어 있었다고 볼 수 있다. 인간은 기생하고 수렵채집하면서 대부분의 다른 동물들과 같이 아주 모험적인 삶을 영위했다. 왜냐하면 일정한 자연 환경에 대한 인간의 적응력은 다른 동물들의 경우보다 더 떨어졌기 때문이다. 반면에 인간은 다양하고 상반된 자연 환경들에 대해서는 상대적으로 더 잘 적응할 수 있었다.

우리는 영장류가 연속적으로 계승되어 왔다는 사실을 알고 있다. 100만 년 전에서 10만 년 전까지 존재했던 호모에렉투스Homo erectus는 불을 사용했고, 10만 년 전에서 3만 5천 년 전에 살았던 현생인류인 호모사피엔스Homo sapiens와 호모사피엔스사피엔스Homo sapiens-sapiens는 여러 가지 기술들을 개발하였다.[79] 나이린크Neirynck가 명백하게 밝혔듯이 기술과 인체생리, 그리고 인간의 외형과 기술은 서로 상호작용하며 서로 영향을 주고받는다. 이 광활한 시대에, 인간집단들은 전쟁을 치르지 않았다. 남아있는 어떤 젊은 사람의 뼛조각에서도 부상의 흔적을 발견하지 못했다. 아주 적은 인구와 널리 흩어져 있었던 집단들의 존재가 이 사실을 설명해 준다.

그러나 인구가 증가하고, 집단 구성원들의 숫자가 아주 크게 늘어나면서, 커다란 변화가 일어나기 시작했다. 쇼뉘[80]가 말한 바와 같이 인구라는 요인은 역사의 진행에 결정적인 역할을 한다고 볼 수 있다. 역사 시대에 문명의 중심지들은 인구밀도가 아주 높은 중심 지역들이었다. 반면에 인구가 감소하는 시기는 사회의 붕괴를 야기했다. 그러나 인구증감의 문제가 사회 경제적 상황의 원인이라는 식의 인과관계 논리는 피하도록 조심스럽게 접근해야 한다.

사실 우리는 무엇이 원인인지 알아낼 수 없다. 각각의 요소는 원인인

---

79) 돌, 다양한 도구들, 배, 사냥도구, 가죽 사용, 매장풍습 등을 들 수 있다. ◇
80) [역주] 피에르 쇼뉘(Pierre Chaunu, 1923-2009), 프랑스의 역사학자. 출산율 저하로 인한 인구감소가 서구문명의 위기를 초래한다고 주장했다.

동시에 결과이기도 하다. 달리 말해, 우리는 무엇이 먼저 시작했는지 알 수 없다. 처음에 인구 증가가 일어나서 기술적 경제적 정치적 변화가 뒤를 이었는지, 아니면 풍부한 식량 공급과 더 나은 무기 획득과 기후 변화가 먼저 일어나서 인구 증가를 야기했는지 알 수 없다. 양쪽 주장이 다 가능하다. 어찌됐든 그런 현상들이 함께 발생했으며, 특히 사회 집단들이 복잡해지는 일이 동시에 일어났다.

역사 시대에 우리가 확인하는 것은, 긴 '어두운 밤'과 같은 선사시대에서도 볼 수 있는, 일반적이고 근본적인 특성이 나타난다는 점이다. 그리하여 나는 인구증가가 일정한 수치에 이르게 되면, 인간 집단과 자연 환경의 관계가 천천히 변화하기 시작한다고 주장한다. 훨씬 더 효과적인 도구들과 무기들을 만들 수 있게 된 인간은 8천 년 전과 2천 5백 년 전 사이에 자연 환경에 영향을 미칠 수 있는, 더 큰 집단을 형성했다. 이제 인간이 자연 환경에 대해 방어하는 수준에서 자연 환경을 이용하는 단계로 나아가고, 이어서 자연을 다스리고 마침내는 완전히 지배하는 수준으로 변화하여 가는, 장구한 역사가 시작되었다.

신석기시대로 바뀌어 갈 때, 기술이 발달하였다. 8천 년 전 무렵에 여섯 개 지역에서 농업이 등장하였고, 가축 이용과 사육이 거의 같은 시기에[81] 출현하였고, 6천년 전쯤에는 도자기 제작과 유리 가공, 그리고 철기 도구가 나타났다. 그러나 인구증가와 기술발달과 함께 자연을 이용하는 현상이 일어났으며 전쟁이 발발했다. 전쟁은 정치적 투쟁이 발생했다는 첫 번째 징후로서 또 다른 환경으로 변화해 가는 징조였다.

이 주제에 관한 최근의 연구는 아주 흥미롭다.[82] 고고학자 비알롱Vialon

---

81) 이라크에서는 9천 년 전에 일어났다. ◇

82) 드니 비알롱(Denis Vialon), "선사시대 그림들"(Les Images pré historiques), *La Recherche*, 1983년 mai..

은 구석기시대의 그림들 가운데 95퍼센트는 동물들을 그렸다고 한다. 인간에 관한 그림은 아주 드물었고 무기들은 아예 없었다. 반면에 신석기시대의 그림들과 벽화들은 거의 모두 인간을 그렸다. 그리고 수많은 도구와 기구들, 그리고 무기들이 등장했다. 동물은 점차 인간이 다스리고 사냥하는 대상이 되었다. 이런 변화는 근본적으로 중요한 것이었다. 왜냐하면 이 변화는 시대마다 무엇이 중대하고 중요한 것이었는지를 보여주기 때문이다.

구석기시대 인간의 관심은 환경을 구성하는 중심적인 요소인 동물에 고정되어 있었다. 즉, 동물은 인간에게 식량을 제공하는 것이고 또한 가장 큰 위험을 유발하는 존재였다. 반면에 인간과 무기를 그린 그림들이 많이 증가한 것은 그 그림들을 그린 사람에게 인간 집단[83]이 제일 중요한 것이 되었음을 뜻한다. 인간 집단이 우선적인 중요성을 가지게 되면서 아직 약하고 위태로운 상태였지만 점차 새로운 환경이 되어갔다. 그러나 이제 인간은 먼저 인간 집단과 그 도구들을 상대해야 했다. 그것이 인간이 주변에서 제일 먼저 접하는 상황이었다. 급격한 변화가 시작된 것이다. 하지만 그것은 시작일 뿐이었다.

인간 집단이 제일 중요한 요소로 등장했지만, 실제로는 아직 자연이 지배적인 환경이었다. 그러나 환경의 매개체 역할을 인간이 담당하기 시작했다. 이는 구석기시대에 전혀 사회적인 조직 형태가 없었다는 뜻이 아니라 우리가 언급할 수 없을 정도로 미미했다는 것이고, 굳이 말하자면 그 조직 형태가 그렇게 복합적이지도 견고하지도 않았다는 것이다.

원사原史시대 사회에 대해 내가 거의 모든 지역에서 확인하게 되는 사

---

83) 대체로 그림 속 인간들은 집단을 이루었다. ◇

실은 사회 조직의 결정적인 집단 형태로서 기능적인 집단이 등장하는 것이었다. 기능적인 집단의 개념을 너무 단순화시켜서 노동 분담의 의미로만 보아서는 안 된다. 뒤메질[84]이 밝혀준 3중 기능들은 원사시대 인도유럽어를 사용하는 사람들의 표본이 되는 것으로, 내가 말하고자 하는 바를 보여준다. 그 기능들은 아주 훌륭한 해석 모델이지만 모든 경우에 다 적용될 수는 없다. 바꾸어 말해서, 처음으로 구성된 집단 조직은 부족이나 가계에 의한 것이 아니고, 기능에 따른 것이었다. 사회 전체에서 인적 배분, 균질적 그룹들의 형성, 사회적 연대, 금기와 종교의식의 수립 등은 집단 속에서의 기능적 활동에 따라 이루어진다.

이는 지금까지 수용된 대부분의 이론들에 반하는 것이지만, 실제로 확인할 수 있는 자료들과 부합한다. 성적인 요인이나 힘의 우위에 지나치게 집착하지 말아야 한다. 나는 결혼관계와 가계구조는 가계 집단이 사회에서 담당하는 기능에 따라 형성된다고 믿는다. 가족은 성적인 요인이 아니라 가족이 책임을 맡은 기능의 속성에 따라 구성된다. 그것은 고전적 의미의 노동 분담이 아니다. 그 이유는 무엇보다 기능이 꼭 노동과 관련되는 것은 아니기 때문이다. 그 다음으로 제시할 수 있는 이유는 우리는 노동 분담을 늘 개인적인 차원으로 이해하기 때문이다. 즉, 어떤 사람은 사냥꾼이고, 어떤 사람은 도구제작자이고, 어떤 사람은 그림문자를 그리는 사람이라는 식이다. 그런데 나는 여기서 집단 전체가 기능들을 담당하는 책임에 대해 말하고 있다.

기능은 지정하는 역할을 하여서, 기능을 중심으로 특정한 의식과 의례가 형성되고 관계를 맺을 가능성의 여부가 가려진다. 이는 기술과 신념들

---

84) [역주] 조르지 뒤메질(Georges Dumézil, 1898–1986), 프랑스의 비교문헌학자. 원시 인도유로피안 종교와 사회의 왕권과 권력을 분석한 것으로 유명하다. 또한 고대사회에서 사회적 계급이 종교적, 군사적, 경제적인 3중 기능을 가졌다는 이론을 수립했다.

을 개별적으로 분리시키고 그 상호보완적인 관계를 이끌어낸다. 신석기시대는 유일한 관심이자 행동이 식량 확보에 있는, 기근의 시대가 아니었다는 사실을 오늘날 우리는 분명히 알게 되었다.

사하린스[85]는 예외적인 위기의 시기를 제외하고는 신석기시대는 풍요[86]의 시대였다는 사실을 밝혀주었다. 그런 상대적인 풍요로움은 기능 배분을 가능하게 했다. 신석기시대에 인간이 끊임없이 식량을 좇는 굶주린 상태였다면, 사회 조직의 구성도 그 기능 배분도 가능하지 않았으리라는 점은 확실하다. 그러나 지배자로 배정된 역할은 평생 동안 유효한 것은 아니었다.[87] 특정한 시기와 장소에서 특정한 집단의 기능이 지배하고 명령하는 것이므로, 모두가 그 명령에 복종해야 했다. 그 명령은 동시에 부족 전체의 명령이 되었다. 왜냐하면 그 특정 집단은 부족 전체의 생존을 위하여 그 역할을 충실히 이행해야 했기 때문이다. 그러나 그것은 또한 자유로운 여지가 많았고, 함께 공유하는 전체 상징체계에 통합되는 것이었다.

그러므로 나는 기능을 가지고 모든 사람들과 집단들을 다 포함하는 총괄적인 하나의 해석 체계로 삼지 않도록 조심할 것이다. 그러나 기능은 그 사회의 여러 가지 다른 요소들을 상호 연결시키고 구조화하는 하나의 조건으로 보인다. 물론 그것은 자연발생적인 조건은 아니다. 그것은 인간이 만든 것으로 명백하고 분명한 결정이 아니라 관습을 거쳐서 완만하게 수립된 것이다. 일단 정해지고 나서 교정과 수정이 계속되면서 그 기능은 자연스럽고 당연한 조건이 되어가는 경향이 있다. 이는 여하한 경우에도 신석기시대 사회는 원시적인 집단이 아니었다는 걸 뜻한다. 이점에 대해서는 대

---

85) [역주] 마셜 사하린스(Marshall Sahlins. 1930−), 미국의 인류학자.
86) 전통적인 사회에서 이런 풍요로움이 존재했다는 사실을 알게 된 것은 그리 오래 되지 않았다. 예를 들어, 폴 포트 정권 이전의, 전통적인 캄보디아가 쌀 생산이 쉬웠고 풍부했으며 어업도 손쉬웠다는 사실을 알게 된 것도 비교적 최근의 일이다.
87) 그것은 현대의 기능과 비교할 수 없는 것이었다. ◇

부분의 학자들이 일치한다. 모든 사람이 모든 것을 되는 대로 행한 것이 아니었다. 더욱이 축제 때나 장례 때와 같이 반대되는 상황 속에서 기능 분담은 아주 명확했다.

그리하여 그 사회 조직의 구성은 실증주의자들이 흔히 주장하는 원시적 요소들이나 우연에 따르지 않았다. 선사시대 사람들이 우리에게 남긴 그림들 속에서 우리는 현실주의적인 형상화나, 자의적인 표현을 발견할 수 없다.[88] 그들은 그림들을 동굴 내벽에 그리지 않았고, 단순한 우연에 따라 배치하지 않았다. 사실 그 그림들은 기호들이다. 그것들은 정확한 상징적 가치들을 나타내는 추상적인 이미지들이라고까지 말할 수 있다. 마찬가지로 그 사회 조직의 구성은 그 구성원들에게 의미를 주는 것이었음을 유념해야 한다.

모든 사회 조직의 구성은 의미를 지닌다. 의미가 없다면 사회는 더 이상 정당한 것으로 수용되지 않는다. 폭력적인 방법으로 잠시 존속될 수는 있겠지만 결국은 사라질 수밖에 없다. 법제사를 연구하는 역사학자들이나 실증적 법학자들은 일반적으로 그 사실을 망각하고 있다. 하나의 제도는 존재한다는 사실만으로는 유효하지 않다. 그 제도는 제도를 초월하는 그 무엇에 준거를 가지고 있어야 한다. 그것을 기호라고 말할 수도 있다.

오랫동안 사람들은 제도의 준거로서 정의와 같은 하나의 가치를 원했다. 그것은 있을 수 있는 일이다. 오늘날 사람들은 아직도 정의를 궁극적인 최후의 준거로 주장한다. 그러나 그것은 이제 하나의 위선에 지나지 않을 뿐이다. 어떤 시대나 문명의 어느 시기에, 정의는 실제로 제도가 가지는 의미가 되어서, 제도를 정당화하여 사람들이 수용할 수 있게 했을 것이다. 그

---

88) 미완성으로 끝냈거나 전혀 비슷하게 그리지 않은 것은 그들이 능력이 없어서가 아니라 반대로 아주 재능이 특출했기 때문이다. ◇

러나 그 상황은 보편적인 것도 영원한 것도 아니다. 정의 이외의 다른 가치들도 제도를 정당화할 수 있는 의미가 될 수 있었으며, 그 역할을 완벽하게 담당할 수 있었다.

사람들이 사회 조직에 속하고 순응하는 것은 그 사회 조직이 유용하고 효과적이기 때문만은 아니다. 그 사회 조직이 삶, 죽음, 존재 전체, 미래 등에 관한 의미를 가지고 있다고 사람들이 인정해야 한다. 그것은 인간에게 자신의 정체성을 확인시켜주고, 개별성을 보장해주는 것이어야 한다. 사회 조직이 취할 수 있는 의미들의 다양성과 함께, 하나의 타당한 의미를 제공해야만 그 사회가 유지될 수 있다는 사실을 감안할 때, 나는 선사시대에도 상황은 이와 마찬가지였으며, 사회의 기능 배분은 그것이 상징적인 힘을 수반하고 있을 경우에만 수용되었다고 믿는다. 합리성을 띤 조직일 뿐만 아니라 사람들이 인정하는 상징적 이미지를 지녔을 때, 그 사회는 수용될 수 있었다.[89]

그와 같은 가설은 개연성이 있다. 그러나 그것은 일방적일 수 없고 획일화될 수 없다. 내가 아는 바로는, 개별적인 집단들 속에서 사회조직을 구성하는 요인들은 수없이 다양하여서 결코 비교할 수 없다. 다시 말해서, 보편적인 요인은 없다는 말이다. 나는 개개인이나 사회의 역사에서 하나의 보편적인 요인을 찾을 수 없었다. 나는 하나의 인간 조건이 고정된 채로 영속적으로 존재한다는 것을 믿지 않으며, 보편적인 특성들조차 믿지 않는다. 우리가 사회의 보편적 요인들을 찾는 것은 말로만 그러는 것이다. 습관적으로 우리는 극단적으로 하려고 한다.

사람들은 말한다. "인간은 종교적이다.""모든 전통 사회에는 종교가 존재한다.""법은 종교적인 것이다.""사회조직은 종교적인 것이다." 이 종

---

89) 여기서 나는 개인이 아니라 집단 구성원으로서의 인간을 말하고 있다. ◆

교적이라는 말은 무얼 의미하는가? 라틴어 어원으로 설명해도 명확하지 않다. 왜냐하면 그리스라틴계 기독교권 이외의 지역에서 확인된 종교적 현상들은 거기에 들어맞지 않기 때문이다. 종교란 무엇인가? 잉카 문명의 종교의식과 레비스트로스가 연구한 신화들과 스칸디나비아의 종교들과 불교와 선과 샤머니즘을 다 열거하면서 종교에 대해 말하는 것은 곤란하다. 아주 엄밀한 의미를 적용하건 아니건 간에, 종교 그 자체는 존재하지 않는다. 전통적으로 종교적이라고 부르는 모든 것을 다 동일한 것으로 취급할 수 없다. 그러기에는 그 모든 것은 너무도 다양하다.90) 종교에 관한 보편적인 개념을 찾는 것은 '여기 지금' 이라는 구체적인 현실 상황과는 결코 맞지 않는 추상적인 곡예를 하는 것과 같다.

보편적인 요인에 관한 이런 뜻은, 우리가 보편적인 말이라고 당연하다는 듯이 흔하게 사용하는 거의 모든 단어들에서 확인된다. 나는 서구에서 쓰는 말과 서구의 제도들에서 일어나는 변화를 강조하고자 한다. 우리에게 제도화된 남녀의 성적인 관계는 결혼이라는 범주로 분류된다. 거기서 출발하여 우리는 모든 시대와 모든 시대에 걸쳐서 제도화된 모든 성적인 관계를 결혼이라고 지칭한다. 그러나 결혼은 우리에게는 복합적인 것이다. 우리는 우리 제도를 기준으로 다른 제도들을 평가하려고 한다. 또한 인간과 사물의 제도화된 관계를 우리는 소유라고 부른다. 우리는 에트루리아인Etrusques, 91)의 경우에도, 카나크인Kanaques, 92)의 경우에도 소유를 같은 것으로 본다. 그러나 그건 있을 수 없는 일이다.

노예제도는 나에게는 언제나 아주 중요한 사례로 보인다. 우리는 아스

---

90) 근본적인 개념들도 다른 경우가 많은데다가, 다수의 신적인 존재들이 있는가 하면 유일신이 존재하고, 아예 신의 존재가 없기도 하고, 사후세계가 있는가 하면 없기도 하고, 운명이 있는가 하면 없기도 하는 식이다. ◆

91) [역주] 고대 이탈리아 중부 지역에 위치한 에트루리아. 지금의 토스카나 지방.

92) [역주] 뉴칼레도니아의 토착민.

텍 문명과 이집트와 히브리 사회의 노예들에 대해서 얘기한다. 그때 우리는 어떤 특정한 모델을 투사한다. 예를 들자면, 기원전 2세기 로마에서의 노예제도나 17세기와 18세기 서인도제도의 흑인 노예제도를 모델로 삼는다. 그러나 그것은 어디에도 들어맞지 않는다. 왜냐하면 주인이 있다는 사실을 빼고는 히브리 노예와 로마의 노예 사이에 아무런 공통점이 없기 때문이다. 각각의 경우 노예에 대한 주인의 권한도 아주 다양해서 그 용어는 거의 의미가 없다.

가족이라는 용어를 사용하는 경우에도 동일한 오용이 발견된다. 선입관념이나 기존의 용어를 그대로 수용하지 말아야 한다. 남성과 여성과 자녀의 총체적 관계가 존재하고 거기에 특정한 명칭을 붙인다는 것은 확인된 사실이다. 그것을 우리의 가족이라는 개념으로 해석하지 말고 그 사회 내에 실재하는 현상을 파악하고 받아들여야 한다. 그 집단이 집단 자체에 대해 말하는 것을 수용하면서, 서구적인 형태로 이해하거나 우리 식으로 해석하지 말아야 한다. 그런 식의 분류에는 아주 인위적인 면이 있다.

나는 모계라든가 부계라든가 하는 개념의 존재를 믿지 않는다. 그것은 우리의 분류와 추론을 위한 편의에 불과하다. 이는 주어진 집단의 특수성과 고유성을 무시해버리게 한다. 내가 보기에는 그런 고유성과 독특한 특징과 편차와 관습이 한 사회조직과 한 제도의 참된 특성들을 구성한다.

모든 일반화는 잘못된 것이고 거짓된 것이다. 우리는 한 제도를 구성하는 모든 특징들 중에서 우리 기준에 맞는 것들을 선택하여, 분류기준들을 수립한다. 그러나 그렇게 함으로써 우리는 불가피하게 우리에게 제시된 실제 현상을 왜곡시킨다. 총체적인 합리화된 지식이 아니라 우리의 이해가 조금 진척되기 원한다면, 우리는 세부적으로 분석해야 한다. 인류의 총체적인 역사와 지리적 분포를 추적할 수 있는 보편적인 것은 존재하지 않는다.

우리는 앞에서 '사회적'이라는 단어가 극도로 다양한 내용을 가지고 있는 경우를 언급했다. 마찬가지로, 인류의 역사를 가계나 권력의 형태로 설명할 수 있다는 결정은 자의적인 결정이 된다. 생물학에서와 같이 '사회적'이라는 측면에도 무수한 형태와 구성요소가 존재한다. 그 형태들과 구성요소들 사이에 서열을 세운다는 것은 불가능하다. 우리는 단지 실패와 성공의 경우를 확인할 수 있을 뿐이다. 그것들을 잠정적으로라도 정렬시켜서 하나의 역사를 추적한다는 것은 불가능하다.

그러나 일관적인 지식이 없으므로 포괄적인 이해를 위해 어느 정도 일반적인 특성들은 고려할 수 있다. 첫 번째로 인간은 자신의 자연 환경 속에서 사회적 유형들을 만들어내는 놀라운 창의력을 발휘했다. 인간 본성의 여러 특징들에 부합하는 하나의 모듈module은 없고 아주 커다란 다양성이 존재한다. 이는 도식화를 불가능하게 한다.

모든 형태의 자연 환경들 속에서 인간은 가장 적합하고 효과적인 사회 구조를 찾을 수 있었다. 문제는 동일한 것이었다. 인간이 처한 이 유일한 세계에서 인간은 어떻게 살아남을 것인가? 그 문제에 대한 해결책들은 미리 정해진 것이 아니었고, 때를 따라 적절하게 대응하는 것이었다. 바꾸어 말해서, 인간의 적응은 생명체의 무의지적인 본능에 따른 것만이 아니었다. 인간은 자신이 채택한 사회적 유형을 통해서 의지적이고 선택적으로그러나 예견적인, 자각적인, 성찰적인 것은 아닌 적응한 것이었다. 이러한 적응이 우연한 것이 아니고 갑자기 생긴 것도 아니고, 선택한 것이라는 점에서 놀랍다. 그것은 시행착오를 거쳐서 나온 것일 수 있지만, 지적으로 예견한 것은 아니다. 선사시대의 인간이 자신이 범한 실수들을 기억하여 교정할 수 있는 능력이 있었다는 사실은 다 알고 있다. 그러므로 사회 유형의 다양성에 대해서 우리는 아무 것도 명백하게 알 수는 없다. 자신이 처한 도전과 환경의 다양성에 따라서 인간은 상황에 따라 다른 대응을 할 수밖에 없었을 것이다.

두 번째 특징은 상징화로서 좀 일반적인 말로 들린다. 우리는 상징화에 대해 이미 언급했다. 인간은 하나의 가계유형이나 기능적 집단을 수립하는 것으로 만족하지 않고, 해석하고 정당화하는 틀에 그것들을 투영한다. 인간은 그것들을 상징화하여 그 지속성과 정당성과 의미를 확보한다. 그와 동시에 인간은 그것들을 의식儀式으로 만든다. 사회제도와 연합된 의식들은 개인들에게 정체성을 부여하고 복종을 유도한다. 그 의식들은 사회 안정을 확고하게 한다. 따라서 어떤 사회제도도 의식을 치르는 걸 소홀히 하지 않게 된다. 왜냐하면 사회제도는 그 자체만으로는 유지될 수 없기 때문이다.

사회제도는 폭력의 수단과, 복종을 부르는 의식의 수단이 있을 때 존속할 수 있다. 상징화는 종교적인 감정의 표현도 아니고, 신적인 우주를 지향하는 것도 아니다. 그것은 아무리 작은 것이라 할지라도 한 사회집단의 유지를 위해 필요한 의무사항이다. 여기서 나는 신성한 것에 대해 언급했던 바를 다시 말해야겠다. 상징화는 인간에게 지속성93)을 확보해 주고 환경과의 복합적인 관계를 형성하게 한다. 의식들은 자연이 불안정한 경우에 의지할 수 있는 고정된 안전장치이다. 그런데 주변 환경인 자연에서도, 다양한 인간관계에서도, 자연적인 안정이란 얻을 수 없는 것이다.94)

그러나 방금 한 말과는 명백하게 모순되는 것으로, 한 인간집단이 권력이나 권위의 형태를 얻게 되면 곧 보상작용compensation이 생겨난다는 사실이 존재한다. 이는 역사적인 항구성으로서 선사시대에도 가능하다고 본

---

93) 세상만사가 무상하다('tout passe, tout casse, tout lasse')는 말과는 반대다. ◇
94) 남녀관계의 기본적인 예를 들어보자. 커플 관계는 근본적으로 자주 흔들리고, 계기가 되면 해체될 수 있다. 결혼이라는 형식의 의식을 하게 되면, 그 관계는 그런 흔들림에도 불구하고 지속된다. ◇

다. 사회 속에서는 반대편이 없는 세력이란 존재하지 않는다. 언제나 백마술이 있다면 흑마술이 있다.[95] 여기서도 양극단에 치우치지 말아야 한다. 그런 조직 구성은 사회가 스스로 항체를 분비하는 것과 같이 유기적으로 자연발생적으로 자동적으로 생겨나는 산물이 아니다. 또한 그것은 성찰과 철학과 이론을 통해 얻은 결과물도 아니다. 인간은 이 양극단 사이에 있다.

조직 구성에는 의지적인 행위도 개입되지만 상황에 의해 강요된 측면도 있다. 그런데 이 보상작용이라는 요인은 결정적인 역할을 담당하는 것 같다. 그 보상작용이 새로운 세력이 무한하게 증대하는 것을 가로막는다.[96] 보상작용은 권력과 제도에 대해 끊임없이 비판함으로써 진보를 유도하고, 인간의 행동에 한계를 설정한다. 이 보상작용은 나중에 윤리라고 부르는 것을 탄생시킨다. 나는 이 보상작용이 처음 사회 조직이 나타날 때부터 등장했다고 믿는다. 설령 물리적인 권력과 상징화하는 권력이 동시에 나타난 경우일지라도 사정은 마찬가지다.

마지막 세 번째 특징은 복합화의 요인과 단순화의 요인이 언제나 연합하여 함께 작용하는 것이다. 복합화는 한편으로는 적응의 심화와 연관되고, 다른 한편으로는 앞에서 언급한 기능의 개념과 연관된다. 집단이 성장해갈수록 더욱더 새로운 문제들[97]이 제기된다. 집단이 복잡해지는 것이 아니라 복합적이 되어간다. 단순한 것에서 복합적인 것으로 진전된다. 기능과 노동의 배분은 더욱 세세하게 조정되고, 도구제작은 완벽해지면서 여

---

95) 우리는 이 주제를 제3부에서 다시 취급할 것이다. 그러나 여기서는 제도적인 사례로 가장 주목할 만한 것으로서 고대로마의 호민관과 집정관 제도를 제시하는 것으로 그치려고 한다. 호민관은 모든 권력을 가진 집정관에 대한 견제 권력으로 제도화된 것이다.

96) 이 보상작용 요인이 사라졌을 때에만 독재적인 국가들이 성립할 수 있다는 사실은 역사가 말해준다. ◇

97) 새로운 생존수단의 확보, 영토 확장, 다른 집단들과의 관계. ◆

러 전문가들을 필요로 하게 된다. 모든 권력은 다양화된 형태로 개입하게 되고, 권력 주변의 사람들은 복합적으로 구성되어진다. 실제로 원사시대의 집단들에 관해 조금 상세한 정보를 얻게 되자마자 곧 아주 복합적인 집단들을 발견하게 된다. 우리는 원시공동체라는 단순한 모습과는 동떨어진 모습을 보게 된다.

인류학과 민속학은 20세기 초부터 원시 집단의 복합적인 특성을 보여주었고, 가장 원시적인 것은 가장 단순한 것이라는 통념이 잘못된 것임을 밝혀주었다. 그러나 이 복합적인 특성은 유형과 조직의 단순화라는 반대 특성을 수반한다. 이 단순화는 대개 사회에 의미를 부여하여 사회가 의미를 지니게 하려는 노력과 함께 진행된다. 레비스트로스가 밝혀준 바와 같이, 신화는 아무리 복합적이라 할지라도 언제나 현실을 단순화하는 질서를 세우는 특성이 있다. 신화는 또 다른 상징체계를 통해서 명확해진다. 동시에 사회는 자신이 산출한 신화들의 기능에 따라서 스스로를 드러내고 질서를 수립한다. 사회에 상징화와 함께 단순화하는 경향이 나타나는 것이다.

복합화와 단순화가 함께 일어난다는 걸 이해하기는 어려운 일이다. 그러나 사회가 스스로를 더욱더 자각하게 됨에 따라서 그런 일이 발생한다. 일반적으로 사람들은 변화를 단지 복합화하는 현상으로 설명한다. 그들은 원시 사회는 단순하며, 그 사회가 변화할수록 점점 더 복잡해진다고 주장한다. 그러나 원시사회는 단순하지 않다![98] 동시에 외적인 형식들이 정화되는 경향이 나타난다. 즉, 어떤 의식들, 조직 구성들, 금기들이 쓸데없는 것이라는 자각이 일어나서 그것들을 제거하는 작업이 실행된다. 복합적이

---

98) 고대 문서들을 분석하면서 가장 단순한 문서가 가장 오래된 것이라고 평가하는 주석학자들에게서 나는 동일한 사유방식을 발견한다. 그들은 이전의 문서가 너무 내용이 많은 탓에, 후대의 사람들에 의해 그 내용이 단순화될 수 있다는 점을 간과한다.

고 과잉적인 전체 구조 속에서, 구체적인 실제 상황에 더 적합하도록 더 단순하고 효과적인 사회 형태들을 찾으려는 시도가 일어난다.

　사회의 외적 형식들의 정화는 항구적이지는 않더라도 모든 시대에 걸쳐서 일어났고, 이는 하나의 진보를 구현하는 것이다. 이 일반적인 개념에서 출발하여 사례별로 하나씩 분석을 해야 할 것이다. 그것은 내 생각에는 불가능한 일이다. 마지막으로 이런 나의 견해에 대해서 사람들이 어떤 비판을 퍼부을지 잘 알고 있다는 점을 강조하고 싶다. 선사시대의 사회 현상들을 설명하느라, 내가 역사시대의 사회적 특징들을 오용했는지도 모른다. 그러나 그 둘 사이에 단절이 아니라 연속성이 존재한다는 내 판단에 따르면, 이와 같이 역사시대의 사회적 특징들을 준거로 하여 선사시대의 사회를 이해하는 것이 가능하리라고 본다. 재차 강조되어야 할 것은 두 시대의 중대한 차이는 선사시대의 역사에 대한 우리의 지식이나 무지에 기인하는 것이지, 그 실제 사실에 연유하는 것이 아니라는 점이다.

3. 역사시대와 사회

역사시대는 기원전 3000년경에 시작되었다고 한다. 중국의 하왕조夏王朝, Xia는 2000년 전쯤에 성립된다.[99] 메네스Ménès의 고대이집트 제1왕조는 3000년 전으로, 키시Kish와 우르Ur와 우르크Urk의 역사는 2700년 전으로 올라간다. 세계의 다양한 지역들에서 상호교류 없이 거의 동시대에 유사한 현상들이 일어났다. 신석기시대와 동석기시대éneolithique,[100]로부터 새로운 유형의 인간 집단들이 등장하는 시대로 넘어갔다. 우리는 그 특징들을 선사시대의 경우보다는 더 잘 알 수 있다. 여기서는 역사를 되짚어보는 것이 아니라 사회학적 관점에서 그 사회들의 공통점들과 결정적인 특성들을 살펴보려고 한다. 내 판단에 따르면, 다섯 가지 특징들을 서구사회와 고대의 역사시대 사회들 속에서 볼 수 있다. 그 특징들은 2백년 전에 서구사회가 급격한 변화를 겪기 이전까지 지속된다.

첫 번째로 중요한 특징은 역사가 진행될수록 의지적이고 인위적이 된

---

99) 그러나, *La Recherche*에 실린 최근의 논문은 중국의 역사시대를 4000년 전으로 거슬러 올라가게 한다. ◇

100) [역주] 선사시대의 시대구분에서 신석기시대와 청동기시대 사이에 형성된 시기를 말한다. 금속과 돌을 병용하던 시기로서 금석병용기라고 할 수도 있다.

다는 점이다.101) 내가 인위적이라고 한 것은 자연에 대한 인간의 개입을 뜻한다. 그것은 역사시대의 고유한 특징은 아니다. 왜냐하면 인간이 도구를 만들게 되면서 인위적으로 자연 환경을 바꾸어왔기 때문이다. 그러나 인간이 곧바로 인위적인 환경을 만든 것은 아니고 아직 자연의 압도적인 영향을 어디서나 받고 있었다. 역사시대 사회의 완만한 진전 과정을 통해서 인위적인 환경이 자리를 잡아간 것이다. 여기서 쓰는 인위적이라는 단어는 어떤 경멸의 뜻을 담고 있지 않다. 나는 자연을 좋은 모델로 삼아야 한다고 보지 않는다. 그것은 인간의 모든 역사를 다 부정하는 것이다. 인간이 인위적인 것만을 만든 것은 결코 아니다. 역사시대의 사회들 가운데 점차적으로 자연은 부인된 것이 아니라 간접적으로 매개되어간다.

사회는 인간의 주요한 환경이 되었다. 사회에 의해서 사회의 도움으로 인간은 모든 생존수단들을 얻게 되었다. 동시에 또한 전쟁의 가장 커다란 위험들을 초래하는 것도 사회였다. 물론 자연 환경은 계속 존재하고, 사회는 자연으로부터 자원들을 얻어낸다. 때로는 이 자연 환경이 화산, 토네이도 등과 같이 다시 위험 요소가 되기도 한다. 그러나 자원들은 사회의 집단적 노동에 의한 개발이 없으면 무용지물이 된다. 태풍과 같은 것들은 한 명의 인간 독재자가 끼칠 수 있는 해악에 비하면 아무 것도 아니다. 그렇다면 의지적이라는 말은 무얼 뜻하는가? 역사가 진행될수록 사회는 점점 더 의식적으로 구성되어간다. 처음에 사회는 주로 자연발생적으로 형성되었다. 앞에서 우리가 본 바와 같은 규범들, 금기들, 금칙들, 기능들, 유형 등이 인간에 의해 만들어졌다. 그것들을 만들려는 의도와 깊은 고려는 없었다. 건국 신화와 신성한 세계의 존재가 그것을 입증한다.

역사시대에도 신화와 의식과 신성은 계속 존재한다. 그러나 그것들의

---

101) 이미 앞에서 언급한 바와 같이 시대를 거슬러 올라가도 진보가 확실하게 일어난 경우는 결코 찾아볼 수 없다. ◇

위상이 낮아지면서, 초월적인 존재에 의존하지 않고 인간 스스로 주체가 되어 조직을 구성하는 현상이 나타난다. 점차적으로 사회는 하나의 대상으로 인식되면서, 사람들의 단순한 모임과는 다른, 하나의 개체가 되어간다. 사회는 스스로 존재한다. 그러나 이 사실은 사회는 이제 인간과 구별되고, 인간은 사회를 하나의 외적인 존재로서 거리를 두게 되었다는 걸 의미한다. 인간은 감동과 충동보다는 점차적으로 성찰과 의지를 통해 수립한 규범들을 사회에 부과한다. 가정이나 사회적 기능은 더 이상 자연적인 것에 기반을 두지 않고, 인간이 심사숙고해서 설정한 기준들에 기초한 일련의 규범들에 예속되어 간다. 인간이 의지적으로 그런 규범들을 수립할 수 있다는 사실은 또한 인간이 그것들을 바꿀 수도 있다는 걸 뜻한다. 오랫동안 사람들은 종교적인 모델을 그 규범들의 준거로 삼거나, 그 규범들을 자연적인 또는 신성한 것으로 선포함으로써, 그 규범들을 보존하고 보장하려고 한다. 그러나 그것은, 사회를 운용하는 새로운 규범들을 수립하고 바꿀 수 있는 권력의 존재 앞에서, 계속될 수 없다.

무의식적인 대응인 모방mimétisme은 사라지고 의식적인 성찰이 그 자리를 대신한다. 이러한 경향은 사회의 탈종교화와 인위성을 초래하는 중요한 요인인 문자의 등장으로 강화된다. 문자는 한편으로는 결정사항과 지식을 전달하여 보편화할 수 있다. 문자는 권력의 의사를 더 광범위한 집단들에게 알려서 지배 권력을 강화시킬 수 있다. 문자는 기록과 문서보관을 가능하게 한다. 그러나 특히 문자는 원시적 계승 방식proto-héréditaire의 전승과는 다른 전승을 가능하게 한다. 문자는 조상들로부터 내려오는 전승과 지식을 분리시키고, 연공서열의 정당성을 무너뜨린다.[102] 이제 사회 공동체의 또 다른 정통성을 세워야 한다.

---

102) "조상대대로 전해내려 오는 말에 따르면 그건 언제나 그랬기 때문에, 그대로 계속 해야 한다." ◇

규범이 신적인 계시를 덧입어서 권력을 창출하는 역할을 더 이상 담당할 수 없게 될 때, 또 다른 결정적인 요인은 사회를 바꾸는 수단으로서 법을 제정하는 것이다. 사회 조직은 인간이 의도적으로 개입하여 산출한 것이 되어서, 인간적인 계산과 타협과 권력에 매이게 된다. 이집트와 우르와 중국에서는 인간의 권력에 조종되는 이런 사회가 아주 빠르게 도래했다. 그러한 사회적 가능성과 기대는 역사시대에 인간의 주요 관심사가 되는 것으로서 넓은 의미의 정치를 탄생시켰다. 정치는 사회 환경과 관련된 행위라는 점을 알아야 한다. 인간이 환경을 바꾸어, 사회가 더 이상 지배적인 환경이 되지 않을 때, 정치는 사라진다.

사회가 의지적이고 인위적으로 바뀌어가는 가운데 또 다른 중요한 현상이 발생한다. 그것은 한 집단이 다른 집단에게, 한 사회가 다른 사회에 미칠 수 있는 영향력과 그 관계이다. 선사시대에 그런 영향력은 거의 불가능했다. 그 이유는 집단들이 널리 분산되어 있었고, 집단 구성이나 상징체계가 그 집단의 존재와 분리될 수 없는 것이어서 다른 집단에 유출될 수 없었기 때문이다. 물론 변화는 금방 이루어지지 않았다. 영향력이 미치고 전이가 이루어지는 것은 아주 완만한 역사의 진행 과정을 밟았다. 제도와 종교도 점차 최초의 집단에서 분리되어, 정복과 여행과 무역을 통하여 다른 집단들이 모방할 수 있게 되었다. 인간은 이제 다양한 가능성을 접하였고, 하나의 상황에 대해 하나의 대응책만이 있는 것이 아니고, 다른 집단들은 다른 방식으로 대응한다는 사실을 발견하게 되었다. 그 발견은 적개심을 불러일으킬 수도 있었고 모방을 불러오기도 했다. 인간이 창의적으로 만들 수 있는 것은 수도 없이 많았다.

역사가 진행될수록, 사회는 인위적인 환경이 되어갔다. 이 인위적인 특징에는 두 개의 요소들이 있다. 그 하나는 자연 환경으로부터 받는 불가피한 자연 조건들의 구속과 속박을 떠나서, 인간은 더더욱 깊은 성찰을 거쳐서 집단을 구성하게 되었다는 점이다. 그래서 인간은 새로운 자유를 누리지만, 사회적 환경의 현실과 조건에 의해 그 자유는 곧 축소된다.

또 다른 하나의 요소는 인간의 가공한 것으로서 물품들, 도구들, 가구들, 다양한 자기들, 무기들의 증가였다. 집을 건축하는 것과 함께, 새롭고 유용한 물건들을 생산하는 것은 인간 사회의 새로운 풍경이 되었다. 그 모든 것은 도시라는 아주 새로운 환경에 집중되었다. 3천년 전에 등장한 도시에 존재하는 모든 것이 인위적이었다.

도시는 아주 다른 환경의 상징으로서 조직적이면서 근접해 있고 자연을 배제한다. 인간은 자신의 영토이자 인간이 만든 하나의 우주인 도시가 존재한다는 걸 알았다. 도시는 인간이 지배할 수 없는 자연이라는 다른 우주에 둘러싸여 있다. 더 이상 전적으로 의존하지는 않지만, 시골은 가까이 있고 숲은 멀리 있다. 인간이 만든 우주인 도시에는 고유한 의식들과 금기들이 존재한다. 신들은 동일한 신들이 아니다. 신들을 대하는 인간의 태도도 동일하지 않다.

이 첫 번째 현상에 이어서 사회적 위계질서가 등장한다. 선사시대의 사회에도 집단의 우두머리가 존재했을 것이다. 그러나 권력의 존재만으로는 사회적 위계질서를 구성하기에 충분치 않다. 그 사회에서 사냥꾼은 채집자보다 우월한 지위에 있지 않았고 마술사도 어부에 대해서 마찬가지였다. 위계질서가 생기기 위해서는 집단들이 명확하게 세분되고 사회에 대한 통일적인 개념이 성립되어야 한다. 즉, 사회의 바람직한 구성에 대한 개념이 존재해야 한다. 위계질서는 성, 연령, 기능과 특히 혈통이라는 다양한 기준들에 따라서 설정된다. 흔히 시조로서의 조상이 하나의 위계질서와 집단들의 상호관계를 수립할 수 있게 한다.

나는 가장 큰 제1차 구분은 혈통별familles 구분이라고 믿는다. 시조를 조상으로 주장할 수 있는 가계가 있는가 하면 그렇지 못한 가계가 있다. 시조가 조상인 혈통의 가계들은 이후에 최상위의 귀족층aristocratie과 일반 귀족층noblesse을 형성한다. 무엇으로 그들을 구분할 수 있는가? 그것은 역사의 존재 유무이다. 시조인 조상은 훌륭하게 기억할 만한 역사를 남겼다. 그는 영웅이자 거의 신적인 존재로서 예외적인 권력을 갖추었거나, 혹은 예외적인 운명의 희생자였다. 그는 자신을 시조로 보는 모든 사람들이 따를 만한 인격과 언행의 모범을 보인다. 그들은 그가 이룬 고귀한 업적들을 재현해야 한다.

그 가계들에게는 세대에서 세대로 전해져 내려오는 영웅들의 전설과 다르지 않은 역사가 있다. 그런 역사를 공유하는 가계들은 그렇지 못한 가계들과 근본적으로 분리된다. 그 역사는 기껏해야 두 세대에 걸친 것일 수도 있다. 그런 역사를 가진 가계들은 지배계급caste을 탄생시키고, 그렇지 못한 가문들은 평민과 백성이 된다. 더욱이 평민층 내에 또한 집단들의 서열화가 일어난다. 그것은 흔히 기능에 따른 것으로 어떤 기능은 다른 기능보다 더 고귀하다고 평가된다.

귀족적인 가계들은 자신들의 역사를 보존하면서 또 다른 중요한 역할을 담당한다. 그들이 나머지 모든 사람들을 관장하면서, 사실 사회 전체의 역사를 담당하게 된다. 그들의 역사는 모든 사람들의 역사가 된다. 그들은 이 사회의 기억이 된다. 시조인 조상을 가진 데 불과하지만, 신화적인 차원으로 표현된 그들의 관계망은 그 사회의 여러 다양한 집단의 상호관계망을 형성한다. 이제 그 집단들의 명확한 위계질서가 확정된다. 그들은 규정définition되고 지명désignation된 것이다. 규정의 어원적인 의미에 따르면 그들은 일정한 경계에 위치해서 서로서로 정확한 한계를 가지는 것이다. 일단 그 집단들에 속하게 되면, 원칙적으로 거기서 빠져나갈 수가 없다.[103] 이어서 이 규정은 새로운 형식을 취하여 법이 된다. 동시에 그 집단은 지명을 받는다. 즉, 그 집단은 그 국가(cité, [104])에서 자신의 지위를 표시해주는 기호를 가진다. 이 지명은 대부분 신화적인 기원과 함께 신화적으로 날조된 것이다. 우리에게는 아주 원시적으로 보이는 이 방식은 오늘날에도 계속되고 있다. 그것은 우리 사회에서 유대인들과 공산주의자들과 파시스트들과 아랍인들에 대한 편견이 신화적으로 날조된 논리에 기인한다는 점을 상기해 보는 것만으로도 충분히 입증된다.

점점 더 인위적이고 복합적인 환경이 되어가는 사회의 이 모든 창의적인 변화 가운데, 인위적으로 만들려는 인간의 의지적 경향과, 위계질서를 세우려는 사회적 경향이 만나면서 법이 출현한다. 법은 신의 뜻을 반영하는 것도 아니고 경제관계를 이데올로기적으로 투영하는 것도 아니다. 법은 자연에 근거하지 않으며, 자연적인 관계들을 표현하려고 해서도 안 된다. 법은 완전히 인위적인 것이다.

법은 하나의 게임규칙과 같은 것으로서, 인간이 사회를 운용하고, 집단들 간의 관계들을 안정시키는데 유용하다고 판단한 것이다. 내가 이렇게 말함으로써 법학자들에게는 충격을 주고, 법을 무익하다고 보는 사람들에게는 기쁨을 줄 수 있다. 그런데 내가 이렇게 말하는 것은 법을 평가절하하는 것이 아니다. 게임의 규칙이 없으면 사람들은 게임을 할 수 없게 된다

---

103) 이점에 대한 복합적인 연구는 갈리마르(Gallimard)에서 출판된 루이 뒤몽(Louis Dumont)의 『위계질서적 인간』Homo hierarchicus에서 발견하게 된다.

104) [역주] 단위가 가족(famille), 집단(groupe), 사회(société)로 커져가면서 국가로서의 특징을 갖추게 될 때 도시국가(cité)가 나타난다. 여기서 이 용어는 협의의 도시국가라는 의미로 사용되기 보다는 사회가 확대되어 국가를 형성하기 이전 단계를 포함하는 의미로 사용된 듯하다.

는 말로 충분하리라! 법적인 게임의 규칙이 없으면 사회적인 게임을 할 수 없게 된다. 법은 특유한 현상으로 모든 사회들 가운데 다양한 형태로 그 모습을 나타낸다.

그러나 서로 동의할 수 있는 부분을 찾아 이해해보자. 우리 서구인에게 법은 정의와 밀접하게 연관된다. 보통 법은 정의를 성취하고 획득하기 위해서 만들어진다. 그런데 우리에게 분명한 이 관계는 아주 특별한 것이다. 법에는 유대교적인 기원이 있다. 유대교적인 기원에서 보면 정의가 그 원칙이고 법은 보조적인 것으로 정의를 구현하기 위한 것이다.105)

그러나 법은 또한 신학적인 문제가 아닌 철학적인 문제로서 그리스적 기원을 가지고 있다. 로마인들은 법을 일종의 완전하고 효과적이고 구체적인 건축물로 만들었다. 거기서 정의는 크게 중요한 것이 아니었다. 로마인들은 정의라는 문제를 그리스 사상과 동화시켰다. 그리하여 우리에게 명백하고 불가피한 법과 정의의 관계가 인류 역사에서는 하나의 우연적이고 지역적인 현상에 불과하다. 거의 모든 지역에서 제정된 법은 각기 다른 기원과 의미를 지닌다.

인간과 집단은 세 개의 도전들에 직면하여 법을 만들어야 했다. 인간은 아주 일찍부터 공간의 도전, 시간의 도전, 타인과의 관계의 도전에 맞닥뜨렸다. 공간의 도전은 앞에서 우리가 이미 주목한 바 있다. 그것은 집단이 정착하여 구성한 사회가 인간의 주된 환경이 되어가지만 아직도 강력한 자연 환경의 영향을 사방에서 받으면서 위협을 받고 있는 상황에서 발생한다. 역사시대의 초기에 자연 환경은 적대적이고 위험한 것이었다. 자연 환경에 대항하여 방어해야 했는데, 법의 규정은 하나의 도구가 되었다.

이 법의 규정 덕분에, 인간에 의해 인간을 위해 만든 새로운 환경인 길

---

105) 자끄 엘륄, 『자연법의 신학적 기초』(대장간 역간, 2014)

들여진 문명 세계와, 이전의 외부 환경 사이에 한계와 경계를 설정할 수 있었다. 법은 인간의 환경 전체를 총괄하고 통제했다. 외부에는 원초적인 힘이 군림하여 지배 관계가 형성되었다. 내부에는 그것과는 완전히 다른 규범화된 관계가 수립되었다. 더욱이 그 사실은 다른 신들과의 관계에서도 마찬가지였다. 그 국가cit 내부에 위치한 신들은 문명화된 신들로서 정상적인실제로는 법적인 관계를 맺을 수 있었던 반면에, 그 외부에 위치한 신들은 야만적이고 낯설고 예측할 수 없는 존재들이었다.

이 '예측할 수 없는'이라는 말은 법이 기초하는 두 번째 측면을 보게 한다. 즉, 법은 시간의 도전에 대한 대응이다. 인간은 모든 것은 변하고 그 변화는 예측할 수 없다는 사실을 아주 일찍 깨달았다. 그런데 인간은 불확실하고 유동적인 세계에서 살 수 없다. 시간을 통제할 수 없기에, 인간은 많은 영역들에서 가상fiction의 안정상태를 수립한다. 법은 이 안정적인 기능을 담당한다.

인간은, 마치 모든 것이 변하지 않을 것인 양, 사회적인 급변과 정치체제의 변화에도 불구하고 계속 작용하는 법률을 제정하기로 결정했다. 법은 미래의 우연에 대비해서 사회적 안정을 유지시켜야 한다. 그러나 개인들 간의 관계에서 법은 동일한 역할을 한다. 결혼한 남녀 간에, 채권자와 채무자 간에, 임차인과 집주인 간에 모든 것이 그때그때 감정에 따라서, 경제적 번영이나 변화의 상황에 따라서, 언제나 변화할 수 있다. 채권자는 아무 때나 자신의 돈을 청구할 수 있고, 세든 임차인이 집주인처럼 행세하며 집을 되돌려주지 않을 수 있다. 그런데 법은 그런 관계들을 규정한다. 법에 규정된 그 관계들은 원칙적으로 상황에 따라 바뀔 수 없다. 하나의 관계가 법으로 규정되면, 관계된 사람들은 시간에 따른 유동적인 변화를 고려하지 않고 마치 현재 상황이 계속되는 것처럼 행하기로 합의한다. 그렇게 함으로써 인간은 시간의 흐름으로 야기되는 인간적인 불확실성에 대비한다.

마지막으로 사회에서 살아가는 인간은 타인의 존재라는 세 번째 도전에 부딪친다. 집단이 아주 작으면, 사람들은 서로서로 다 알고 지냄으로써 위협을 겪지 않고, 돌발적으로 생길 수 있는 위협도 미리 예측할 수 있다. 집단에 속하지 않는 낯선 외부인만이 위협적이고 적대적인 존재로 간주된다. 그러나 집단의 숫자가 늘어나면, 조그만 사회라도 사회의 모든 구성원들은 서로 알고 지낼 수가 없다. 상대방이 어떤 반응을 보일지 짐작할 수 없다. 관계가 필연적으로 형성될 수밖에 없지만, 자연발생적으로 형성된 관계는 위험할 수 있다. 이때 법이 개입하여 그 관계들을 해결한다.

법은 개인들과 가계들의 중간에서 조정하는 매개자가 된다. 법은 사실관계의 직접적인 행동과는 다른 행동 가능성들을 제시하면서, 예측 가능한 결과를 낳는 해결 방안들을 제시한다. 법은 각자에게 역할을 부여한다. 사회적인 역할이 명확하게 설정되면, 사람들은 미리 상대방이 할 수 있는 것과 해야 하는 것이 무엇인지 알 수 있다. 개인적인 관계가 좋은 경우에 법은 필요가 없다. 내가 관계를 맺은 사람의 의도가 무엇인지 알 수 없을 때 법이 필요하다.

법의 등장과 용도를 설명하기 위해서 나는 도전이라는 단어를 사용했다. 여기서 나는 토인비[106]의 이론을 암시했는데, 그 이론이 많은 비판을 불러일으켰고, 모든 뛰어난 해석체계들이 그렇듯이 지금은 다 폐기되고 망각되어버렸다는 사실을 잘 알고 있다. 그러나 나는 그 이론이 원칙적으로는 정확하다고 본다. 모든 사회는 모든 인간과 같이 도전을 받고, 그 도전을 받아들이거나 흡수하거나 무력화하는 능력의 정도에 따라 변화해간다.

---

106) [역주] 아놀드 토인비(Arnold J. Toynbee, 1889-1975), 영국의 역사가, 문명비평가. 1934년에 시작하여 1961년에 완성한 12권의 방대한 『역사의 연구』*A Study of History*에서, 그는 문명의 흥망성쇠를 '도전과 응전'이라는 관점으로 제시하였다.

한 사회에 수많은 종류의 도전들이 존재한다. 내적인 도전들로는 경제적인 것과 인구문제와 도덕적인 것과 혁명적인 움직임들을 들 수 있다. 외적인 도전들로는 다른 집단들로부터 올 수 있는 것으로 영토 문제와 전쟁을, 자연으로부터 올 수 있는 것으로 천재지변, 전염병, 가뭄, 기후변화 등을 들 수 있다. 단기적인 것이든 장기적인 것이든 모든 형태의 도전들은 여러 가지 대응 방식들을 불러온다는 점은 쉽게 상상해볼 수 있다. 그러나 그 도전에 굴복한 사회도 자체의 능력과 발전 수준에 따라서 다양한 방식으로 반응할 수 있다.

역사 속에서 도전에 대해 전혀 무지하게 반응한 경우들을 발견하게 된다. 아랍인들에 대한 비잔틴제국[107]의 대응 방식을 그 전형적인 사례로 들 수 있다. 자신의 힘을 너무 믿거나, 위협 세력을 무시해버리거나 하다가, 아무 일도 없는 것처럼 동일한 방식을 계속 유지하고 있었다. 제국의 거의 모든 지역들을 이슬람 군대가 장악했고, 황제에게는 비잔틴과 그 교외지대와 두 개의 섬만이 남아 있었지만, 그는 계속해서 로마제국 황제의 명의로 칙령들을 반포할 뿐이었다.

도전을 잘못 이해함으로써 사람들은 전혀 다른 걸 방어하게 되기도 한다. 에티오피아의 가장 큰 도전은 기근사태였으나, 에티오피아 정부는 에리트레아[108]와의 전쟁에 몰두하였다. 사실상의 도전을 선물과 호의로 받아들여서 열렬히 환영하는 반응을 보이기도 한다. 7세기에서 10세기에 이르는 대대적인 침입 이래로 가장 커다란 위협을 보여주고 있는 이슬람 세계에 대해 오늘날 유럽이 보여주는 반응이 그런 사례에 속한다.

---

107) [역주] 7세기에 헤라클리우스 황제는 622년에서 628년까지 7년 동안 페르시아 원정을 치르고 많은 성과를 거두었다. 그러나 636년 아랍인들의 침공을 예상하지 못하여 참패하고 말았다.

108) [역주] 에티오피아는 에리트레아를 1962년 강제합병하고 나서 1993년 다시 독립시킬 때까지 수많은 내전을 치렀다. 그러나 그 와중에 대규모 기근사태로 많은 인구를 잃었다.

그러나 프랑스의 경우를 보면 도전에 대응하는 능력이 없는 걸 넘어서서 일종의 자살 의지를 발견하게 된다. 머릿속 생각에서부터 프랑스는 자신을 붕괴시키고 말 대상을 환영할 태세이다. 프랑스는 한편으로 음식, 게임, 풍습, 경제의 미국화와 미국 문화에 항복하고, 다른 한편으로 공산주의에, 그러나 공산주의 자체는 이미 패배했다 더 심각한 것으로 노동 이민이라는 구실로 진행되는 이슬람화에 굴복한다. 신이 사람을 파멸시키려고 할 때는 먼저 그 사람을 미치게 한다.109) 프랑스는 자신의 목을 자를 존재를 향한 사랑으로 미쳐있다. 물론 이슬람을 비난하는 모든 말은 끔찍한 신성모독이다. 왜냐하면 가난하고 불쌍한 마그레브110) 노동자는 프랑스 경제를 구출하기 위해서 온 것이고 프랑스는 이민을 환영하는 나라111)로서의 영원한 소명을 가지고 있기 때문이다.

사실 유럽 전체가 다양한 도전 앞에서 무의식적인 자살 충동을 보여주고 있다. 슈펭글러112)가 내린 결론들은 다 틀리지만, 오늘날 최종적으로 그가 옳았던 점을 발견하게 된다. 적절한 대응책을 찾을 수 없는 사회의 무능력이나, 위험에 대한 무지로 인하여, 도전에 대한 유럽 전체의 대응 태도는 유럽의 몰락을 예고하고 있다. 그러나 흔히 적절한 대응책과 타개책이 발견되어 사회가 풍요롭게 복합적으로 발전하는 일이 일어나기도 한다. 사회

---

109) Quos perdere vult, Jupiter dementat. [역주: 본문의 이탤릭체 문장을 각주로 옮긴 것으로 고대 그리스의 속담. 소포클레스의 작품 『안티고네』 Antigone 에 나온다. 그 뜻은 "신이 사람을 파멸시키고자 할 때는, 먼저 그 사람을 미치게 한다."는 것이다.]

110) [역주] 마그레브(Maghreb)는 알제리, 모로코, 튀니지, 리비아 등 아프리카 북부 사하라 사막 이북 지역으로 북아프리카 지역을 말한다.

111) 나는 이 말을 믿지 않는다. 한편으로 포르투갈, 스페인, 북아프리카에서 온 외국인들은 난민이 아닌데도 환영을 받고 프랑스에 정착한다. 이들은 진짜 친구처럼 받아들여진다. 그러나 반면에 베트남, 캄보디아 등지에서 온 사람들은 가혹한 정체체제를 피하여 온 난민들인데 프랑스에서 환영을 받지 못하고 있다.

112) [역주] 오스왈드 슈펭글러(Oswald Spengler, 1880-1935), 독일의 역사가. 1918년 『서구의 몰락』Der Untergang des Abendiandes을 출판하여 문명사적인 조명을 통하여 서구 문명의 몰락을 주장하였다.

가 도전을 적절히 흡수할수록 그 사회는 더욱더 활기를 찾게 된다. 그러나 토인비가 의미하는 도전은 인간 집단이 맞닥뜨려야 하는 유일한 도전은 아니다.

게다가 도전에 대한 '대응' 이라는 말이 잘못 이해될 수 있다. 이는 30년 전에 아주 많이 이용되었던 '자극과 반응' 이라는 정신생리학적인 메커니즘을 사회 전체에 응용하는 것이 아니다. 여기서 말하는 대응은 반사적인 반응이 결코 아니고, 생리학적인 대응의 무의식적인 산물이 아니다. 도전을 극복하기에 적절한 대응을 마련하기 위해서는 결단과 선택과 성찰이 많이 요구된다. 이런 대응은 의지와 사고와 선택을 필요로 한다. 반대로, 대응의 부재, 도전에 대한 잘못된 대응, 수동적인 자세나 자살 경향은 사회적인 성찰과 역량과 선택이 결여된 탓에 나타난다. 나는 성찰이나 지성의 활동이 생존에 필수적인 반응과 밀접한 관련을 맺는 것이 인류 역사의 고유한 특성이라고 믿는다.

사회에 닥치는 역사적으로 위협적인 상황들을 연구하면서, 선택한 대응책이 대개의 경우 도전을 압도하는 것을 발견하게 된다. 공격을 당한 사회는 이전 상황을 회복하기 위해서 공격을 물리치는 데서 멈추지 않는다. 대응은 사회적 쇄신과 수정을 불러온다. 도전은 방어능력에 영향을 끼치는 것으로 끝나지 않는다. 도전은 집단의 숨은 역량들을 드러나게 해서 사회적 경제적 개혁을 초래한다. 그리하여 도전은 사회가 단순히 동일한 상태로 정체되지 못하게 한다. 그것은 적절한 대응으로 도전을 압도할 때 나타나는 현상이기도 하다.

하나의 사회 공동체가 어떻게 대처할지 미리 알 수 없다. 사회집단은 각기 고유한 특성에 따라서 독특한 방어 태세와 나름의 적응 방식을 찾아간다. 우리는 여기서 인간의 놀라운 창의력을 발견한다. 역사상 도전에 대한 집단의 대응들이 아주 다양한 만큼 인간의 기술적 발명과 제도 창설에서도 그렇다. 인류 역사의 실재를 보면, 우리는 적격　부적격의 임상적 진단도표를 작성할 수 없다. 인류 역사의 복합적인 특성은 한 사회와 인류의 단선적인 변화를 그려볼 수조차 없게 한다. 그것은 역사를 대략적으로 종합할 때나 토인비의 경우와 같이 역사의 일반적 해석 체계를 수립할 때 언제나 받게 되는 유혹이기도 하다. 그러나 인류의 창의성과 독창성은 역사에서 교훈을 얻어낼 수 없게 하고, 더더욱 역사의 진행에서 법칙들을 찾아낼 수는 없게 한다. 한 시대를 연구하면서 우리 시대와 유사한 점들을 발견할 수 있다. 예를 들자면, 4, 5세기의 로마제국이 있다. 그러나 그 사실로 인해서 앞으로 반세기 후에 무슨 일이 일어날지 예견하는 일은 결코 있을 수 없다.

역사는 우리 시대를 이해하고 해결책을 찾을 수 있도록 우리에게 교훈을 주지 않는다. 역사는 물론 무익한 것이 아니지만, 미리 대비하여 수집한 해결책들의 모음집을 제시하는 것보다는 오히려 새로운 창의적 대응을 독려하는 것이다. 모든 역사적 상황은 각기 다른 상황들에 비견할 수 없다. 다른 상황들을 알아야 하는 근본적인 이유는 우리가 어떻게 현재 상황에 도달하게 되었는지 이해하기 위한 것이다. 역사는 진단에 유용한 도움이 되지만, 치료를 위해서는 그렇지 못하다. 더욱이 역사는 우리가 불가피한 필연에 굴복하도록 조장하지 않는다. 노스트라다무스의 예언들이나 역사의 과학적인 법칙들이 사회의 미래를 말해주는 것이라고 믿는 것은, 인간이 창의력을 상실하고 사회는 새로운 것을 만들어갈 능력이 없다는 걸 의미한다.

나는 여러 적응 및 대응 방식들 가운데 특별히 보상작용의 메커니즘에 주목한다. 보상작용은 사회 공동체의 유지와 균형을 가능하게 한다. 우리는 뒤에서 모든 사회와 모든 시대에 무한한 성장을 향한 경향이 상존했다는 사실을 보게 될 것이다. 사실, 역사적으로 새롭게 태동하는 사회에서는 여러 가지 경향들과 제도들과 요인들이 다소간 경쟁적으로 공존한다. 그 것들은 서로서로 적응해가면서 다양한 방향으로 사회가 나아가게 한다. 그러나 점차로 그렇게 작용하는 세력들 중에서 하나의 세력이 다른 세력들 보다 한 걸음 앞서게 되고 일정한 권력을 차지하게 된다. 모든 의지적, 인위적, 위계적 경향들은 철저하고 남들을 배제하기까지 하는 완전한 성취를 구하는 성향이 있다.

"언제나 조금 더"하는 성향은 인간의 고유한 특성인 듯하다. 이러한 경향이 그대로 구현되면 상당한 혼란을 초래한다. 이때 대개 보상작용이 일어난다. 이 보상작용은 지배세력에게 직접적으로 대항하는 것이 아니라 사람들이 견딜 수 있게 하기 위한 것이다. 예를 들어, 권력이 절대화되고, 위계질서가 더 엄격해지며, 법이 급증하여 모든 인간 활동들을 다 끝없이 규제하는 사회에서, 사람들은 많은 탈출구들이 생겨나는 걸 보게 된다.

그 탈출구들은 두 종류가 있다. 하나는 축제와 게임이 많아지는 것이다. 이 사회의 구성원들은 거기서 비생산적이고 무의미하지만 외적으로 만족감을 주는 자신들의 자유를 발견한다. 사람들은 이런 외적인 것에 만족하는 경향이 있다. 강력하게 통합된 모든 사회에서 게임이 급속히 증가하는 것은 바로 이런 이유이다. 이는 또한 자유로운 우리 사회에 대해서 다시 성찰해보게 한다. 우리 사회에서는 20년 전부터 모든 종류의 게임과 경마와 텔레비전과 컴퓨터 등이 빠르게 늘어났다. 그 사실은 권위적이고 메마르고 모든 것을 지배하려는 사회가 출현했다는 표지이다. 그러나 또 다른 형태의 보상작용이 있다. 그것은 종교적인 도피이다. 사람들은 전체주의 사회의 가혹함을 세상일들을 무시하여 하늘로 피함으로써 도피한다. 종교가 권위적이고 위계적인 제도적 형태를 지니지 않고 자유롭고 영성적일 때 아주 만족스러운 보상이 주어진다.

반면에 제멋대로의 무질서한 자유를 향한 열정이 지배적이고, 실제로 모든 것이 허용되는 방임주의에 빠져서 법규와 사회적 관계와 도덕적 기준을 존중하지 않는 사회에서는, 이중적인 유형의 보상작용이 생겨날 수 있다. 먼저 강력한 권력이 등장한다. 자연발생적인 사회적 연대는 사라져가지만, 중앙집권화한 강력한 국가와 같은 외부의 권력이 사회 공동체에 부과하는 외적인 연대가 생겨나게 된다. 물론 그 외부의 권력은 인위적인 방식으로는 참된 연대를 만들 수 없지만, 해체되지 않도록 저지하고 사회가 균형을 다시 찾기에 필요한 시간으로 일정한 시간 동안 보상작용이 유지되게 할 수 있다. 또 다른 보상은 첫 번째 경우에서와 같은 종교적 유형이지만, 이번에는 도덕적이고 제도적인 종교이다. 이 종교는 종교적 신념에 의해 정당화된 일련의 제약들을 통해서 사회 전체를 장악한다.

이와 같은 보상작용의 이중적 유형들은 역사상 거의 모든 시대와 모든 사회에서 다 발견된다. 그러나 나는 그것들을 설명하려고 시도하거나, 모든 경우에 그런 현상이 발생했다고 주장하려는 것이 아니다. 그것들은 사회 일부에서 지식과 지혜를 모아 의도적으로 결정하여 발생한 것이 아니다. 더더군다나 사회가 건전하게 돌아가는데 필요한 견제장치를 자동적으로 산출하는 균형추인 "자연법"에서 나온 것은 아니다. 그렇다면 이 자연법이 어떻게 발생했고 어디서 연유하고 왜 어떤 경우에는 작용하고 또 다른 경우에는 그렇지 않은지를 설명해야 할 것이다.

나는 '용납할 수 없는' 상황이 초래하는 효과를 더 믿는다. 더 이상 사회에서 용납할 수도 견딜 수도 없는 상황이 생겨나는 시기와 정황이 존재한다. 그때 인간은 살 만한 사회를 회복하기 위해서 때로는 과오와 실수를 범하면서 적절한 방식으로 대응하는 행동을 취한다. 그렇게 인간은 하나의 길을 열기도 한다. 사실 용납할 수 없는 상황에 대한 대응책이 실제로 인간이 겪은 것을 역전시키는 상황만을 초래하지는 않는다.

각각의 대응은 개별적인 특성이 있다. 인간은 고통에 저항하는 것에 그치지 않는다. 더욱이 인간은 흔히 그 상황이 어디서 연유하는지 명백하게 인지할 수 없다. 그렇지만 인간은 현재의 사회 공동체에서 계속 살아갈 수 있기를 원하여, 그 사회를 살 만한 사회로 만들려고 한다. 그러는 가운데 인간이 새로운 사회를 만드는 현상이 흔히 일어나곤 한다.[113] 이제까지 물질적이거나 이념적으로 대항하여 일어난 항거들은 다시 살 만하고 용납할 수 있는 상황을 불러왔다. 이와 같이 인류의 사회적 변화의 역사는 기성의 권력조직과 새로이 등장하는 반대권력 간의 끊임없는 역학 작용에 기인한다는 것이 나의 판단이다. 둘 사이에는 커다란 차이가 존재한다. 기성의 권력조직에는 의지와 성찰과 조직이 따른다. 새로이 등장하는 반대세력은 자연발생적이고 예기치 않은 것이다.[114] 시간이 좀 지난 뒤에야 그 반대세력은 의지와 성찰과 조직이 중요한 것을 의식하게 된다.

반대권력을 배제하고 아예 반대권력이 생길 수 없게 하는 것은 사회주의적 전체주의와 같은 정치적 사생아를 낳는다. 또한 이 반대권력에 대해서 오해하지 말아야 한다. 반대권력은 국민의 심층에서 나와야지, 소수의 엘리트에게서 나와서는 안 된다. 그 소수 엘리트는 반대권력을 조직화하여서 다시 권력 자체를 재현시킬 뿐이다.

프랑스 노동조합의 역사가 그 좋은 사례이다. 1880년과 1914년 사이에 무정부주의 노동조합운동의 영향 아래, 진정한 반대권력이 존재하여 아주 정확한 비판을 전개했다. 그 반대권력은 프롤레타리아에게 생활수준의 향상보다는 자기혁신을 통하여 의사표명의 기회와 권력에 대한 영향력을 가

---

113) 1917년에 소련에서 단번에 완전한 혁명이 일어나자, 불의와 무관용에 대항하는 모든 노력과 모든 인간 해방과 저항 운동은 소비에트 공산주의라는 유일하게 인정받고 승인된 혁명 이념에 흡수, 통합되어버렸다. 그것은 역사와 사회에서 새로운 것을 만드는 인간의 창의력을 단절시켜버린 현대사의 커다란 사례이다. ◇

114) 공산주의가 모든 것을 교란시켰기 때문에 과거시제가 더 맞는 듯하다. ◇

져올 수 있는 활동들을 펼쳐나갔다. 그러나 현재의 노동조합운동은 모든 면에서 반대권력이 될 수 없다. 노동조합운동은 그냥 단순히 권력 자체의 게임을 하고 있을 뿐이다. 그 운동은 상대방과 동일한 게임을 하게 되는, 통상적인 정치 형태에 속하게 된 것이다. 노동조합들은 현대 사회를 더 살 만한 곳으로 만들어서 기술과 정치의 야합을 저지할 수 있는 중요한 역할을 담당하지 않는다.

반대권력은 밑바닥 기층으로부터 나와야 한다. 그러나 그것에 대해 잘못된 오해를 하지 말아야 한다. 이 밑바닥 기층인 국민은 특별한 장점도 없고, 지적이지도 창의적이지도 통찰적이지도 않다. 국민은 억압을 받을 때만 대응한다. 바꾸어 말해, 국민은 억압을 받으면 그 억압을 감소시킬 방법을 찾고 반대권력이 될 수 있는 방안을 찾기 때문이다. 이 사회가 의미와 공존가능성을 가지기에 꼭 필요한 쇄신을 이룰 수 있는 존재는 억압받는 사람들이다. 그러나 그것이 가능하기 위해서는 억압받는 사람들이 미리 조직이 갖춰지지 않은 상태에서 자발성을 가져야 하며, 그들이 펼치는 운동이 곧바로 권력 자체나 권력 조직과 유사한 조직에 의해 포섭되지 말아야 한다. 이런 다양한 보상작용들의 존재는 한 사회가 계속 존속하기 위한 생명력을 확보하는 유일한 보장책이다.

그러나 거기에는 필연적인 것도 자동적인 것도 없다. 하나의 사회적 동향이 커져가는 데 아무런 반대나 견제가 없을 수도 있다. 그때에 사회 해체라는 단순한 역사적 사건뿐만 아니라 복합적인 현상들이 생겨난다. 사회 해체는 분쟁과 폭동이 오랫동안 계속되고 난 후에 최종적으로 온다. 여러 가지 가능성들을 상정해볼 수 있다. 먼저 사회적 일탈들이 쌓여간다. 사회의 존속을 위협하는 행위가 일어날 때, 균형을 회복시키는 반작용^{rétroaction}이 생겨날 수 있다. 즉, 그 반작용은 이 일탈의 원인들과 기원에 대응하여서, 그것들을 축소시키고 그 사회적 일탈 자체를 제거하는 것이다. 그러나 우리는 간혹 실제적인 반작용을 목격한다. 특히 오늘날 우리는 그런 반작용이 일어나고 있는 것을 본다. 즉, 사회적 일탈의 원인에 대한 대응 조치가 그 일탈 현상을 저지하기보다 가속화시키는 일이 발생하는 것이다. 이제 사회적 일탈 행위들은 스스로 상호조정하면서 악화되고, 사람들은 거기에 어떻게 대처할지 모르게 된다. 왜냐하면 결과에 연연하지 않는 것이 이 사회적 일탈 행위들의 본성이기 때문이다. 이에 대해 두 가지 사례들을 들어보자.

청소년 비행에는 실업, 숙소, 가족 해체, 무위도식, 선전으로 자극받은 소비 충동, 자동차 및 오토바이 경주 등과 같이 많은 이유들이 존재한다. 결과적인 면에서 이런 비행에 대응하여 마약과 절도를 직접적으로 단속하거나, 몇몇 부수적인 원인들에 대응하여 적절한 숙소와 직업을 제공하는 것과 같은 조치를 하는 경우, 실제로는 청소년 일탈을 심각하게 악화시키는 결과를 초래한다. 이런 임기응변식 해결책에 대한 일탈 행위로서, 청소년들은 제공받은 숙소들을 더럽히고 망가뜨리고, 직장에 일하러 가지 않고, 자신들의 가족을 더 크게 해체해버린다. 원인들을 공략하는 조치들이 초래하는 실제적 반작용은 더더욱 그 결과에 악영향을 미친다.

도시의 교통 문제도 이 문제와 동일하다. 교통 혼잡과 교통 체증은 도시 지역 주민의 삶을 소진시키면서 전반적으로 커다란 불편을 야기한다. 그 지역 교통을 용이하게 하는 도로 확장, 우회도로 신설, 지하주차장 건설 대응책을 시도했지만, 실제적으로는 반작용이 생기곤 했다. 가브리엘 뒤피[115]가 밝혀주었듯이,[116] 교통을 용이하게 하면 할수록, 교통량은 더 늘어나서 혼

---

115) [역주] 가브리엘 뒤피(Gabriel Dupuy, 1941 -), 응용수학자. 도시문제 전문가.
116) 이점을 지적한 다른 학자들도 있는데, 예를 들어 미국 도시들의 교통문제에 관해서는 지브(Ziv)가 있다. ◇

잡하게 된다. 도로를 신설하는 것은 새로운 차량들을 유인하여 새로운 차량의 행렬을 초래한다. 우회도로를 개설하는 경우도 마찬가지다. 사실 교통이 좋아지면, 자동차를 이용하지 않았던 사람들 중에서도 자동차를 이용하는 경우가 많아진다. 그 고전적인 사례가 파리 외곽도로의 경우이다. 그 외곽도로는 파리의 교통 혼잡을 덜어주는 목적으로 건설되었는데, 그런 효과를 거두지 못했을 뿐만 아니라, 또 다른 새로운 교통 혼잡 지대가 되어버리고 말았다. 사회적 현상들이 서로 연계되고, 한 사회의 사회적 일탈 행위들이 서로 부추기며 발생할 때, 모든 것이 얽히고설키게 된다.

이것이 위기 상황들의 유일한 특징은 아니다. 하나의 사회적 동향이 끝없이 커갈 때, 두 개의 문제가 생겨날 수 있다. 첫 번째 문제는 사회 안의 단절 현상으로서 그 사회 구성원들 간 의사소통이 단절되고, 사회를 구성하는 인간이 자신의 내면과 단절되고, 너무나 다른 사조들이 접촉도 연합도 할 수도 없을 정도로 서로 단절된다. 이제 사회는 혼란에 빠진다. 그러나 그 혼란은 예측 불가능하고 경악을 불러일으키는 것으로, 미르치아 엘리아데117)가 말한 "위대한 시대"에 사회가 새로운 힘을 얻기 위해 창조적 혼돈에 들어가면서 일어나는 필연적인 혼란이 아니다. 왜냐하면 그런 혼란은 미리 알 수 있는 것으로서, 시간의 흐름 가운데 그 지속기간이 예측가능하고, 전체 사회 공동체에 활력을 진작시켜 주기 때문이다.

반면에 하나의 동향이 무한정으로 커가면서 발생하는 혼란은 예측할 수도, 멈출 수도 없다. 절대 권력을 지닌 왕이 미친 광인의 존재를 사회적 균형추의 역할을 하는 것으로 수용하지 않으면, 그는 결국 사형을 당하여 죽음으로 최후를 맞이하게 될 것이다. 이는 무계획한 반란은 사회 전체로 하여금 모험을 치르게 하지만, 사회적 관계들을 보존하지도 못하고 수용

---

117) [역주] 미르치아 엘리아데(Mircea Eliade, 1907-1986), 루마니아 출신의 종교학자, 인도철학자.

할 만한 새로운 사회를 만들어내지도 못한다는 뜻으로 이해할 수 있다. 유럽, 중국, 잉카제국 등을 포함하는 모든 사회들의 역사는 질서를 붕괴시키는 이런 위험들로 점철되어 있다.[118]

그러나 또 다른 가능성이 있다. 커지는 사회적 동향은 일리치[119]가 말하는 하나의 한계치seuil에 도달하는 것으로 끝날 수 있다. 그 한계치는 어떤 시점에서 그 사회적 동향이 처음에 야기했던 것과는 정반대의 것을 초래하게 되는 것을 말한다. 사회적 동향이 급격히 선회하여, 기대했던 것과 반대되는 결과가 나오는 것이다. 일리치의 학교나 의학에 관한 이론들은 잘 알려져 있다. 그 이론들 중에서 극단적인 부분을 조금 조정하여, 시대적 맥락에 맞추어서 보면, 전체적으로 그가 주장하는 것이 옳다고 말할 수 있다. 예를 들어 과도한 학교교육은 전통문화로 형성된 문화적 동질성을 상실하게 한다.

이 문제는 제3세계의 문제이다. 아프리카인들이나 아메리카인디언들에게 문자 교육을 함으로써, 아무런 수확도 없이 지역적 전통 문화들을 무너뜨리는 결과를 부른다. 그들은 읽을 수 있고 쓸 수도 있다. 그런데 그게 무슨 소용인가. 그들은 서구 문화에 접근할 수 없고 그들의 사회는 점점 더 문화적 동질성을 상실하게 될 것이다. 그러나 이와 유사한 현상이 유럽에서도 발생한다. 학교교육은 상당한 수의 청소년들이 적응에 문제를 겪게 하고, 학습시간의 연장은 14세에서 16세에 이르는 청소년들의 품행 문제를 일으키고, 그들의 비행을 초래하기도 한다. 과도한 의료시설의 보급에 관한 일리히의 주장은 많은 비판을 받았지만, 의약품의 과도한 남용이 질병을 야기한다는 건 사실이다. 입원 환자의 10프로는 과도한 의약품 복용

---

118) 여기서 빈곤으로 인한 반란을 주장하는 것은 논의를 너무나 단순화시키는 것이다. ◇

119) [역주] 이반 일리치(Ivan Illich, 1926-2002), 오스트리아 출신의 카톨릭 신부, 신학자, 철학자. 탈학교론을 주장하고, 현대의학과 의약품의 역효과를 지적했다.

의 희생자들이다. 바꾸어 말해서, 의학적 치료의 기대 효과가 급선회하여 역효과를 초래한 것이다.

법률적인 한계치도 마찬가지다. 프랑스는 법조문들, 법령들, 칙령들, 공문들, 부령들이 수도 없이 많다. 나는 흔히 학교와 대학에 관한 법률을 사례로 든다. 그 법조문들은 6천 페이지에 이른다. 어느 날인가 사회복지 보건위생국(DASS, 120)의 담당국장이 나에게 이렇게 말했다. "운이 좋으시네요. 제가 처리하는 사회복지 조치에 관한 문서는 1만 페이지가 넘어요." 세상의 그 누구도 혼돈과 모순이 가득한 상태로 쇄도하는 이 문서들을 온당하게 처리할 수 없을 것이다. 그러면 무슨 일이 일어나는가?

사람들은 가능한 모든 상황들을 다 예측한 것 같은 법률적 문서들을 통해서 아주 미세한 부분까지 세세하게, 분석적으로, 엄밀하게 모든 것을 조정하고 정리하기를 원했다. 그 결과는 아무도 그 법률 문서들을 다 알 수도 종합할 수도 없기에, 각자 그 문서들과 상관없이 일을 처리해버린다. 그 문서들을 위배한다고까지는 말할 수 없지만 어느 정도 무시하면서, 사람들은 상식과 요령의 일반적인 법칙을 적용한다. 과도한 법규화는 사회에 아노미 상태를 초래할 수 있다. 이는 언제나 사회의 근본적인 위기와 권위의 위기를 나타내는 표지요 전조가 된다.

위기의 몇 가지 요인들을 파악하는데 있어서, 오늘날에는 종종 이의가 제기되기도 하는 콘트라티에프121)의 경제순환주기론을 간략하게 살펴보고자 한다. 경제는 장기적인 파동이 존재한다. 가격의 상승기와 하락기가 교차하고, 가격 하락은 경제 성장의 둔화와 침체를 나타내는 신호이고, 그

---

120) [역주] Département de l'Action Sanitaire et Sociale(사회복지 보건위생국)의 약자.

121) [역주] 콘트라티에프(Nikolai D. Kondratiev, 1892-1931), 러시아의 경제학자. 경제순환주기에 있어서 자원, 기술혁신, 자본공급, 전쟁이나 내란 등의 요인들을 적용하여 장기적인 순환주기를 발견하여 이론화했다.

교차는 대략 30년의 주기를 가지고 있다.[122] 이 주기들은 정상적인 것으로 걱정할 것이 없고, 경제 회복은 사회공동체의 적절한 대응에 따라 진전될 수 있다. 더욱이 이전의 주기들을 통해 교훈을 얻은 경제학자들은 불황의 시기에 대처할 방법을 점점 더 잘 알게 된다. 그러나 이 순환주기들이 계속적인 불황과 같은 아주 장기적인 일반적인 추세와 맞물릴 때, 그 순환주기는 위기를 불러일으킬 수 있다.

그런 위기는 가격 상승과 경제 회복이 서로 보상작용을 하지 않을 때 발생한다. 예를 들어, 이런 현상은 성장의 가속화가 지연되는 경기 과열에 해당하는 첨두형 곡점의 시기에 일어난다고 볼 수 있다. 그것은 하나의 정점을 지나 완만한 하강기로 접어들면서 하강이 정지하여 회복하는 순환주기와는 달리, 하강이 가속화되면서 경제 공황을 초래하여 위기 상황에 봉착하는 것이다. 그런데 위기는 여타의 경우들과 다른 새로운 양상을 띠게 되어, 전통적인 해결책들은 아무런 효과도 가져올 수 없다. 나는 현재 우리가 겪고 있는 위기를 진단하거나 설명하려는 것은 아니다. 단지 나는 이것이 경제적인 위기가 아니라 사회의 총체적인 위기라고 하는 사람들에게 동의의 뜻을 표하고자 한다. 1968년은 이 위기의 신호였다. 정치적, 도덕적, 사회적, 사회심리학적 위기가 "영광의 30년"[123]이라고 착각한 기간에 활발하게 준비되어오고 있었다.

앞에서 언급한 바와 같이, 보상작용의 부재, 무한하게 커가는 동향, 동향의 급선회, 사회적 일탈의 축적, 경제 불황 등이 한 사회에 축적되면, 그 사회에 근본적인 위기가 온다. 그 위기 속에서 그 사회는 해체되어 붕괴되고 다른 사회에 흡수되어 버릴 수 있다. 그 사회는 일촉즉발의 위험한 상황

---

122) 이는 지난 2세기 동안의 서구사회의 경우에 해당한다. ◇

123) [역주] 프랑스어로는 'Les Trente Glorieuses'. 2차대전이 끝난 1945년부터 1975년까지 프랑스가 경제적인 번영을 누린 기간을 말한다. 프랑스 경제학자, 장 푸라스티에(Jean Fourastié, 1907-1990)가 처음 사용한 말이다.

에 처해서, 결국 그 역사가 마감될 수 있다. 그 사회는 로마제국, 비잔틴제국, 오토만제국, 아스텍제국[124]과 같이 그냥 사라져버리고 말 수 있다. 이집트의 신왕조와 1세기에서 4세기의 로마제국과 14세기 몽고족과 한족의 중국과 같이, 권력과 경제의 카드들이 기성의 집단들과 새로운 집단들에게 재분배될 수 있다.

그러나 우리에게 닥친 위기는 차원이 다르다. 그것은 하나의 사회적 권력 형태가 다른 형태로 변화되는 것이 아니고, 새로운 환경으로 옮아가는 것이다. 우리는 대략 5천 년 전부터 정치가 제일 중요한 비중을 차지하는 사회적 환경에서 살아왔다. 인간은 역사의 부침을 겪으면서 이 환경에 잘 적응해왔고, 주목할 만한 발전을 이루었다. 그러나 모든 것이 변화하는 중이다. 이제 사회적 정치적 경제적인 조치들로 극복할 수 있는 위기가 문제가 아니다. 이 위기는 그런 분야들에서 파생된 것이 아니다.

이 위기는 역사상의 다른 어떤 위기와도 공통되는 면이 없다. 그것은 인간에게 알려지지 않은, 새로운 환경인 기술적 환경으로 옮겨가면서 일어나는 총체적인 위기이다. 이와 유사한 사례가 단 하나 존재한다. 그러나 그 사례에 대해 잘 모르기 때문에 우리는 거기서 교훈을 얻을 수 없다. 그것은 신석기에서 원사시대를 거쳐서 역사적 사회적 환경으로 넘어가는 시기이다. 유목민 생활에서 농업으로, 농촌에서 도시로, 자연의 권위에서 정치적 권위로, 획정된 국경에서 또 다른 상태로 계속 변화되어 간다. 이 환경의 변화는 5천 년 동안 살았던 것보다 훨씬 더 근본적인 것이다.

---

124) 왜냐하면 야만적인 정복자들에 의해 파괴되었을 아스텍제국의 영광과 견고함에 대한 환상을 품지 말아야 하기 때문이다. 이 제국은 놀랄 만큼 취약하고 또 인위적으로 세워진 것이었다.

4. 탈역사시대와 기술 환경

　우리 시대는 기술 환경과 그 조직이라는 새로운 인간 환경이 도입되는 장기적인 위기를 겪고 있다. 2세기 전부터 산업화가 그 위기를 준비하고 있었다. 그러나 30년 전부터 기술은 어디서나 압도하며, 모든 것을 바꾸고, 사회적인 모든 활동과 행태를 지배하고, 그 모든 특성들과 함께 인간의 환경이 되었다. 기술은 인간이 살아갈 수 있게 하면서 동시에 위험에 처하게 하기도 하고, 직접적인 영향을 끼치면서 나머지 여타의 것을 매개한다. 그런 것이 바로 기술이다.[125] 이제 현대인은 그 거대한 기술적 도구와 인공장치 없이는 전혀 살아갈 수 없다. 현대인은 기술적 도구들이 없는 사회 환경이나 자연 그대로의 환경에서 생존할 수 없다.　인간은 음식, 주거지, 의복 등과 같은 가장 기본적인 면에서도 다 기술적인 제품들을 사용하고 있고, 아무도 과거의 생산과 소비 방식으로 돌아갈 수 없다는 사실을 고려해볼 때, 보편화된 인공장치는 음식과 같이 필수적이다.

　그러나 기술 환경은 또한 인간에게 가장 커다란 위험을 줄 수 있다. 그 위험은 아주 커서 인류 전체를 사라지게 할 수도 있다. 구석기시대 이래로 아직까지 그런 일이 일어나지는 않았다. 핵무기의 위험과 생태학적인 위기

---

[125] 이 단원은 아주 간략하게 마칠 것이다. 왜냐하면 기술이 인간의 환경이 된 것을 1977년에 출판된 『기술 체계』(대장간 역간, 2013)에서 길게 규명한 바 있기 때문이다.

상황 앞에서 현대인은 놀랄 만큼 경솔하게 처신한다. 세계적인 밀림의 황폐화, 이 하나의 사례만으로도 그걸 입증하기에 충분하다. 그것은 유럽에는 산성비, 아프리카에는 거대한 밀림의 개간, 아마존유역에는 밀림지대의 대대적인 파괴를 불러오고 있다. 계속 이런 방식으로 가면, 지금부터 30년 후에는 지구상에 숲다운 숲이 더 이상 존재하지 못할 것이다. 즉, 오일 층의 확산으로 대양에서 산소생산이 약화되어감에 따라 산소가 희박하게 되고, 성층권에는 탄소 가스가 어마어마한 양으로 쌓여간다. 인간이 숨을 쉴 수 있는 공기가 사라진다. 이것이 기술 환경이 가져오는 첫 번째 위험이다.

한편 이 기술적인 환경은 직접적인 영향을 끼친다. 인간은 첫 환경인 자연 환경에서 자연에 둘러싸였던 것처럼 이제 기술적인 물질들에 둘러싸여 있다. 손을 내밀자마자, 인간은 집에서, 길거리에서, 공공장소에서 기술적인 물질을 접하게 된다. 기술적인 물질들과 인간의 관계는 중간에 칸막이도 간극도 생각도 의식도 개입되지 않는, 직접적인 것이다. 이 기술 환경은 숲, 하천, 산 등의 자연 환경이 명백했고, 또한 권력을 대표하는 사람들, 의식들, 신화들, 사회적 명령들, 가족 등의 사회적 환경이 명백했던 것과 같이 명백하다.

이제 인간이 맺는 모든 관계는 기술에 의해 매개되지 않는 법이 없다. 기술은 우리 주변에 있는 수단들의 스크린이 된다. 우리는 텔레비전, 영화, 전화, 사진기와 같은 소통 수단들을 통해 자연이나 사회적 집단을 접하게 된다. 이러한 수단들은 훨씬 더 빠르고 또 더 넓은 인간관계를 가질 수 있게 하고, 세상에서 벌어지는 모든 일을 알게 하고, 옛날에는 불가능했던 수십 개의 유사 자연 환경들을 별 어려움 없이 신속하게 경험할 수 있게 한다.

이러한 기술 환경의 형성은 두 개의 거대한 현상들을 초래한다. 첫 번째 현상으로 이전의 환경인 자연 환경과 사회 환경이 점차 사라지게 된다.

물론 자연과 사회는 늘 상존한다. 그러나 인간의 미래에 대해 아무런 영향력도 결정적인 중요성도 가지지 못하게 된다. 아직도 지진과 화산폭발과 태풍은 발생한다. 아프리카 사하라 사막 남쪽 지대Sahel와 같은 지역에서 일어나는 기근과 가뭄은 더 심각하다. 그러나 그러한 재앙들에 대해서 인류는 더 이상 대책 없이 당하지 않는다. 인류는 대처할 기술적 수단들을 가지고 있다. 다만 그런 의지와 정치적 결정과 총체적인 동원이 없어서 그런 재앙이 널리 펼쳐지는 것이다. 할 수 있지만 하지 않는 것이다. 그런 면에서 자연은 현존하며 불안을 불러일으키지만, 중심적인 환경이 아니라 종속적인 환경이 된 것이다.

사회의 경우도 마찬가지다. 사회는 명백히 이차적인 환경이 되어버렸다. 언제나 정치권과 경찰과 행정 기구 등은 상존한다. 각각의 요소는 더 효과적이고 능동적이기 위해서는 기술적인 장치를 필요로 한다. 기술적인 것을 도입하면, 기술이 성향, 권력, 변화, 결정 등을 총체적으로 통제하고, 다양한 사회 조직들을 지배하고, 가정과 같이 환경으로 남아있는 것들을 근본적으로 교란시키고, 정치를 완전히 무용한 것으로 만든다. 사람들은 이러한 사실을 아직 잘 알아차리지 못하고 있다. 하지만, 그래도 결정은 정치적인 차원에서 이루어진다는 반론이 있을 수 있다. 그러나 정치가는 기술적으로 실현 가능한 것을 결정할 수 있을 뿐이다.

정치가는 기술의 발전을 거스르는 결정을 내릴 수 없다. 모든 정치적 결정들은 기술발전의 필요성에 전적으로 구속된다. 여타의 것들은 아무 것도 아니다. 정치는 다른 사회 조직들과 같이 인간이 자유의 코미디를 연출하는 극장 무대처럼 존속한다. 문화도 동일한 방식으로 존재한다. 정치가 기술에 대해 주도적인 결정을 내리려고 할 때, 정치는 부정적인 효과만을 낳게 할 것이다. 즉, 기술이 일정한 긍정적인 효과들을 낼 수 없도록 정치적으로 저지하는 것이다. 이때 사회 환경이 자연 환경을 대체할 때와 같은 동일한 일이 진행된다. 즉, 사람들이 새로운 환경 속에서 이전 환경의 가치들을 연합하고 조합하려고 시도한다.

예를 들어, 현재 가장 크게 거론되는 주제들 중의 하나는 기술적 문화에 관한 것이다. 그것은 인문학적으로 성취한 모든 것을 보존하면서 거기에 기술적인 지식을 첨가하는 것이다. 단, 거기에는 조건이 붙는데, 그것이 기술을 하나의 문화 차원으로 격상시키는 것으로서, 기술이 가치들과 지성과 비판 정신과 보편성을 산출해야 한다.

그러나 기술적인 문화란 불가능하다. 왜냐하면 기술은 문화를 부정하는 것이기 때문이다. 마찬가지로 기술이 기술 덕분에 사회적인 참여가 단순화되고 증대되었다는 식으로 사회적이라거나 새로운 예술을 낳는다고 주장되기도 한다. 이는 단순한 말장난이지 실재가 될 수 없다. 화가, 조각가, 음악가가 창작하는 예술은 기술이 제공하고 허용하는 것을 모방하는 것이다. 그것은 인간이 선사시대부터 작업해온 것으로 1930년대까지 예술이라고 불렸던 것과는 전혀 관련이 없다.

그것은 기술을 인간화하는 것에 지나지 않는다. 그러나 사실 거기에 인간성의 성숙을 위한 것은 하나도 없다. 생태학적인 문제의식과 초창기의 환경 운동과 같이, 기술에 대한 모든 근본적인 문제 제기는 무자비하게 제거되거나 기술 세계에 통합되어버린다. 기술 세계는 때로는 스스로 견제적인 조치를 하는 것 같다. 왜냐하면 하나의 환경에서 다른 환경으로 이행하는 과도기에 처리해야 할 예민한 문제들이 있기 때문이다. 그리하여 1950년대에 인간관계를 위한 기구들이 창설되었고, 오늘날에 이르러서는 기술을 평가하는 운동이 전개되고 있다. 그러나 이는 단지 우려를 불식시키려는 것에 지나지 않아서 기술 발전을 더 용이하게 할 뿐이다.

기술 환경이 지배하게 됨에 따라서 발생하는 두 번째 현상은, 그 환경에 적응하기 위해서 인간 자신이 완전히 변화해야 하는 것이다. 이는 환경에 적응하기 위한 제한적인 변화가 아니라 본질적인 변화이다. 적응의 첫 번째 국면은 인간과 기계와의 관계이다. 기계가 인간에게 적응해야 한다면 그 반대의 경우도 불가피하다. 인간은 자신을 완벽하게 보완하는 기계에 대해서 유용한 존재가 되어야 한다. 근력이나 조건반사의 문제가 아니라 인간은 이제 기계 장치와 완전히 하나가 되어야 한다. 이는 학교교육에서부터 시작된다. 우리 눈앞에서 진행되는 변화는 아주 명확하고 결정적이다. 인문학과 전통 문화는 기계와의 관계에 전혀 도움이 되지 않기 때문에 배격된다.

20세기 초엽과 1930년대에 산업과 상업 종사자들은 역사와 그리스어에 대해서 "그게 돈을 버는데 무슨 도움이 되고 경제에 무슨 소용이 된단 말인가?"라는 식으로 말하곤 했다. 오늘날 우리는 새로운 의미를 담아 "그게 기술 세계에 무슨 도움이 되고, 기계장치에 무슨 보탬이 된단 말인가?"라고 같은 질문을 한다. 그래서 학교에 컴퓨터 바람이 엄청나게 불고 있다. 중요한 것은 청소년들이 컴퓨터 정보 세계에 들어갈 수 있도록 완벽하게 준비시켜야 하는 것이다. 청소년들은 컴퓨터와 논리적으로 소통할 수 있는 뇌구조를 가져야 함으로, 그런 논리적 소통과 컴퓨터 언어의 조합과 연합을 위한 교육을 받아야 한다. 그것은 이미 인간의 지적 영역과 인식 영역 전체에 침투되었다. 그러나 그것만이 다가 아니다.

인간 모르모트가 등장하여 용인되는 현상이 인간의 변화에 추가된다. 그것은 과학과 기술의 발전을 가능하게 한다. 과학과 기술이 지배하고 있음으로 인간에 대한 효과와 효용성을 검증해야 한다. 그런 실험들은 점차 그 수도 증가되고 다양화되어간다. 30년 전에는, 인간배아의 변화 과정을 연구하는 목적으로 미국에서 과학적인 근거에 따라 일정한 단계에서 임신한 여인들을 인공중절 하는데 돈을 지불한다는 뉴스가 전해져서 큰 센세이션이 일어났다. 이제는 그런 수준을 훨씬 더 넘어섰다. 이제 화학제품인 치료약들을 인체에 실험하는데 돈을 지불한다. 유전공학의 모든 분야에서 인체 실험이 행해지고 있다. 인간을 과학적 실험이 가능한 합법적인 모르모트로 인식하는 것이 보편화되고 있다.

"인간은 가장 값비싼 자본이다." 이런 말이 다양한 형태로 최근 몇 년간 회자되고 있다. 그러나 인간이 하나의 자본에 불과하다면, 인간은 경제적 생산의 한 요소로 취급되어야 한다는 의미가 된다는 걸 유념해야 한다. 가축도 자본이다. 그런데 인간이 과학적인 이유에서 뿐만 아니라, 모든 유전공학 실험에서 아무런 제한 없이[126] 조작되고 있다. 거기에는 상상의 한계가 없다. 유전자 조작은 필요한 인간유형의 복제를 목표로 한다. 이에 대해 『1984년』[127]을 많이 거론하지만, 사실 눈앞에 전개되는 것은 헉슬리[128]의 『멋진 신세계』에 가깝다. 날 때부터 개개인별로 유용한 사회적 역할을 배정받은 사람들은 생리학적으로 완벽하게 적응하여 부적응도 저항도 하지 않고, 다른 곳으로 탈출하려고도 하지 않는다. 유전공학과 학습된 역할 배정의 조합은 기술적인 기능에 적절한 인간을 산출한다.

그것을 훨씬 더 뛰어넘는 실험이 미국에서 진행되고 있다. 그것은 인간의 뇌에 직접 시술하는 것으로 뇌 속에 미세한 전도체들을 이식하여 인간이 어떤 느낌, 욕망, 쾌락이나 기쁨을 경험하고, 언어를 통하지 않고 명령을 전달 받아 복종할 수 있게 되는 것이다. 그것이 실험단계에서 아무런 문제도 일으키지 않은 카이버트Kybert 프로젝트이다. 그러나 인간 존재에 대

---

126) 18개월 간격의 일란성 쌍둥이 배아의 자궁 이식, 정자와 수정난자의 냉동보관, 대리모 등이 나타나는 현상을 보라. ◇

127) [역주] 조지 오웰(George Orwell, 1903–1950), 영국의 소설가. 본명은 Eric Arthur Blair. 대표 작으로 『동물농장』Animal Farm, 『1984년』 등이 있다.

128) [역주] 올더스 헉슬리(Aldous Huxley, 1894–1963), 영국의 작가. 대표작은 1932년의 『멋진 신세계』Brave New World이며, 오웰의 『동물농장』이 극단적인 사회주의 통제 체제를 배경으로 고통으로 사람들이 통제당한다면, 이 작품은 극단적인 자본주의 체제를 배경으로 쾌락으로 사람들이 조종당하는 사회를 그리고 있다.

해 이와 같이 새롭게 간섭함으로써, 인간은 자유로운 중재자의 역할을 완전히 상실하고, 아무런 선택권도 없이 전적으로 복종하며, 기술의 완벽함에 필요한 적합한 존재로 변화한다. 인간은 결국 정당한 행위에 장애가 되는 일을 하지 않는다. 기술이 완벽해져서 빈틈없고 복합적이고 섬세하고 신속하고 다양해지면, 인간의 행위도 완전해져야 한다. 인간에게 더 이상 꿈을 꾸고 망각하는 일은 허용되지 않는다. 다른 관심사를 가지는 것도 허용되지 않는다. 자동화된 공장의 계기판을 지켜보면서 시를 외우는 일은 있을 수 없지 않은가.

기술 환경은 인간의 급격한 변화를 요구한다. 예전에 인간의 적응은 세대에서 세대로 완만하게 진행되는 리듬에 따라 이루어졌다. 수천 년이 걸려서 인간은 서서히 사회화와 정치화와 도시화를 이루었다. 아무도 인간이 그렇게 해야 한다고 결정하지 않았다. 오늘날 기술 환경은 아주 신속하게 조성된다. 기술들은 점점 더 빨리 변화하고, 완전한 기술 환경의 형성은 모든 분야와 모든 방향에서 폭발적으로 진행되고 있다. 그래서 인간의 적응 기간을 위해 몇 세기를 소요할 수 없다. 인간은 아주 신속하게 적응해야만 한다. 지난 30년간을 검토해 보면 이 엄청난 신속성을 충분히 이해할 수 있을 것이다. 기술들은 곧 쓸모없어지기 때문에 오래 기다릴 수 없다. 한 세대 안에 모든 것이 완결되어야 한다.

다른 한편으로 이 적응은 인간의 생리적 지적 리듬에 따라 자연스럽게 진행되는 것이 아니다. 신속하게 하려면, 의지를 발휘해야 한다. 점진적으로 축적되는 그런 적응이 아니라 모든 부문에서 기계가 필요로 하는 인간을 만들어내야 한다. 현재 컴퓨터 언어에 적합하도록 인간의 언어를 수정해가고 있는 것과 같이, 이미 컴퓨터 형식에 적합하게 아라비아 숫자들과 몇몇 문자들을 수정했다. 이는 별로 관심을 끌지 않은 사건이지만 우리 시대의 아주 중대한 사건이다.

문제가 하나 있다. 기술 모델에 적합하게 유전적으로 조작된 사람들은 아주 적은 소수자가 될 것이다. 그들에 비해서 수십억의 다른 사람들은 사회적 환경의 수준과 심지어 자연적 환경의 수준에 머물러 있게 된다. 그렇다면 그들의 관계는 어떻게 될 것인가? 그들은 서로 이해하지 못할 것이 분명하다. 그들 사이에서 어떤 공통의 척도를 찾기는 힘들 것이다. 그것은 어쩌면 자연 환경에서 사회 환경으로 변천되던 때인 5천년 전에, 수렵 유목민들과 신생 도시의 상인들 사이에서 공통의 척도를 찾는 것보다 더 어려울지 모른다. 이제 기술 체계와 장치에 빈틈없이 완벽하게 적응하여 차별화된 일종의 귀족층과, 시대에 뒤떨어져 기술 수단들을 사용할 능력이 없고 아직 근본적으로는 사회적 환경에 속하는데 살아가기는 기술 환경에서 살아가는 무기력한 거대한 대중이 대립한다. 그 대중은 그 기술 환경에 완전히 부적응한 사람들이다.

그러나 이 주제에 관해서 마지막으로 한 가지 더 지적할 점이 있다. 내가 적응이라고 할 때, 독자들은 환경이 바뀔 때마다 문제가 되는 일정한 적합성을 뜻하는 것으로 생각한다. 열대 지역 사람들은 그곳에 적합한 의복과 주거지와 풍습들을 찾았을 것이다. 그러나 내가 언급한 환경의 변화는 완전하고 근본적인 돌연변이를 뜻한다. 그것은 자연 환경에 있는 선사시대의 인간은 역사적 사회적 환경에 있는 사람과는 실제적으로 아무런 공통점도 없다고 말할 수 있는 것과 같다. 우리는 지금 같은 종류의 돌연변이를 마주하고 있다. 호주 서북부 지역의 원주민인 부시맨Bushman들이 19세기에 인간의 환경으로 간주되던 모든 것에 대해 근본적으로 국외자일 수밖에 없다는 걸 생각해보면, 그 사실이 충분히 이해될 것이다.

환경의 돌연변이를 통해서 지나간 시대에 인간의 본성에 해당되던 모든 것이 변화되어 새로운 모델로 전환된다. 내 말을 과장적인 것으로 받아들여서, 환경이 인간 존재에 미치는 효과를 그렇게 보지 않을 수도 있다.

그러나 그런 관점은 하나의 단순한 가정으로서, 근본적으로 동일하고 양도할 수 없는 인간 본성이 존재한다는 신념을 전제로 한다. 나는 인간 본성의 존재에 대해 그런 신념이 없다. 더욱이 그 인간 본성이 무엇인지 명백하게 말할 수 있는 사람은 아무도 없었다.

그러나 내 안에서 의문이 하나 일어난다. "내가 믿는 것"이라고 제목을 붙인 책에서 나는 왜 이 세 가지 환경론을 개진했을까? 언뜻 보기에 여기에 내가 쓴 모든 것은 겉으로는 내가 마음속 깊이 믿는 것과 아무런 상관이 없는 것 같다. 내가 믿는 것은 근본적으로 실존적이다. 여기서 내가 제시한 모든 것은, 환경의 영향 및 인간의 환경과의 관계를 입증하는 증거들을 내세우는 식의 과학적 이론에 속하지 않는다. 나는 인류학자와 민속학자와 역사학자에게 제기한 그 수많은 문제들에 대해서 정확한 설명을 제시했다고 주장하지 않는다. 나는 하나의 단순한 가설을 제시했다. 그러나 모든 가정에는 상당한 직관과 신념이 있다. 역으로 모든 신념은 가정들을 통해 엄밀하고도 모험적으로 표현된다. 그러나 한 시대의 완전한 지적인 파노라마를 보존하기 위해서는 그 가정들을 고려해야 한다.

나는 인간과 환경의 이러한 관계와 환경의 변화들은 내가 믿는 것에 속한다고 말할 것이다. 이에 실망한 독자들이 "이것은 자끄 엘륄이 믿는 것에 지나지 않는단 말이야"라고 반응할 수 있다. 나는 그런 독자들에게 이것이 반세기 동안 인류 전체에게 일어날 수 있는 것들을 평가한 것이라고 대답할 것이다. 지금부터 우리가 모든 것을 차치하고라도 존속시키기 원하는 것과 우리가 상실해도 좋은 것, 그리고 인간의 발전으로 환영할 것과 비인간적인 것으로 젖 먹던 힘까지 다해서 거부할 것을 선별하는 것이 중요하다. 그렇게 선별하는 것은 결코 하찮은 일이 아니다. 세 개의 환경 이론에서 내가 믿는 것은 우리가 원하는 인간 존재와 거부하는 인간 존재를 구분해야 한다는 요청을 담고 있다. 내가 믿는 것에 담긴 이런 요청을 견지하는 것은 결코 사소한 일이라고 할 수 없다.

제3부

하나님의 안식, 끝이 없는 끝

나는 하나님의 은밀한 현존을 믿는다.

물론 여기서 나는 교리문답을 하지 않을 것이다. 더군다나 합리적이고 과학적인 현대 사상과 하나님에 대한 신앙이 일치하는 점을 입증하려고 하지 않을 것이다.[129] 단지 나는 은밀히 숨어있는 하나님의 존재를 말할 것이다. 결론에 가서 하나님이 나에게 어떤 존재인지 규명하려고 시도할 것이다. 그러나 지금은 인간의 삶과 역사 속에 은밀하게 임재하는 하나님의 현존에 관해 얘기해야 한다. 인간은 거기서 벗어날 수 없다. 그것이 내가 제일 먼저 다룰 문제이다.

인간이 하나님에 관한 하나의 종교적 신념에서 벗어나게 되면, 인간은 그 신념을 대체할 또 다른 종교적인 신념을 만들어낸다. 사람들은 종교 혹은 하나님을 어떤 이미지, 의식, 집단, 개념 등에 동화시킨다. 사람들이 그런 것들을 프랑스에서는 가톨릭교회와 하나님을 배제했다 배제시켜버리면, 사람들은 거기서 자유롭게 되었다고 생각한다. 그러나 동일한 사람들이 곧바로 이성과 과학을 신격화하여, 새로운 신들을 만들어낸다. 우리가 하나님에 관해 논할 때, 우리는 수많은 의문들과 난관들을 접하게 된다.

제일 먼저 접하게 되는 것은 지상에서 사람들이 숭배하는 다양한 신들이다. 내가 그리스도인인 것은 단지 우연하게도 그런 부모 밑에서 태어난 사실 덕분이다. 다양한 신들의 존재는 인간이 자신의 욕망이나 두려움을 하늘에 투사하여 만든 상상물이거나, 따라서 이 신들의 객관적인 실체는 없다 인간

---

129) *La Recherche*(1985년 9월 169호)에서 피에르 띨리에(Pierre Thuillier, 1932-1998, 프랑스 철학자)와 폴 발라디에(Paul Valadier, 1933-, 예수회 신부, 신학자)의 대화는 그리스도교와 과학에 관한 오류를 교정하여 훌륭하게 정리하고 있다.

을 초월하는 어떤 존재일 거라고 나름대로 이해한 것으로 결론을 내릴 수 있다. 모든 신들이 다 허상이지만, 어쩌면 실재의 아주 작은 부분을 반영할 수도 있다. 여기저기서 공통된 것들을 종합하여 혼합할 수도 있다. 아무튼 이쪽 신이 저쪽 신보다 더 참된 진짜라고 말할 수 없다. "내가 믿는 신이 진짜다"라고 선포하는 것은 용납될 수 없는 주장에 불과하다. 사람들은 신에 관한 모든 이야기들을 신화로 전환시킴으로써, 모든 종교적 세계들을 다 똑같이 취급하여 허구와 실재의 구분을 아예 거부하기도 한다.

또 다른 난관은 악의 존재이다. 하나님이 선한 하나님이라면, 하나님은 지상에서 자행되는 모든 악을 허용할 리가 없다. 사건들과 자연재해들로 인한 악에 대해 하나님은 창조주 하나님으로서 책임이 있다이 있고, 인간이 인간에게 행하는 악이 있다. 인간이 하나님의 형상이라면, 왜 인간에게 그런 사악함이 있을 수 있을까? 어떻게 하나님이 인간을 선하게 변화시키지 않을까? 우리는 죽음을 자연의 현실이나 생명체의 법칙이나 세포의 연구 대상으로서는 잘 받아들일 수 있다. 그렇지만, 생명에 하나의 의지적인 기원이 작용하는 것이라면, 어떻게 창조주는 죽어가는 사람과 그를 사랑하는 사람들이 죽음과 거기에 수반되는 고통을 겪도록 용납할 수 있단 말인가? 고통과 죽음은 하나님 앞에 치욕이고 인간은 다 고개를 돌릴 수밖에 없는 것이다.

바쿠닌Bakounine이 말한 유명한 불신자들의 딜레마가 있다. 하나님은 전능하지만 사악한 존재이거나, 혹은 하나님은 선하지만 무력한 존재이다. 이 딜레마는 피할 수 없다. 이와 비슷한 또 다른 딜레마가 있다. 하나님이 절대적으로어원적인 의미로 완전하다면, 완전한 것에 어떤 것이라도아나톨 프랑스에 따르면, 개암 열매 하나라도 첨가하는 것은 불가능하기 때문에 하나님은 창조주가 될 수 없다. 그게 아니라면, 하나님이 창조주라는 것은 하나님이 완전하지 않고 무엇인가가 부족하다는 걸 의미한다. 그렇다면 하나님은 하나님이 아니다. 아주 오래된 한 이단 종파는 하나님은 창조주가 아니고 창조는 보다 열등한 신인 조물주 여호와가 담당했으며 악한 것이라고 판단했다.

이런 추론에다가 과학적인 이론 전개를 더하면 된다. 역사 과학은 "신성한 경전"을 분해하여서 그것이 신적인 영감을 받은 경전이 아니고 기껏해야 하나님에 관한 다양한 사람들의 견해들을 보여주는 것이라고 한다. 물리학, 생물학, 천문학 등의 과학은 물질을 분석하면서 거기서 물질 이외의 다른 존재의 흔적을 찾을 수 없다고 한다. 과학이 인간의 뇌기능과 물질의 과학적인 법칙들을 발견한다면, 기적은 사라지고 말 것이다. 자연의 법칙들을 무너뜨리는 기적은 불가능하다. 법칙이 존재한다면 예외는 있을 수 없다. 기적으로 얘기된 모든 것들은 전설이요, 환상이 될 것이고, 무엇보다 그 사실은 하나님이 역사할 수 없다는 걸 의미한다. 하나님이 존재한다면, 하나님은 완전히 마비된 상태로 있다. 더욱이 종교의 하나님은 인간 이성과 근본적으로 양립할 수 없다.

진리, 절대, 영원, 전능과 같은 것들을 얘기하는데, 그 말들이 뜻하는 것은 대체 무엇이란 말인가? 사실, 그것들은 우리의 지성과 이성에 맞지 않는 표현들이고, 우리에게는 정말 아무 것도 의미하지 않는다. 그 말들은 이상이나 과학이나 심지어 상상력의 차원에서 보아도 아무런 뜻을 찾아볼 수 없다. 그 단어들을 사용해서 신성한 경전들은 신인동형론적인 이야기들을 한다. 분노하고 벌을 주고 보상하고 질투하고 전쟁을 일으키고 후회하는 신들이란 대체 어떤 존재들이란 말인가? 그건 그냥 표현 방식에 지나지 않는다고 말하는 건 쉽다. 그렇지만 그 외에 달리 말할 수 없기 때문에, 하나님에 관한 그런 개념에 의존하는 것이 유익한가?

중요한 신학 사조로서 부정적 신학은 하나님에 관해서 아무 것도 알 수 없다고 정직하게 인정한다. 하나님은 은밀하게 숨어있어서 우리는 하나님에 관해서 부정적인 방식으로만 얘기할 수 있을 뿐이다. 즉, 하나님이 아닌 것은 얘기할 수 있지만 그 이외 다른 것은 일체 알 수 없다. 기독교적인 종교는 전설적인 이야기들로 인해서 취약한 구조를 지니고 있다. 하나님이 한 인간 안에 성육신할 수 있다는 걸 받아들이는 것은 엄청난 종교적 신념이 아닐 수 없다. 오랜 세월 동안 신학자들은 그 성육신의 의미를 이해하기 위해 노력했다. 그들은 상상할 수 있는, 모든 해석 체계들을 다 수립했지만, 그 어느 것도 만족을 주지 못했다. 기진맥진하여 신학자들은 그 문제를 포기하고 말았다. 사람들의 질문들에 답할 수 없을 때 그리스도인들은 "그게 신비이다"라고 말하면서 자신들의 실패를 자인하곤 한다. 정확히 말한다면, 그 말은 이성적인 사람에게는 아무런 의미도 없다는 말이다.

여기서 또 다른 중요한 점이 있다. 신들은 인간을 통하여 무엇을 했는가. 사람들은 종교를 명분으로 가장 잔인한 전쟁들을 일으켰다. 진리를 확신하는 종교적인 인간은 그 진리를 다른 사람들에게도 각인시켜서 모든 거짓들을 물리치고 싶어 했다. 종교는 언제나 분열과 증오와 몰이해의 요인이었다. 종교적인 인간은 다른 종교를 가진 사람을 용납할 수 없다. 그것으로 끝이 아니다. 공산주의라는 종교의 이름으로 수억의 인구가 노예 상태로 전락하고 아프가니스탄, 베트남, 에티오피아에서는 전쟁이 계속 진행되고 있다. 이슬람이라는 종교의 이름으로 이란-이라크, 레바논, 수단에서 유혈 전쟁이 벌어지고 있고, 전 세계를 향한 공격이 준비되고 있다. 누가 이 모든 것을 부정할 수 있을까.

사랑의 종교인 기독교는 다른 종교들과 같이 전쟁과 정복을 치르고, 무관용과 몰이해의 화형대로 이단들을 상대한다. 이 모든 것은 부정될 수 없다. 마지막으로 기독교가 일으킨 최악의 왜곡된 현상을 보라. 기독교가 서구인의 정신에 어떤 끔찍한 영향을 끼쳤을까. 서구인은 무서운 하나님의 심판에 대한 공포 속에 살아가면서 죄인이라는 관념으로 죄책감에 시달리고, 금기로 가득한 세상에서 방황하면서 성적으로 억압된 채 지냈다. 이는 참담한 결과를 초래하여, 서구인은 다른 곳에서 지배와 정복과 팽창의 욕구를 보상했던 것이다.

　기독교가 태동한 이래로 계속되어온 이런 엄청난 역사를 앞에 두고, 논리적으로 이론을 제기하거나 변증을 하는 것은 어리석은 일이다. 나는 두 가지를 지적하는 것으로 마치려고 한다. 먼저 과학은 현대에 가까울수록 확실성이 더 떨어진다는 점이다. 그 다음으로, 이 모든 주장은 말도 안 되는 오해에 근거를 두고 있다는 점이다. 그리스도인들도 그 오해를 공유하고 있다는 사실을 분명히 인식해야 한다.130)

　인간의 과학은 스스로 진보하여 광범위한 분야들을 개척했지만, 더더욱 어려운 난제들을 축적해온 탓에 그 확실성이 감소하고 있다. 그 사실에 관해 간략한 사례를 들어보자. 곧 하이젠베르크131)의 불확정성 원리는 "신은 주사위게임을 하지 않는다"는 아인스타인의 말을 부정하고, 복합적인 체계들과 피드백을 발견하여 비분리의 원칙과 개방적인 체계들을 알아냈다. 그러면서 가장 확실한 정설로 받아들여졌던 인과론의 상당 부분을 폐기하게 했다. 그런데 생물학, 역사학, 화학, 심리학 등의 모든 과학들이 이와 같이 새로운 걸 연구하면서 불확실성이 증대하게 된다.

　우리는 순수과학이 존재할 수 없다는 걸 알게 되었다. 역으로 과학은 결코 순수하지 않다. 수학조차도 그렇지 않다. 현대의 한 훌륭한 수학자132)는 『순수한 수학은 존재하지 않는다』라는 책을 썼다. 어떤 학자들은 과학

---

130) 이 문제에 대한 그리스도인의 책임은 1984년에 출판된 『뒤틀려진 기독교』(대장간 역간, 2012)에 개진되어 있다.

131) [역주] 하이젠베르크(Werner K. Heisenberg, 1901–1976), 독일의 이론 물리학자. 양자 역학에 불확정성 원리를 도입.

132) [역주] 디디에 노르동(Didier Nordon, 1946–), 프랑스의 수학자. 1981년에 『순수한 수학은 존재하지 않는다』*Les Mathématiques pures n'existent pas* 출판.

의 한계를 무릅쓰고133), 과학이 갱신되면서 새롭게 조명하는 하나님에 관한 의문들을 제기하고 있다. 『프린스턴의 그노시스』134)의 의심스러운 추론까지는 거론할 것도 없이, 나는 우주의 기원에 관해 정설로 인정받은 빅뱅 이론에 문제가 있다고 믿는다. 이 우주는 항상 존재한 것이 아니었다. 단 하나의 'T₀'135)에 상상할 수도 계측할 수도 없는 에너지의 집중이 이루어져 단 번에 폭발하여 성운의 물질을 만들었다. 그렇다면 그 에너지는 어디서 나왔는가? 집중과 분산이라는 일종의 호흡과 같은 영속적인 운동 이론으로 그걸 설명하려고 했지만 그다지 설득적이지 못했다. 물리학자 베르나르 데스파냐136)는 "베일에 덮인 실재"라는 이론으로 아주 다른 가설을 제시했다. "베일에 덮인 실재"는 인식할 수 없지만 그것이 없이는 실재가 설명될 수도 유지될 수도 없다. 이와 같이 과학에 확실성이라는 영예는 더 이상 존재하지 않게 된 것이다.

그러나 또 다른 변화의 측면은 기독교 계시의 해석에 가해진 수정에 있다. 거의 모든 이론들이 성서의 계시를 잘못 이해하여 계시와는 무관한 형이상학 이론을 수립하여 계시를 하나의 상부구조로 만들었다. 그렇게 제시된 하나님은 예언자들의 하나님도 예수 그리스도의 하나님도 아니고, 철학자들의 하나님이다. 신의 본질, 하나님과 세계의 관계, 존재의 기원으로서의 하나님에 관해 사색하여온 철학자들은 결국 그리스 철학에서 파생된, 아주 지성적인 하나님의 이미지를 수립했다. 18세기와 19세기의 합리주의가 세밀하게 분석한 것이 바로 그 이미지이다. 마찬가지로 신학도 신비 현

---

133) 오늘날 모든 과학자들은 공개적으로 생명과 의미에 관한 자신들의 신조와 윤리와 성찰을 제시해야할 필요성을 절감하는 것 같다.

134) [역주] La Gnose de Princeton. 1974년에 프랑스에 출판된 레이몽 뤼이에(Raymond Ruyer)의 소설. 새로운 영적인 지식에 눈을 뜬 프린스턴 대학 출신의 과학자들을 만나 그 지식을 나누게 된 내용으로 당시에 큰 인기를 얻었다.

135) [역주] 특수상대성 이론에서 말하는 아주 빠른 시간.

136) [역주] 베르나르 데스파냐(Bernard d'Espagnat, 1921–), 프랑스의 이론 물리학자.

상은 제외하고 합리적인 차원에서, 모든 것을 포함하고 설명할 수 있는 하나의 체계적 이론을 세웠다. 자연 현상들을 설명하는 신학적 해석이 과학적인 이론과 충돌했을 때, 신학자들은 확실한 성서적 근거들을 다시 살펴보는 대신에, 자신들이 만든 이론을 고집하며 과학적인 논리와 실험에 정면으로 대항했다.

과학은 현실적인 차원을 다루는 영역이고, 종교는 영성적인 차원을 다루는 영역이라며, 그와 같이 두 영역으로 구분하면 문제가 해결된다고 주장하는 학자들도 있었다. 그러나 그런 주장도 잘못된 것이다. 왜냐하면 육체에서 영혼이 분리되지 않는 것만큼 현실적인 것과 영적인 것은 분리될 수 없기 때문이다. 육체가 없는 영적인 것은 확실한 실체가 없는 안개와 같다. 특히 그런 신학적인 사유는 변증법적인 과정을 무시함으로써 단순 논리와 단선적인 합리성을 보여줄 뿐이었다. 이 모든 것은 대략 70여 년 전부터 많은 변화를 겪어왔다. 신학은 시대의 유행을 좇지 않았고 직접 그 원전으로 돌아갔다. 그 사실만으로도 대립하는 대부분의 문제들을 무마하기에 충분했다.

이제 과학과 계시는 각기 다른 두 영역이 있는 것이 아니라, 각기 다른 두 가지 궁극적인 목적들을 가지고 있다. 과학은 설명을 위한 것이라면 계시는 의미를 위한 것이다. 그러나 그 의미는 고갈되지 않는 무궁무진한 것이다. 왜냐하면, 한편으로 의미를 부여해야 하는 대상이 변화함에 따라 의미가 다르게 나타나고, 다른 한편으로 현대인들이 새롭게 제기하는 의문에 답하려는 노력을 기울이면서 성서를 더 깊이 이해하게 됨에 따라 그 의미가 심화되기 때문이다.

성서의 하나님은 은밀하게 숨어 있지만 분명히 현존하는 하나님이라는 사실을 말하기 위해서 이 모든 우회적인 얘기를 했다. 나는 세상 속에 하나님의 은밀한 현존을 믿는다. 하나님은 때로는 우리를 침묵 가운데 남겨두기도 하지만, 우리에게 늘 "기억하라"고 말씀한다. 즉, 하나님은 우리로 하여금 하나님이 전한 말씀을 찾게 하고, 우리가 그 기록된 말씀을 살아있는 현재화된 말씀으로 받아들일 때 그 말씀을 늘 새로워지게 한다. 하나님은 남몰래 잠행하기에 웅장한 파이프 오르간이 연주되는 화려한 의식들 가운데는 모습을 나타내지 않지만, 가난한 사람의 의외의 모습에 담긴 예수 그리스도가 겪은 것과 같은 고통 속에, 내가 다가가는 이웃의 연약함 속에 숨어 있다.

우리는 기본적인 진리를 잘 인식하고 있어야 한다. 하나님은 쉽게 사라져버리는 말을 도구로 삼아서 가난한 모습으로 자신을 계시한다. 왜냐하면 하나님이 당신의 권능과 영광과 절대성으로 당신을 우리에게 계시하면, 모든 것이 소멸되어버릴 것이고, 그 어떤 것도 하나님을 수용할 수도 그 현존을 감당할 수도 없을 것이기 때문이다. 하나님은 직접적으로 알 수 없고, 우리가 수용할 수 있는 중간 매개체를 통하여서만 알 수 있다. 그렇기 때문에 대성당들의 웅장한 의식들과 화려한 외양은 무분별한 것이다. 솔로몬은 성전을 봉헌할 때 올린 기도 속에서 그 점을 인정한다. "하나님이 참으로 땅에 거하시리이까? 하늘과 하늘들의 하늘이라도 주를 용납하지 못하겠거든 하물며 내가 건축한 이 성전이오리이까?"왕상8:27 뒤이어서, 가난한 사람, 이방인, 굶주린 사람, 죄를 지은 사람, 탄원하는 사람을 위한 솔로몬의 모든 간구들이 나온다.

인간이 처한 모든 연약한 상황들 속에서 하나님은 인간을 찾아온다. 그러나 우리가 확신할 수 있는 것은 인간이 부와 권력을 누리고 지배하고 확대하며 뛰어난 기술로 끝없이 성장하는 상황 속에 하나님은 함께 하지 않는다는 사실이다. 모든 부자들에게 하듯이 하나님은 우리에게 "너희는 이미 너희가 받을 상을 다 받았는데, 하나님이 너희에게 무엇을 더 주겠느냐?"라고 말한다. 그렇기 때문에 풍요하고 기술이 발달한 서구 사회에서 하나님은 침묵하는 것이다. 물론 하나님은 모든 우주에 현존한다. 그러나 뱀이 이브에게 말을 걸었을 때, 이브가 선악과를 바라보고 하나님과 같이 되려고 선악과를 취하였을 때처럼, 하나님은 잠행하여 은밀한 가운데 현존한다. 잠행하여 현존함으로써 하나님은 당신이 경고한 뒤에 피조물이 스스로 자신의 운명을 선택할 수 있도록 피조물의 뜻을 존중하는 것이다. 그러나 은밀하게 현존하는 하나님에 대해 지금까지 내가 한 말이 단순한 내 생각에서 나온 것은 아닐까?

거기에 대한 분명한 확증을 나는 예수의 생애 속에서 발견한다.

20년 전에 비폭력non-violence에 대한 토론을 할 때, 나는 선봉에 서서 예수의 삶을 특징짓는 것은 비폭력이 아니라고 주장했다. 왜냐하면 예수는 성전의 장사꾼들을 향해 분노를 폭발시킨 사례를 남겼기 때문이다. 그 사례를 유용한 논거로 삼아서, 어떤 신학자들은 예수가 폭력적인 혁명을 부정하지 않았고 부자 장사꾼들에게 항거하는 가난한 사람들의 행동을 유도하려고 했다고 주장하기도 했다. 예수가 위선적인 서기관들과 바리새인들을 호되게 질책하고 부자들을 꾸짖고 고라신과 벳새다를 책망했다는 사실을 우리는 알고 있다.

예수의 삶에서 비폭력보다 더 중요했던 것은 모든 상황 속에서 능력의 포기non-puissance, 137)를 선택한 점이다. 그 선택은 무한하게 확장된다. 능력의 포기는 무능력이 아니다. 무능력은 하고 싶거나 해야 할 일을 할 수 없는 단순한 사실을 뜻한다. 능력의 포기는 할 수 있는 능력이 있지만 그 능

---

137) [역주] 문자 그대로 번역하면 비능력(非能力)이라 할 수 있다. 이는 능력이 있음에도 불구하고 그 능력을 사용하지 않고 포기한다는 뜻이다. 여기서 능력의 포기로 번역한 것은 그 뜻을 보다 분명히 나타내게 하기 위함이다.

력을 사용하지 않기로 선택하는 것이다. 그것은 포기하고 내려놓는 것이다. 더욱이 능력의 포기라는 전반적이고 특별한 결정은 우발적으로 일어나는 폭력적인 행위를 배제하지 않는다. 그러나 이 폭력은 급작스러운 대립을 드러내는 것에 불과하며, 능력의 포기는 모든 상황 속에서 온 생애를 통하여 취하는 모든 선택들이 계속적으로 지향하는 정향定向이다.

힘이 있는데 힘을 사용하기를 거부하는 것이다. 예수의 삶이 보여주는 것이 그것이다. 전능한 신이 인간들 가운데 임하여 능력의 포기를 선택하는 것은 아주 당혹스러운 일이다. 그 선택은 태어날 때 일어나지 않는다. 왜냐하면 하나님이 메시아로 선택한 어린 아기는 아직 무력한 상태에 있기 때문이다. 그때 하나님은 권능을 내려놓고 한 어린 아기로 자신을 인간들에게 내어주었다. 그것은 예수의 문제가 아니다.

삶의 선택으로서 능력의 포기는 메시아 공생애의 처음과 마지막에 확인된다. 불세례를 줄 수 있는 능력을 가졌음에도 불구하고 예수가 세례 요한에게 세례를 요청한 것은 능력의 포기를 선택한 것이다. 세 번이나 자신의 신적인 능력을 나타내 보이라는 유혹이 있었지만 예수는 세 번 다 거절함으로써 능력의 포기를 선택한다. 하나님의 외적인 능력의 사용이 능력의 차원에서 하나님의 아들이 됨을 보여주는 것이 아니다. 거기에 계속되는 유혹이 있다. 예수는 때때로 기적을 행하기를 거절했다. 그런 기적은 예수의 메시아로서의 정체성을 입증하라는 요청과 관련된 것이었다. 예수는 그런 요청은 거절한 것이다. 그는 오직 사랑의 표시로서 기적을 행한다.

가장 간명한 사례는 체포되었을 때 예수가 행한 선택과 결정의 표명이었다. 베드로가 검으로 예수를 지키려고 했을 때, 예수는 그걸 금하면서, "너는 내가 내 아버지께 구하여 지금 열두 군단 더 되는 천사를 보내시게 할 수 없는 줄로 아느냐?"라고 말했다. 예수는 하늘의 능력들을 동원할 수 있지만 그러기를 원하지 않은 것이다. 마지막으로 십자가에서 예수는 "네가 만일 하나님의 아들이어든 자기를 구원하고 십자가에서 내려오라"는 기적의 요청을 거절했다. 예수는 십자가에서 내려오지 않았다.

이와 같이 전 생애를 통하여 메시아와 구주로서 능력을 사용하지 않는 예수의 놀라운 선택이 이행된다. 이는 불신자와의 관계에서는 무력만을 개입시키는 이슬람과 근본적인 차이를 보여준다는 사실을 잠시 상기하자. 예수의 선택은 예언자들이 선포한 예언의 내용과 일치한다. "예루살렘을 지키는 것은 너희의 병거나 기사들이 아니다. 너희를 지키는 것은 영원한 하나님뿐이다. 하나님 이외의 다른 존재들을 찾지 말라. 그런 것은 너희가 영원한 하나님을 신뢰하지 못하고 있다는 걸 증명하는 것이다. 하나님은 너희의 성벽이요 방패이다. 그러니 하나님 이외의 다른 존재를 구하지 말라."

그러나 지속적으로 예수가 분명하게 선택한 능력의 포기는 그리스도인들을 미묘한 입장에 놓이게 한다. 왜냐하면 우리도 동일한 선택을 해야 하기 때문이다. 그러나 우리가 사는 사회는 능력 이외에, 다른 지향이나 목표나 진리의 준거가 없다. 과학은 진리가 아니라 능력을 얻으려고 하고, 기술은 통째로 능력의 도구가 되어버렸다. 기술은 능력과 무관한 것이 하나도 없다. 정치는 행복과 정의를 위하지도 않고 인간다운 것을 표명하지도 않으면서, 권력을 실현하고 확보하는 것 이외에 다른 목표가 없다. 경제는 국가의 부를 위해 광적으로 몰두함으로써 권력을 위한 것이 되었다.

우리의 현대 사회는 능력을 지향하는 시대정신을 가지고 있다. 현대 사회가 이전의 과거 사회와 가장 크게 다른 점은 과거 사회도 능력을 추구했지만 단지 그 수단들을 갖추지 못했었다는 사실에 있다. 현대 사회는 무제한의 능력을 위한 수단들을 소유하게 되었다. 그리하여 그리스도인들은 오늘날 전대미문의 가장 어려운 상황에 처해 있다. 왜냐하면 그리스도인들은 현대의 시대정신을 거부하면서 동시에 그 수단들도 거부해야 하기 때문이다. 그렇지 않고 그러한 능력에 조금이라도 굴복하면 우리는 예수 그리스도를 배반하게 된다. 그것은 개인적으로 범한 죄보다 훨씬 더한 것이다. 왜냐하면 그것은 비폭력도 포함되는 삶의 선택으로 다른 여지가 없기 때문이다. 가난한 사람들과 고통당하는 사람들을 돕는 자선 행위로서, 혹은 정의를 실현하기 위한 혁명적인 행동으로서, 그리스도인의 신앙을 표명한다고 자랑하는 것은 예수 그리스도를 배반하는 것이다. 궁극적으로 지향한 것이 사랑이라면, 어떤 상황 속에서라도 타인을 향해 어떤 형태로든 능력을 과시하거나 드러내지 말아야 하기 때문이다. 오직 능력의 포기만이 오늘날 세상을 구원할 기회를 가져올 수 있다.

1. 일곱째 날

"하나님이 지으신 그 모든 것을 보시니 보시기에 심히 좋았더라. 저녁
이 되고 아침이 되니 이는 여섯째 날이니라. 천지와 만물이 다 이루어지니
라. 하나님이 그가 하시던 일을 일곱째 날에 마치시니 그가 하시던 모든 일
을 그치고 일곱째 날에 안식하시니라. 하나님이 그 일곱째 날을 복되게 하
사 거룩하게 하셨으니 이는 하나님이 그 창조하시며 만드시던 모든 일을
마치시고 그 날에 안식하셨음이니라."창1:31-2:3 우리 모두가 알고 있는 사
실로서 일곱이라는 숫자는 완전을 가리킨다는 점을 상기하자. 모든 것이
심히 좋다는 말은 하나님의 일을 다 마쳤다는 걸 말한다. 일곱이라는 숫자
는 그걸 나타내는 것이다. 모든 것을 다 마친 뒤에 하나님은 안식을 취했
다. 이와 같이 하나님의 안식은 창조의 완성이다.

창조의 최종 단계는 인간의 창조가 아니라 하나님의 안식이다. 하나님
은 물러가 안식을 취하였다. 그러나 이 안식은 하나님이 스스로 취하는 취
미나 오락이 아니다. 안식은 그것보다 한없이 더 큰 것이다. 그것은 충만함
이다. 하나님은 사랑이어서 당신의 사랑을 텅 빈 상태로 둘 수 없기에, 당
신 홀로 있으므로 당신이 상대할, 사랑의 대상이 존재해야 했다. 하나님은
창조했다. 하나님은 당신의 기준에 따라 창조했다. 즉, 매일 은하계보다 더
수가 많을 정도로 창조했다. 그러나 사랑의 대상이 사랑에 반응하면서 사

랑을 나누어야만 사랑은 행복에 이르게 된다. 창조의 사역은 하나님이 이 우주에 인간이라는 아주 미세한 존재를 들여놓음으로써 마치게 되었다.

인간은 미세한 존재이지만 나머지 다른 피조물들이 할 수 없는 걸 할 수 있다. 그것은 사랑이다. 인간은 사랑을 위해 창조되었다. 인간은 하나님의 사랑을 받고 그 사랑에 응답하여 하나님에게 모든 피조물들의 사랑과 경배를 돌려드리기 위해 창조되었다. 이때 창조는 비로소 완성된다. 하나님의 사랑이 허무와 침묵으로 끝나지 않도록 하나님은 창조를 마칠 수 있었다. 게다가 사랑을 위해 창조된 인간은, 남자와 여자로 창조되어 서로를 향한 서로의 사랑이 사랑 그 자체인 하나님의 형상을 나타낸다. 인간은 사랑을 위해 창조되었기에 하나님의 형상이 된다. 이와 같이 하나님은 당신의 창조 세계에 당신의 형상과 모양을 들여놓았다.

이제 더 이상 첨가할 것이 없어서 하나님은 당신의 안식에 들어갈 수 있었다. 그 안식은 만물의 완전한 성취이자 생명의 정점이다. 안식일은 뒤에 가서 이 하나님의 안식을 뜻하는 상징이 되고 인간에게는 제일 중요한 날이 되었다. 이 안식은 게으름이 아니라 "모든 것이 심히 좋은" 충만함이기 때문에, 조하르Zohar, 138)에서는 "안식일이 나머지 육일 때문에 창조된 것이 아니라 나머지 육일이 안식일이라는 목표를 위해 창조되었다."고 한다. 하나님은 안식한다. 하나님은 행동을 멈춘다. 하나님은 시발점이 되기를 멈춘다. 하지만 하나님은 전능한 창조주로서 존재하는 것을 멈추는 것은 아니다. 즉, 하나님은 언제나 새롭게 전능한 창조주가 된다.

하나님은 행동을 멈춘다. 이는 성서의 하나님이 "원인자"가 아니라는 걸 뜻하는 근거이다. 하나님은 많은 신학자들이 주장하는 것과는 달리 원

---

138) [역주] 빛나는 책이라는 뜻으로 유대교 신비주의의 일종인 카발라의 경전. 13세기 스페인의 모세 드 레온이 편찬한 것으로 알려져 있다. 불가지의 존재인 하나님이 원인간인 아담을 통하여 자신을 계시한다고 주장.

인들 중의 원인Causa causarum이 아니다. 원인으로서 작용하는 보편적인 제1 원인자는 멈출 수가 없다. 하나가 다른 것의 원인으로 작용하는 물리적 역학들을 상정해 보면, 어느 순간에도 제1원인자는 멈추는 결정을 내리지 못한다. 그 원인자는 마모되거나 파괴될 때까지 작동한다. 그 자체가 원인인 까닭에 원인자는 원인이 아닐 수가 없다. 원인이 아니라면 원인자는 더 이상 그 존재가 성립할 수 없다. 안식하는 결정을 내림으로써 하나님은 원인자가 아니다.

모든 것을 선하게 완성했다고 판단한 하나님의 이런 결정은 하나님의 완전한 자유를 내포한다. 이는 아주 중요한 것으로, 인간이 하나님의 형상이기 때문에 인간은 자유로운 존재로 창조되었다는 걸 뜻한다. 하나님은 멈추기로 결정함으로써 당신의 자유를 드러냈다. 왜냐하면 하나님은 자유롭게 자신의 활동 영역을 결정하기 때문이다. 그러나 인간은 이 창조 세계에서 사랑이라는 기능이는 존재론적인 것이라고 감히 말하고 싶다을 담당하도록 지음을 받았다. 사랑의 기능을 완수하게 할 수 있는 것이 자유이다.

그러나 하나님이 활동을 멈추기로 결정한 것은 또한 당신의 피조물의 자유를 방해하거나 차단하지 않기 위한 것이다. 이것은 근본적인 것으로 모든 다른 종교들과 다른 점이기도 하다. 하나님은 당신의 피조물을 존중하여 피조물이 자유롭게 살아가도록 당신의 활동을 멈춘 것이다. 또한 그 자유는 사랑하지 않을 자유와 하나님의 사랑에 응답하지 않을 자유를 포함한다. 하나님은 인간에게 자유로운 장을 주기 위해서 물러났다. 하나님과 인간의 관계가 단절될 때, 인간이 가졌던 사랑의 순수한 자유는 변질되어서 독립성이나 자율성이 되고 만다. 그러나 하나님은 한때의 자유가 이와 같이 참담하게 변질되어 잔존하는 것을 제거하지 않는다.

하나님은 안식에 들어감으로써, 인간에게 창조세계를 돌보는 책임을 부여하고 결정을 내릴 수 있는 자유를 허락하였다. 그러나 그것은 하나님의 부재나 무관심을 뜻하는 것이 아니다. 그것은 궁극적으로 무無인 열반涅槃으로 들어가는 물러남도 아니고, 커다란 일자一者로서 전체와 합하는 것도 아니다. 하나님이 사랑인데 어떻게 그렇게 될 수 있겠는가? 하나님은 당신이 완성한 창조세계에서 생겨나는 일에 무관심할 수 없다. 그렇기 때문에 하나님이 어떤 추상적인 개념이나 힘이 아니라 하나의 인격적인 존재라는 사실이 아주 중요하다. 이렇게 말함은 신인동형론이 아니라, 하나님이 하나님의 형상인 인간을 선택하여 존중한다는 사실을 말하는 것이다.

그러나 "하나님은 인격적인 존재"라는 말은 하나님이 어떤 존재인지 우리에게 밝혀주는 것은 아니다. 그 말은 하나님이 어떤 존재인지 우리에게 밝혀주려고 하는 것이 아니라, 하나님이 우리와 어떤 관계를 맺고 있는지 말해주려는 것이다. 즉, 그 말은 하나님이 우리에게 어떤 존재인지 우리와의 관계에서 어떤 역할인지 알려주려는 것뿐이다. 모든 그노시스gnose, 하나님에 관한 지식을 위한 지식은 금지된다. 일단 우리는 여기서 하나님이 우리에게 자유를 주고 안식에 들어간 인격적인 존재라는 사실만을 인지하면 되는 것이다.

그러나 창조의 일은 다 마쳐지지 않았다. 사실 일곱째 날 이후에는 아무 것도 없다. 이는 창조의 단계를 마칠 때마다 "저녁이 되고 아침이 되니 이는 여섯째 날이니라"와 같은 말이 따라오는 걸 확인함으로써 명백해진다. 그런데 일곱째 날에는 그와 같은 말이 없다. 이는 여덟째 날은 없다는 걸 뜻한다. 그러므로 우리는 일곱째 날에 살고 있다. 우리는 하나님의 안식 가운데 머물러 있다. 우리가 이해해보려고 했던 인간의 모험으로 이루어진 인간의 역사는 일곱째 날에 머물러 있다. 나는 창조의 행위가 이 인간의 역사 속에 계속되고 있다고 감히 말하고 싶다. 그러나 "하나님이 그 일곱째 날을 복되게 하사"라는 그 어마어마한 말씀은 인간의 역사에 관한 모든 평가를 그 근본부터 흔들리게 할 수 있다. 그 말씀을 단지 안식일을 정당화시키기 위한 논거로 삼는 주석학자들의 피상적인 설명은 그냥 무시하고 넘어가자. 그건 일종의 창조의 기원신화로 보는 것이다. 우리 얘기는 그보다는 폭이 넓다.

인간의 모든 역사가 이 일곱째 날에 머물러 있고, 이 일곱째 날은 끝난 것이 아니라 계속 되고 있다면, 그러면 인간의 역사는 여섯째 날이 끝날 무렵에 시작되어 수만 년이 흐르고 있는 이 일곱째 날에 이루어지고 있는 것으로 이해해야 한다 인간의 모든 역사는 하나님이 내린 복을 받고 있다. 왜냐하면 하나님이 일곱째 날을 복되게 하셨기 때문이다. 이제 우리의 모든 관점이 확 바뀐다. 나는 인간의 역사는 의미가 없고 하나의 역사적 사건은 더더욱 의미가 없다고 주장한다. 그러나 하나님이 내리는 복을 받고 있는 인간의 역사라는 상황은 모든 걸 뒤바꾼다. 왜냐하면 하나님이 이 날을 복되게 했다면 하나님이 이 날에 일어나는 모든 것을 복되게 한 것이기 때문이다.

이 복이라는 말이 세 가지를 의미한다는 걸 기억하자. 복은 화합과 용서와 좋은 소식이 담긴 좋은 말을 하는 것일 뿐만 아니라 그 말은 구원을 가져오고 경배를 부르는 것이어야 한다. 요한계시록에서 우리는 노인들과 동물들의 경배 속에서 하나님이 내린 복이 역사에 임한다는 동일한 말씀을 발견한다. 수많은 재앙들과 무자비한 전쟁들과 문명들의 몰락이 일어나고, 새로운 진리를 세우기는 힘들고 평화와 사랑의 말은 듣기 어려운, 이 역사 전체에, 역사가 시작하기도 전에 이미 선포되었던 용서와 경배와 구원이 담겨져 있다. 역사의 시작과 전개가 어찌되었든 간에 말이다. 그렇다면 우리는 이제 이 역사를 달리 평가해야 한다.

그러나 우리는 신학적으로 중요한 문제에 부닥치게 된다. 모든 역사가 일곱째 날에 자리하고, 그 일곱째 날은 하나님이 안식하는 날이어서, 하나님은 역사를 이루어가지 않고, 창조를 계속하지 않고, 역사 속에서 사건들을 다루지 않는다. 하나님은 창조를 다 마쳤다. 하나님이 역사의 사건들을 다루기를 원하는 사람들에게, 나는 "역사 전체는 어디에 자리하고 있는가?"라는 단순한 질문을 하고 싶다. 여섯째 날의 끝 무렵인가? 아니다. 그날은 인간이 창조된 날로서 막 시작한 때이다. 그러면 여섯째 날과 일곱째 날 사이인가? 아니다. 성서 본문은 일곱째 날은 이미 현존하며 다 성취된 날이다.

역사 전체가 자리한 것은 바로 이 일곱째 날의 현실 상황이다. 하나님은 안식을 취하고 있으니, 역사를 만드는 것은 인간이다. 인간은 자신의 의도와 수단과 능력으로 자신의 역사를 만들어간다. 역사는 하나님이 행한 결과가 아니다. 그런데 이 말은 신학자들이 거의 다 동의하는 개념인 하나님의 섭리에 걸린다. 섭리하는 하나님은 모든 것을 알고 예견할 뿐만 아니라 모든 것을 조합한다. 모든 사람의 삶은 이 섭리의 주관 하에 있고, 역사의 모든 일은 사실상 하나님이 행한 것이다. 이 섭리라는 개념은 성서적으로 부정확하고 신학적으로는 잘못된 것이라는 것이 내 판단이다. 그것은 사람들이 기독교를 반대하는 원인이다. 그들은 말한다. "하나님이 다 한다면, 하나님은 잘못을 범하기도 한다. 왜냐고? 하나님이 다 한다면, 하나님은 정말 잘 못한다. 왜냐하면 자연이나 역사나 아주 잘못되어 가고 있으니까 말이다."

섭리라는 개념은 전능한 하나님이라는 개념에 부합시키려는 논리적인 사유에 필요한 것이었다. 그것은 인간의 자유를 버리고 창조의 역사에 하나님의 자유를 끌어들였다. 나는 섭리란 존재하지 않는다고 믿는다. 섭리가 존재한다면 하나님의 뜻은 모든 상황에서 기필코 이행되고, 하나님의 통치는 이론의 여지가 없을 것이다. 그러나 그렇다면 예수가 우리에게 가르친 주기도에서 "아버지의 나라가 오게 하시며...아버지의 뜻이 이루어지게 하소서"라는 두 가지 요청은 무얼 뜻하는가? 섭리 가운데 하나님의 나라가 이미 임했는데 왜 기도하는가? 하나님의 뜻이 섭리로 인해서 다 이루어지는데 왜 기도하는가? 주기도의 이 두 가지 요청은 하나님의 뜻이 이루어지지 않았기에, 우리가 그걸 요청하는 것이고, 하나님의 뜻은 예측 불가능하기에, 우리가 처한 상황을 변화시키려고 하나님이 개입할 것을 모든 상황에서 다 기대할 수는 없다는 사실을 보여준다.

하나님의 나라가 임하고, 하나님의 뜻이 이루어지는 것을 요청하는 것은 섭리는 존재하지 않는다는 사실을 말해준다. 성서에서 우리는 섭리나 섭리의 동의어를 발견할 수 없다. 그러나 나는 몇몇 말씀들이 그런 의미를 불가피하게 연상시킨다는 사실을 알고 있다. 그 중 하나를 간략하게 살펴보자.

마태복음에 "너희 아버지의 뜻이 아니면 참새 한 마리도 죽지 않는다." 마10:29, 139)라는 말씀이 나온다. 이는 현대 프랑스어로 번역된 본문이다. 그러나 그리스어 본문은 이와 달리, "너희 아버지가 없으면 참새 한 마리도 죽지 않는다"로 나온다. 프랑스어 본문에 "뜻"이라는 말을 첨가한 것은 이해를 용이하게 하기 위한 것이다. 그런데 의미가 완전히 바뀐다. 프랑스어 본문의 경우에는 하나님이 참새의 죽음을 원한다. 그래서 하나님은 당신의 뜻대로 모든 것을 다 실행한다. 그리스어 본문의 경우 하나님의 현존이 없으면 어떤 죽음도 있을 수 없다는 뜻이다. 즉, 죽음은 자연스러운 법칙에 따라 일어나는 것이지만, 하나님은 당신의 창조세계에서 모든 죽어가는 존재 옆에 현존하여 위로와 힘과 소망과 의지가 되어준다. 중요한 것은 하나님의 현존이지 하나님의 뜻이 아니다.

그러나 조금 더 논의를 진전시킬 필요가 있다. "나는 죽이기도 하며 살

---

139) [역주] 이 본문은 한글 개역개정판에 따르면 "너희 아버지께서 허락하지 아니하시면 그 하나도 땅에 떨어지지 아니하리라"이다. 여기서는 본문의 문맥과 전개에서 "아버지의 뜻"이 아주 중요하기 때문에 부득이하게 프랑스어 본문을 문자적으로 번역하였다. "Il ne meurt pas un passereau sans la volonté de votre Père"

리기도 하며"신32:39라는 신명기의 말씀을 보자. 나는 그 말씀이 모든 생명의 탄생은 하나님의 특별한 행위이며 모든 죽음도 마찬가지라는 걸 의미한다고 생각하지 않는다. 나는 이 말씀은 세 가지 진리를 포함하고 있다고 믿는다.

1. 하나님은 실제로 생명과 죽음의 주인이다. 왜냐하면 하나님은 생명의 창조주이고 죽음에 대해서는 부활의 능력이기 때문이다.

2. 모든 피조물이 이 생명과 죽음의 법칙을 따르므로 하나님은 모든 피조물의 진정한 주인이다.

3. 우리는 전능하고 자유로운 성서 본문 전체에서 하나님의 말씀을 대하고 있다. 그러나 이는 영적인 생명과 죽음을 말하는 것이다. 그것은 육적인 실체에서 분리된 것이 아니라 하나님과의 관계를 의미하는 것이다. 이는 신명기의 결론 부분에서 "보라 내가 오늘 생명과 복과 사망과 화를 네 앞에 두었나니, 살기 위하여 복을 택하라."고 선포되는 말씀과 부합한다. 우리는 여기서 생명이나 죽음을 야기하는 섭리에 관한 것은 하나도 찾아볼 수 없다. 다만 우리는 인간이 살아갈 수 있도록 모든 것을 마련하신 자유로운 하나님이 인간에게 생명의 길을 제시하고 복을 선택하여 살아가도록 훈계하는 것을 본다.

"하나님이 모든 것을 하신다"는 말씀은 전도서를 비롯해서 여러 곳에서 발견된다. 그러나 이 말씀의 뜻은 "오직 우리 하나님은 하늘에 계셔서 원하시는 모든 것을 행하셨나이다"시115:3라는 말씀에 연결된다. 거기에 더할 말은 없다. 마찬가지로 욥기의 결론 부분도 "하나님이 모든 걸 하시니 나는 하나님 앞에 엎드릴 뿐입니다"이다. "하나님이 모든 것을 하신다"는 말씀은 하나님이 시계제조업자나 우주의 기계공이라는 걸 뜻하지 않고, 어떤 다른 것도 허용하지 않는 전제주의자라는 뜻도 아니다.

"하나님이 모든 것을 하신다"는 전도서의 말씀은 삶에서 모든 노력을 다 기울이고 모든 시도를 다 하면서 모든 방법을 다 동원하여 지복과 지혜를 찾던 사람이 인간이 하는 모든 일이 헛되고 헛된 것을 인정하는 고백이다. 이는 욥이 엎드려서 "내가 할 수 없었던 것을 하나님은 하실 수 있습니다. 나는 아무 것도 할 수 없었지만, 하나님이 모든 것을 하셨습니다"라고 고백하는 말과 같다. 이는 섭리와는 상관이 없는 말이다.

이제 성서적인 반론을 전개해 보자. 구약에서 히브리 민족의 역사를 읽고 어떻게 섭리라는 관념을 생각해낼 수 있을까? 하나님이 기필코 목적을 달성하려고 세운 확고한 계획이란 없다. 반대로 우리는 하나님이 우발적으로 개입하여 뜻을 이루기 위해 판관이나 예언자를 움직이는 경우를 본다. 하나님은 인간의 뜻과 선택에 따라 당신의 계획과 구상을 수정하고, 결과가 나쁘면 자신이 결정하여 행했던 일을 후회하고, 기도를 듣고 마음을 바꾸며, 항상 "네가 택한 악한 길로 계속 가면 생길 일을 보라. 그러나 네가 태도를 바꾸면 나도 너에 대한 나의 마음을 바꿀 것이다."라고 경고한다.

바꾸어 말해서, 하나님은 인간과 동행하고 인간에게 강압적으로 요구하는 일이 없고, 모든 걸 다 하지 않는다. 그러나 반대로 하나님을 일관성이 없는 존재로 여겨서 스스로 무얼 원하는지 모르고 좀 아무거나 막 해버리는 존재로 잘못 판단하는 일은 없어야 한다. 사실, 목적과 달성할 목표와 결말은 완벽하게 정해져 있다. 여기서 우리가 하나님에 대해 언급한 말은 단지 하나님의 인내를 가리키는 것이다. 하나님의 인내는 하나님이 역사의 종말을 기다리고, 인간이 자신의 악습을 끝마치기를 고대하면서 인간이 벌이는 일을 감내하는 것만을 뜻하는 것이 아니다. 하나님의 인내는 하나님이 안식에 들어간 것을 나타내는 표현이다.

하나님은 안식에 들어갔다. 그래서 하나님의 섭리는 존재하지 않는다.

그러나 하나님은 창조세계에서 물러난 것은 아니다. 하나님은 피조물들이 스스로 알아서 처리해 나가고 헤쳐 나가게 내버려두지 않는다. 하나님은 현존하지 않는 것도 무관심한 것도 아니다. 사랑인 하나님은 자신의 작품인 창조세계에 대한 열렬한 애정을 가지면서 응답을 기다리기 때문이다. 모든 일이 잘 되어서 인간이 온전한 하나님의 형상으로서 하나님에게 피조물의 일치와 사랑을 바치면, 하나님의 안식은 온전해질 것이고 창조세계는 스스로 존립해 나아갈 수 있을 것이다.

그러나 관계의 단절과 함께 인간이 스스로 하나님의 자리를 대신하려는 의지와 광기와 탐욕 속에서 자신의 역사를 만들어감으로써 하나님의 안식은 방해받는다. 하나님은 안식 중이지만, 이 인간의 역사 때문에 끊임없는 공격과 소집과 호출을 받는다. 하나님은 인식 중에 있지만, 무관심할 수 없는 인간의 역사는 안식이 없다. 창조세계의 그 어느 것에도 안식이 없다. "모든 것이 심히 좋더라"라고 하나님은 말했지만, 곧바로 심히 좋지 않은 일이 시작되었다.

성서는 우리에게 하나님의 간섭을 보여준다. 하나님은 이 역사에 간섭한다. 하나님은 두 가지 종류의 상황들 속에 개입한다. 먼저 인간이 저지른 악행이 광란의 지경에 이르렀을 때다. 그 악행은 우상이나 자기만을 높이는 교만으로서 하나님에게 대항하는 것일 수 있다. 또한 그 악행은 타인들을 향한 것일 수 있다. 잔이 넘쳐서, 인간의 죄악이 하나님이나 이웃들이 견디거나 감내할 수 있는 한계를 벗어날 때, 하나님은 어긋난 것을 제자리로 돌려놓는 행동을 취한다.

가장 명백한 사례로는 바벨탑의 경우를 들 수 있다. 하나님은 안식 중인데, 인간은 도시와 바벨탑을 만들어서, 하나님에게 이중적인 죄악을 저질렀다. 이는 아담의 관계 단절을 반복한 것이다. 성서는 "하나님이 보려고 내려오셨다"고 한다. 많은 주석가들은 이는 신인동형론이라고 주장한다. 하나님은 마치 무슨 일어났는지 모르는 것 같았다. 그러나 그 말씀의 뜻은 그게 아니다. 그것은 안식 중에 있는 하나님이 안식에서 나와 하나님이 내려와 간섭한다는 의미이다.

그러나 하나님은 인간의 고통이 극에 다다랐을 때도 간섭한다. 인간에게 닥친 불행이 하나님이 사랑하는 피조물로서는 더 이상 감내할 수 없는 상태가 될 때에, 특히 그 고난과 불행과 고통과 재앙에 대한 인간적인 해결책이 없는 것이 명백할 때, 인간에게 대응할 수단이 하나도 없고, 더 이상 희망이 없을 때, 하나님은 간섭한다. 인간이 말할 수 없는 고통으로, 가차없는 운명의 굴레에 붙들려 있을 때도, 또한 인간이 사방에서 닥치는 끝없는 난관으로 대책도 없이 어쩔 도리 없는 곤경에 빠져 있을 때도, 하나님은 마찬가지로 간섭한다. 왜냐하면 하나님은 당신의 피조물이 최소한의 독립성과 자유를 가짐으로써 어떤 경우라도 회개하고 하나님을 사랑할 수 있는 여지를 남겨두기 때문이다.

하나님은 욥의 예에서와 같이 고통을 덜어주거나 아주 어려운 난제를 해결해주고, 출구가 없는 공동의 정치적 상황에 활로를 열어준다. 하나님은 역사적 상황을 뒤엎어서 가혹한 역사적인 상황을 인간이 행동할 수 있는 유동적인 상황으로 변화시킨다. 그렇다고 하나님이 에덴의 상황을 다시 복원하는 것은 아니다. 하나님은 다만 인간이 살아갈 수 있는 여지를 다시 마련해주는 것이다. 하나님은 항상 인간이 사랑 안에서 하나님을 알아보고 인정할 것을 기다린다. 이와 같이 하나님은 때를 따라, 경우에 따라 산발적으로 개입한다. 예수는 선지자 엘리야에 의해 모든 문둥병자들이 다 치유를 받은 것은 아니라고 선포함으로써눅4:25-27 이 사실을 확증해 준다. 모든 장님들이 다 치유를 받은 것은 아니다. 예수 자신도 전부가 아닌 일부의 사람들만 치유했다. 하나님이 엄청난 역사役事를 행하여 모든 것을 원래대로 돌려놓는 것이 아니다. 그렇다면 하나님은 인간을 책임질 일이 없는 대상으로 취급하는 셈이 된다. 이는 하나님의 역사가 가지는 첫 번째 근본 특징이다.

그러나 두 번째 특징도 첫 번째 것만큼 중요하다. 그것은 하나님이 직접 행동하는 것은 아주 드물다는 사실이다. 바벨탑 사건과 노아의 대홍수에서와 같이 하나님이 역사에 돌연히 출현하는 경우는 정말 희귀하다. 대개의 경우 하나님은 당신의 말씀을 전하는 책임을 맡은 한 사람을 보낸다. 하나님은 때로는 그를 통하여 하나님의 능력을 드러내기도 한다. 그 사람은 판관이나 예언자이며, 때로는 왕이 될 수 있다. 그러나 하나님의 분노와 공의를 나타내는 이방 민족이 그 역할을 맡을 수도 있다. 반대로 이방 민족의 왕이 하나님의 자비와 인자하심을 나타낼 수도 있다.[140]

그러나 하나님이 이방 민족으로 하여금 이스라엘 민족을 공격하게 할 때, 하나님은 이방 민족의 행동에 조건을 달지 않는다. 이 민족은 모든 것을 총괄하는 하나님의 손에 붙잡혀서 고분고분 말 잘 듣는 단순한 도구가 아니다. 하나님은 갈대아인들을 일으켜서 그들이 분노함으로 이스라엘을 침공하게 할 것을 말씀으로 선포한다. 그러나 "그들은 자기들의 힘을 자기들의 신으로 삼는 자들이라"합1:6-11는 말씀을 볼 때 하나님이 거기에 동의하는 것은 아니다. 또한 하나님은 "앗수르 사람은 화 있을진저. 그는 내 진노의 막대기요….내가 그에게 명령하여 나를 노하게 한 백성을 쳐서 탈취하며 노략하게 하며…다만 그의 마음은 허다한 나라를 파괴하며 멸절하려 하는도다."사10:5-7라고 선포한다.

이와 같이 이스라엘을 징계하기 위하여 보낸 이방 민족들은 저주 아래 놓인다.예를 들어, 아모스1장에서는 다메섹, 에돔, 모압 등이 거명된다 왜냐하면 그들이 잔혹하게 짓밟았고, 수많은 악행을 저질렀으며 자신들의 힘을 떨치려

---

140) 이사야 44:28, 45:1절에서 하나님은 바사(페르시아) 왕 고레스를 '나의 목자'나 '나의 기름부음 받은 자'(메시아!)라고 호칭한다. ◆

고 했기 때문이다. 증오와 교만이 사로잡혀서 그들은 끔찍한 방법들을 사용했다. 처음에는 하나님이 그들을 촉발시켰음에도 불구하고, 이제 하나님은 그들을 자신들의 뜻대로 행하도록 내버려두면서 태도를 급선회한다. 왜냐하면 그들이 전대미문의 악행을 저질렀기 때문이다.

하나님의 간섭은 인간의 역사에서 복합적이다. 그 목적은 인간의 역사가 하나님의 나라로 향하는 것뿐만 아니라 개인이나 민족이 여호와를 유일한 하나님으로 받아들이게 하는 것이다. 개인적인 차원에서도 이는 동일하다. 하나님은 우리의 삶을 지배하지 않는다. 우리에게 하나님이 보낸 수호천사는 없다. 우리는 항상 하나님과 교제하지 않고, 성령은 우리의 행동을 지시하지 않는다. 그러나 하나님은 침묵 속에서 언제나 우리와 함께 한다. 그것은 신앙 자체의 문제이다. 즉, 그것은 나는 느끼지 못하더라도, 불행한 처지에 있다 하더라도, 하나님이 현존하고 있음을 아는 것이다. 그것은 또한 나에게 응답과 구원으로 주어지는 기적이 없다 할지라도, 하나님이 내 옆에서 나를 위하여 함께 하며 나는 결코 홀로 있지 않다는 사실을 아는 것이다. 그것은 내가 극심한 불행으로 짓눌려 있거나 내가 중대한 죄악을 범하고 있을 때는 언제나 하나님이 실제로 간섭한다는 사실을 아는 것이다.

피조물들의 비명에 눈멀고 귀먹은 벙어리 하나님이란 있을 수 없다. 그러나 하나님은 우리가 요구하는 은총과 혜택과 기적을 자동적으로 나누어 주는 기계와 같은 존재도 아니다. 궁극적인 목적은 같다. 날 때부터 맹인인 사람을 두고 그가 맹인이 된 것이 자신의 죄 때문인지 부모의 죄 때문인지 묻는 사람들에게 예수의 답변은 이렇다. "이 사람이나 그 부모의 죄로 인한 것이 아니라그러므로 이 장애는 벌이 아니라 자연적인 상황으로 인한 것이다 그에게서 하나님이 하시는 일이나 역사를 나타내고자 하심이라."요9:3 바꾸어 말하면, 하나님의 일은 그 사람을 눈멀게 한 것이 아니라 반대로 그 사람의 시력을 회복하는 것이다.

이 모든 해석은 버림받은 느낌을 받거나, 하나님의 침묵과 무반응으로 고통을 겪거나, 하나님이 세상을 주관하는 방식이 잘못된 것을 도통 이해할 수 없을 것 같은 상황을 설명해준다. 창세기와 복음서는 이를 확증해준다. 창세기 2장 1-3절에 조금은 놀라운 모순된 말씀이 나온다. "천지와 만물이 다 이루어지니라. 하나님이 그가 하시던 일을 일곱째 날에 마치시니 그가 하시던 모든 일을 그치고 일곱째 날에 안식하시니라." 창조의 모든 행위가 다 마쳤다. 그런데 아직 할 일이 남아있는 것 같다. 왜냐하면 "하나님이 그가 하시던 일을 일곱째 날에 마치시니"라는 말씀이 있기 때문이다. 만약 모든 일을 정말 다 마친 것이라면, 그걸 우리에게 말할 필요가 없었다. 더욱이 일곱째 날에 '다 마치고, 안식하다'는 이중적인 행위가 있다는 점을 주목해야 한다. 모든 것을 다 마쳤다. 그러나 아직 완성하는 일이 남아있다.

하나님은 안식에 들어간다. 그러나 하나님은 아직 완성해야 한다. 이 모호한 양면성에 대한 이해는 안식 중이면서도 사랑으로 하나님의 일을(이는 창조 행위가 아니며 창조 행위는 계속되지 않는다) 계속하는 하나님의 우발적인 행위를 우리가 수용할 때 가능하다. 드러난 두 가지 사실은 똑같이 참된 것이다. 하나님은 새로운 작품을 만드는 창조의 일은 하지 않는다. 그러나 하나님은 거룩하게 할 수 있는, 인간이라는 예외적인 피조물의 삶에 언제나 주의를 기울인다. 우리가 하나님이 멀리 있는 것 같이 느끼면서, 하나님은 예수 그리스도 안에서만 현존한다 하나님의 침묵과 부재를 경험하는 것은 하나님은 안식 중에 있기 때문이다. 마치 하나님이 세상을 버린 것 같고, 관계를 단절시킨 것 같다.

하나님의 안식과 하나님의 일시적인 간섭 행위의 관계는 예수 그리스도가 한 말씀들을 이해할 수 있게 한다. "아버지께서 내 안에 계셔서 그의 일을 하시는 것이라."요14:10 이는 예수 그리스도라는 인격 안에서 구현된 하나님의 현존을 말하는 것이다. 예수 안에 계신 하나님 아버지가 예수의 일들을 한다. 그 일들은 곧 예수가 그리스도임에 대한 증언이 된다.[141] 그러나 그 증언은 세상 속 하나님의 현존과 간섭 행위에 국한된 특별한 것이다. 38년 된 병자를 낫게 하고 난 뒤에 한 수수께끼 같은 말씀도 마찬가지이다. 예수가 병자를 낫게 한 행위로서 안식일을 범했다는 구실로 자신을 정죄하는 유대인들에게 예수는 대답한다. "내 아버지께서 이제까지 일하시니 나도 일한다… 내가 진실로 진실로 너희에게 이르노니 아들이 아버지께서 하시는 일을 보지 않고는 아무 것도 스스로 할 수 없나니 아버지께서 행하시는 그것을 아들도 그와 같이 행하느니라… 아버지께서 죽은 자들을 일으켜 살리심 같이 아들도 자기가 원하는 자들을 살리느니라."요5:17–21

여기서 우리는 하나님은 모든 것을 행하는 존재가 아니며 연속적으로 창조하지 않는 것을 명백하게 알게 된다. 하나님은 경우에 따라 정확한 시점에서 행동한다. 이는 하나님의 아들의 경우와 같은 것으로 예수의 행위도 한정된 시간에 국한되었다. 그러나 예수는 아버지께서 하시는 일을 보고 아들도 그와 같이 행한다고 선언한다. 의심할 여지없이 병자를 치유한 것에 대해서 예수가 "내 아버지께서 이제까지 일하시니"라는 말을 할 때, 그 말은 아버지가 원인들 중의 원인자라는 의미가 아니다. 그러나 하나님은 인간의 내면에서 일하면서 화해를 추구한다. 그 화해는 예수 그리스도 안에서 성취된다. 그러나 우리가 하나님과 인간 사이의 '화해'를 말할 때, 그 말은 인간의 행동과 삶이 하나님의 안식에 방해가 되지 않음을 의미한다.

인간은 하나님의 사랑에 응답함으로써 하나님의 형상을 온전히 회복

---

141) "행하는 그 일로 말미암아 나를 믿으라."(요14:11) ◇

한다. 하나님은 이제 온전히 당신의 안식을 취한다. 성서 본문은 이런 사실을 밝혀준다. 한편으로 병자의 치유가 있을 때, 다른 한편으로 진정한 의미의 안식이 회복된다. 하나님의 안식을 방해하던 두 개의 비극들은 예수 그리스도에 의해 사라졌다.

인간의 역사는 하나님에게 골칫거리였다. 왜냐하면 한편으로 그것은 인간에게 커다란 고통을 주는 것이었고, 하나님은 그 고통에 무관심할 수 없기 때문이다. 그러나 다른 한편으로 이 모든 역사는 사랑인 하나님의 존재와 뜻에 대해서 인간이 커다란 오해를 하고 있었던 걸 밝혀준다. 이는 하나님이 용납할 수 없는 두 개의 난제들이다. 하나님은 이제까지 일하신다. 그렇다면 이제 이후로는 더 일하지 않는가? 그렇다. 그 이유는 예수 그리스도 안에서 모든 것이 회복되었기 때문이다. 인간의 역사적 고통은 예수가 모든 고통을 짊어지므로 끝이 났다. 인간의 오해는 예수가 진리이기 때문에 끝이 났다.

예수 그리스도 이후로 하나님은 방해를 받지 않은 채로 당신의 안식을 다시 취한다. 그러나 진리는 모든 인간들에게 밝혀지지 않고, 역사는 유혈과 혼란의 길로 다시 들어서고 있다. 예수 그리스도 안에서 성취된 것이 실패한 것이 아니라, 인간이 하나님에 대항하여 싸울 새로운 수단들을 찾았던 것이다. 예수 그리스도 안에서 성취된 인간의 구원, 용서, 하나님 사랑의 구현, 부활은 영원하다. 화해도 마찬가지다. 거기서 하나님은 인간 사회의 사악함을 인내해온 뒤로 다시 안식을 찾았다.

그러나 하나님의 일은 예수 그리스도의 사역을 담당한 사람들을 통해서 "내가 세상 끝날까지 너희와 항상 함께 있으리라" 예수 그리스도의 사역으로 계속되어야 한다. 그리고 성령의 사역은 인간이 파괴한 것을 끊임없이 다시 회복한다. 우리는 언제나 일곱째 날에 살고 있다. 그러나 모든 것이 성취되었다 할지라도 모든 것이 아직 다 완성된 것은 아니다.

하나님의 안식은 이제 다시는 방해받지도 변경되지도 않을 것이고 이미 이루어진 화해로 온전해졌다. 그러나 이상하게도 이 화해는 일방적인 것이다. 하나님은 모든 인간들과 화해를 했다. 그러나 인간들은 하나님과 화해하지 않았다. 그리스도 안에서 화해는 이루어졌지만, 인간은 하나님을 계속해서 비난하면서, 하나님의 뜻이 인간에게 온전하고 은혜로운 것임을 인정하지 않는다. 우리가 아무리 부인한다 할지라도 장래에 우리 또한 하나님의 안식에 들어갈 것이다.

이를 위한 히브리서의 본문 말씀을 다시 보자. "이미 믿는 우리들은 저 안식에 들어가는도다. 그가 말씀하신 바와 같으니 내가 노하여 맹세한 바와 같이 그들이 내 안식에 들어오지 못하리라[142] 하셨다…"히4:3 하나님은 세상을 창조할 때부터 하나님의 사역을 다 이루었음을 이렇게 말씀한 것이다. 하나님의 안식에 들어가는 자는 하나님이 하나님의 사역을 그친 것처럼 자신의 사역을 그친다. "그러므로 우리가 저 안식에 들어가기를 힘쓸지니 이는 누구든지 저 순종하지 아니하는 본에 빠지지 않게 하려 함이라."히4:11 이 안식은 하나님과의 화해를 받아들이고 믿음으로 구원을 받은 것으로서 모든 피조물에게 모든 인류에게 다 약속으로 주어진 것이다.

역사는 이 안식 안에서 우리가 상상조차 할 수 없는 방식을 통해서 완성될 것이다. 그러나 그 의미를 곡해하지 말아야 한다. 이 안식은 죽음으로 비롯되는 것이 아니다. 가톨릭 신부가 집전하는 장례식에서 암송되는 '죽은 사람을 위한 기도'Requiem에는 대단한 착각이 담겨있다. 죽은 사람이 얻는 안식은 죽음에서 오는 것이 아니다. 그 기도는 성취에서 오는 하나님의 안식에 죽은 사람이 들어가기를 구하는 것이어야 한다. 왜냐하면 하나님은 모든 사역을 다 마치고, 모든 것이 심히 좋은 것을 보고 난 뒤에 안식에

---

142) 이는 시편 95편 11절에서 인용한 말씀으로 애굽에서 탈출한 히브리 민족이 광야에서 불순종한 사실을 내용을 시사한다. ◆

들어가기 때문이다.

이 안식은 잠을 청하는 것이나 활동을 정지하는 것이나 수동적인 것이 아니고, 모든 것을 성취함으로써 얻는 사랑의 충만함이다. 이 안식은 정태적인 것이 아니라 완전함에 참여하는 것이다. 더불어서 이 약속된 안식은 가치의 전환을 불러온다. 하나님은 창조하고 일하고 우주를 만들었다. 말씀만이라 할지라도 그것은 이미 하나의 행위이다. 더욱이 히브리에서는 말과 행동 사이에 구별이 없다 사역을 다 마치고 충만한 안식을 취하는 가운데 존재의 우위가 드러난다. 하나님은 창조 행위를 했을 때 완전히 당신 자신으로 존재한다.

그러나 창조가 이루어지고 나서, 하나님은 존재의 완전한 일치를 이룬다. 인간과 인간의 일과 역사에 주어진 약속은 행위에서 존재로 넘어가는 것이다. 개인적인 삶과 공동의 활동과 총체적인 역사 가운데 인간은 많은 행위를 한다. 인간은 행위에 시간을 다 보낸다고 말할 수도 있다. 하나님의 안식에 들어가는 것은 존재의 충만함에 들어가는 것이다. 안식은 권태나 포화상태가 아니고, 성취되고 실현된 사랑의 발견이고 존재의 충만함이다. 그것이 일곱째 날에 모든 인간의 역사가 다다른 상황이다.

우리에게 이런 안식이 없다. 히브리서의 말씀에도 불구하고 믿음 안에서조차 안식이 없다. 먼저 우리의 믿음은 행위로 표현되어야 한다는 말이 이를 입증한다. 게다가 믿음은 항상 소유할 수 있는 물건이 아니고, 내 삶에서 항상 유지되는 진리도 아니다. 우리는 성취해야 할 모든 것의 소용돌이 속에 말려 들어가고 만다. 그러나 이 소용돌이 속에서 하나의 표지를 찾을 수 있도록 하나님은 인간이 하나님의 안식을 인식할 수 있는 한 날을 설정하였다. 그 한 날은 예언적인 날로서 일곱째 날이고 안식일이다.

안식일은 아주 중요하다. 유대인들이 그들의 신앙과 의식 가운데 안식일에 아주 커다란 비중을 두고 있는 것은 놀라운 일이 아니다. 이 하나님의 약속된 안식은 삶의 한 순간에 현실화된다. 그러나 우리에게 주어진 이 선물을 잘 받아들여야 한다. 하나님이 안식을 취하는 것과 같이, 이 안식일은 휴일이나 한가한 날이나 무심히 보내는 날이 아니다. 토요일과 일요일을 아무 것이나 하는 주말로 만들어서 주말을 부재의 날로 삼는 것은 현대 사회가 벌인 끔찍한 일들 중의 하나이다. 왜냐하면 일에서 벗어날 때에 비로소 존재감을 느끼게 되는데 이 날 현대인은 존재하지 않는 사람이 되기 때문이다. 그러나 그것은 하나님의 안식에 들어갈 때에만 가능하다.

안식일을 달리 이용하는 것은 사실은 저주의 부메랑과 같다. 토요일과 일요일이 여행을 위해 이용될 때, 그 날들은 아담이 받은 저주가 반복 실현되는 표지가 된다. 아담은 에덴동산에서 쫓겨나 하나님의 안식을 잃었다. 그러나 다른 한편으로, 안식일을 신의 명령에 대한 엄격한 복종과 법적인 강제의 날로 만들어서도 안 된다. 이는 유대교가 점진적으로 만들어낸 세밀한 규칙들을 지적하는 것일 뿐만 아니라, 깔뱅의 개혁주의가 일요일을 권태와 구속의 날로 이해하는 점을 말한다. 또한 가톨릭에서 일요미사 참석을 협박조로 아주 오랫동안 강요해온 사실을 지적하는 것이기도 하다.

안식일은 하나님의 선물로서 하나님과 관계가 단절된 이후로 인간에게 늘 일하는 고통만이 존재하는 것이 아니라 하나님의 안식에 들어갈 수 있다는 소망을 밝혀준다. 그러므로 안식일은 오직 믿음으로만 받아들일 수 있고 경험될 수 있다. 안식일이 그 외의 방식으로 받아들여진다면, 그것은 진정한 안식일이 될 수 없다. 하나님이 우리와 함께 하고 우리에게 화해의 표지와 근거를 주신 것을 진실로 믿을 때 우리는 안식일을 다양한 방식으로 보낼 수 있다. 하지만 구속 없는 자유로움 가운데 하나님을 향한 찬미를 간직해야 한다. 그렇지 않고 안식일을 기피하거나 율법화하게 되면, 안식일은 하나님이 약속한 것과는 반대의 의미를 가지게 될 것이다.

우리는 안식일을 그 온전한 풍성한 의미로서 지켜야 한다. 왜냐하면 안식일은 부활의 날에 의해 폐기되는 것이 아니기 때문이다. 안식일과 부활의 주일은 서로 필수불가결하다. 두 날은 각각 일을 다 마친 날이요 생명이 시작되는 날이다.

그러나 안식일을 지키기 위해서 우리는 안식일의 삼중적인 상징적 의미를 간직하면서 우리 자신의 삶 속에서 안식일을 경험해야 한다. 먼저 첫 번째 의미로서 영원한 안식을 소망하는 가운데 노동의 강제로 나타나는 정죄가 하루 동안 무효화된다. 우리는 더 이상 정죄 받은 죄인들이 아니다. 두 번째 의미로서 안식일은 종말에, 하나님이 정한 날에, 역사가 끝나는 날에 우리가 하나님의 안식에 들어가게 된다는 약속이다. 그러나 우리 역사의 중심에는 그 표지가 있다. 안식은 우리를 위해 존재하고 우리를 기다린다. 세 번째로, 안식일은 예수 그리스도 안에서 약속되고 성취된 화해의 표지이다.

안식일을 부활의 날로 대체하고픈 유혹이 들 수 있다. 왜냐하면 약속에 불과했던 것이 이 부활로서 성취된 현실이 되기 때문이다. 그러나 성취가 하나님 앞에서 분명히 이루어진 것이지만, 한편으로 인간의 역사는 계속되기에 약속 그 자체를 상기할 필요가 항상 있기 마련이다. 다른 한편으로, 하나님이 모든 인간들과 화해했지만, 대부분의 인간들은 그 사실에 대해 무지하다. 따라서 눈에 보이는 표지로서 우리에게 약속된 것을 그들에게 보여주어야 한다. 안식일과 주일을 지키는 것은 믿지 않는 모든 다른 사람들을 위한 표지로서, 그들이 그 약속을 받을 기회를 가지게 하기 위한 것이다. 안식일과 주일이 유대교인들이나 기독교인들 내에서만 이용되는 슬픈 날들이 되어버리고, 불신자들의 마음을 일깨우는 역할은 하나도 하지 못하고 있다는 사실을 인정하자.

삼중적인 의미를 가진 안식일과 부활을 기념하는 주일은 두 가지 마음

가짐으로 지켜야 한다. 먼저 가장 커다란 것으로 자유다. 우리는 그 날 자유로운 사람들이니, 자유로운 사람들처럼 언제나 찬미와 기쁨 속에서 행동하자. 그리스도인들이 예배를 드리면서 슬픈 모습을 보이는 것은 끔찍한 일이다. 기쁨은 그 날에 세상의 억압과 사회의 압제와 권태와 고뇌가 다 사라지는 걸 경험하는 모두에게 주어진 표지이다. 그 기쁨은 오락이 아니라 찬미에서 비롯된다. 우리는 주님을 진정으로 찬미할 만큼 기쁨이 가득한가? 이는 우리 각자 개인적으로 물어야 할 질문이다.

안식일은 그런 것으로, 우리는 복음서에서 예수가 우리에게 안식일에 대한 참뜻을 전해주고 있음을 발견한다. 흔히 예수가 안식일의 율법들을 범했다고 한다. 나는 예수가 그걸 원하지 않았다고 믿는다. 예수는 안식일을 기쁨과 자유의 날, 하나님 사랑의 임재와 화해의 날이 되기를 원했다. 예수가 안식일에 병자를 고친 것은 그 사실을 우리에게 보여주기 위한 것이리라. 예수가 제자들에게 이삭들을 꺾게 한 것은 하나님 아버지와의 교제에서 나오는 주권적인 자유로 인한 것이리라. "너희는 나의 안식에 들어가리라"는 언약의 말씀을 진지하게 받아들이면서, 부활과 생명에서 나오는 안식의 기쁨 가운데 안식일을 보내야 한다.

2. 내가 믿는 하나님

  무슨 말을 더할 수 있을까? 이미 모든 얘기가 다 나왔다. 신자로서 하나님에게 얘기할 수는 있어도 하나님에 대해서 얘기한다는 것은 실제로 불가능하다는 사실을 우리는 다른 세대들보다는 더 잘 인식하고 있다. 모든 것이 적합하지 않다. 실재하는 존재와 그 존재에 대한 얘기는 결코 부합할 수 없는데, 그 얘기를 계속 하는 것이 무슨 소용이 있겠는가. 이런 종류의 일은 나에게는 더더욱 맞지 않는다. 나는 철학적인 담론을 시도할 수 없다. 왜냐하면 나는 철학자가 아니며, 심층적인 연구를 위한 철학적인 도구를 하나도 갖추고 있지 않기 때문이다.

  변증은 더더욱 아니다. 하나님의 존재를 왜 증명하려고 하는가? 증명한다고 해도 누가 살아계신 하나님을 영접하게 될 것인가? 왜 그리고 누구를 위해서 변증할 것인가? 무슨 의미가 있을까? 하나님이 하나의 대상처럼 존재함을 증명하는 것은 다른 사람들로 하여금 하나님을 하나의 대상으로 보게 하는 결과만을 초래할 것이다. 그러나 그 하나님이 성서가 증언하는 하나님이라는 걸 어떻게 알 수 있을까? 나는 하나님이 하는 일을 정당화하기 위해서 하나님을 변호하며 방어적인 변증을 펼칠 수 없다. 오히려 하나님이 나와 우리를 정당화하는데 말이다. 하나님은 변호할 사람이 필요 없다. 하나님은 당신 스스로 아주 잘 방어한다.

나는 하나님에 대해서 개인적인 간증을 할 수 없다. 내가 믿는 하나님과 나와의 관계에 대해서 얘기하는 것은 나에게 어떤 반감을 준다. 나는 클라벨[143]과 같이 말하는 것을 견딜 수 없다. 그것은 결국 예외적인 경험을 한 영웅으로 자신을 내세우는 것으로 끝마친다. 내가 보기에 그런 과시적인 말은 사도 바울의 조심스러운 고백과는 아주 대조적이다. 사도 바울은 자신의 영적인 경험들에 대해서는 암시하는 것으로 그치고, 주님과의 친밀한 관계에 대해서는 아주 조심스럽게 언급할 뿐이다. 다른 사람들도 주님에 대해서 말하지만, 그 경험들을 나열하며 과시하여서 결국 하나님을 증언하는 것이 아니라 자기 자신을 내세우고 만다.

　　언뜻 보아도 내가 믿는 하나님이 아닌 것을 말하는 것이 정말 더 쉬워 보인다. 하나님은 물론 내 본성과는 반대되는 특성들인 초연성, 부동성, 영원성, 전능성을 가진 존재는 아닐 것이다. 그 모든 것은 너무나 거울 속에 비친 이미지와 같다. 하나님은 내가 좋아하는 인간적인 특성들을 가진 존재는 더더욱 아니고, 절대자의 특성들을 지녔을 것이다. 그런데 먼저 나는 절대적인 것에 대해 아는 것이 하나도 없다. 절대적으로 옳다, 절대적으로 거룩하다, 절대적으로 자유롭다, 절대적으로 사실이다 등과 같은 말이 무엇을 뜻하는지 나는 전혀 모른다.

　　아마도 내가 너무나 역사에 경도되어 있어서, 절대에 대한 아무런 관념도 없게 되었는지 모른다. 정의나 자유에 관해서 내가 알고 있는 것은 나로 하여금 거기에 '절대적으로'라는 부사를 달지 못하게 한다. 신인동형론이 나를 제지하는 것이 아니다. 다만 내가 무얼 말하고 있는지 알 수 없다. 어쩌면 내가 포이어바흐의 영향을 너무 많이 받아서 그런지도 모른다. 그러

---

143) [역주] 모리스 클라벨(Maurice Clavel, 1920–1979), 프랑스의 작가. 1965년 개인적인 종교적 체험을 통해 가톨릭에 귀의.

나 인간적인 이미지에다가 절대적인 것을 덧붙이거나 인간에게 없는 모든 성품들을 더하는 것은 나로서는 의심스럽다. 특히나 나는 그런 것에 지적으로나 영적으로나 인간적으로나 관심이 하나도 없다. 하나님이 초연하다거나 절대적으로 정의롭다거나 아무래도 상관이 없다. 나에게는 둘 다 똑같다. 하나님이 제1원인자라거나 창조의 권능자라는 전통적인 이론에 대한 나의 반응은 냉정한 무관심이다. 철학자들의 하나님과 관련된 모든 것은 내 관심 밖에 있다. 부끄럽지만, 나는 스피노자를 결코 읽어보지 않았다. 스피노자에 대해 나는 관심이 없다.

그러나 또 다른 극단적인 측면에서, 나에게 하나님은 신비적이거나 감성적인 충일함 속에서 사랑, 생명, 영 등으로 묘사되는 존재도 아니다. 물론 하나님은 사랑이 아니고, 생명을 주는 능력도 아니고, 영도 아니라는 뜻이 아니다. 그러나 나는 그 급격한 반전의 논리를 경계한다. 사랑은 하나님이므로 우리는 연애의 신 큐피드를 피해갈 수 없다는 식의 논리가 지니는 커다란 위험성을 지난 20여 년간 청년층에서 많이 확인할 수 있었다. 마찬가지로 생명이 하나님이라고 선포하는 것은 아주 진부한 범신론에 빠지게 한다.

하나님은 우리가 아는 사랑도, 생명과 생명의 권능들도, 우리가 인식하고 있는 영도 아니다. 내가 믿는 하나님은 그런 것들을 모두 다 지니고 있지만, 그런 것들과 동일시되지는 않는다. 내가 세상에서 알고 있는 사랑은 하나님이라고 부르는 존재에 관한 일시적인 잔영을 나에게 비쳐준다. 하나의 비유로도 괜찮다. 다만 그것을 하나님과 동일시하면 안 된다. 탄생의 기쁨과 영적인 깨어남과 같은 경우도 마찬가지이다.

하나님은 그 유명한 '임시방편'의 존재가 아니다. 우리는 어떤 현상들에 대해서는 이해할 수 있는 지식이 없다. 우리 자신을 위해서 우리는 그런 현상들을 신과 연관시키고, 신은 우리에게 부족한 지식, 원인, 이유를 가진 존재가 된다. 이런 신은 우리가 진정한 앎에 이르게 되면 사라지고 말, 쉬운 일시적 대안에 지나지 않는다. 즉, 과학적인 대안이다. 이런 식의 추론은 어리석은 것이다. 나는 성서에서 이런 논리의 근거를 전혀 발견하지 못했다. 그런데도 하나님의 이름을 내세우면서, 과학이 인간이 제기하는 의문들에 대한 해답을 제공했다고 생각하는 것은 아주 주제넘은 일이다. 이는 관심분야를 넓게 가진, 조금은 무지하다 할 수 있는 과학만능주의자의 태도로서, 진정한 과학적 태도라고는 볼 수 없다.

흥미롭게도 다음과 같은 사실을 또 다시 확인할 수 있다. 즉, 과학이 자신의 한계를 인정할 때, 통상적으로 한 반세기 정도 늦게, 일단의 신학자들이 과학만능주의의 길에 들어서서, 과학의 영광스러운 진보에 따라 신학의 영역이 놀랄 만큼 축소되었음을 설명한다. 사람들은 이제 신의 존재를 막연한 영적인 실체로 축소시키려고 한다. 그것은 어쨌든 과학이 이해할 수 있는 것과는 다른 어떤 것이다. 바꾸어 말해서, 사람들은 신을 모든 현실세계로부터 분리시켜서, 막연한 연기와 같은 존재로 축소시킨다. 신을 구하기 위해서 신을 제거하는 셈이다.

하나님은 나에게 임시방편의 존재도 아니고, 빈 접이식 의자에 어울리는 부차적인 존재도 아니다. 궁극적으로는 나는 이 일이 불가능하다는 걸 확인한다. 왜냐하면 하나님은 내가 묘사하거나 관찰하거나 입증할 수 있는 존재가 아니기 때문이다. 이런 상황에서 무얼 말할 수 있을까. 그러나 나는 이 불가능한 걸 시도하기로 약속했다. 나는 두 가지 차원에서 고찰하고자 한다.

1) 계시에 관한 지식과 경험

첫 번째 고찰은 내가 하나님의 고유하고 유일한 이미지를 가질 수 없다는 확신에서 비롯된다. 나는 어느 때라도 "하나님은 나에게 이런 존재다 저런 존재다"라고 단정할 수 없다. 하나님은 이런 존재이면서 동시에 저런 존재가 되며, 아예 그 반대의 존재가 될 수도 있다. 나는 하나님에 관한 나의 지식을 구성하는 다른 요소들을 통합하거나 조합할 수 없다. 여기서 나는 모든 지적인 일관성을 내려놓는다.

나의 사유pensée는 세 가지 층위들로 구분하여 볼 수 있다. 먼저 하나님에 대해 내가 지적으로 습득한 것으로, 신학자들의 연구 성과와, 교회에 점진적으로 형성된 합의점들이 있다. 예수는 하나님이 성육신하신 것으로 참된 하나님이자 참된 인간이다. 하나님은 창조주이다. 하나님은 삼위일체이다. 하나님은 점진적으로 계시하고, 역사에 개입하고 새 하늘과 새 땅을 창조한다. 이 모든 것은 독창적인 것은 하나도 없지만, 심층적인 진리에 부합한다. 이 주제에 관해서 제기되는 언어 문제들을 알고 있지만, 나는 별로 크게 상관하지 않는다. 이런 내용에 대해서 제기하는 대부분의 문제들은 잘못된 것들이다. 우리는 그 이외의 다른 문제들을 새로운 것으로 크게 착각하고 있다.

그 언어의 적합성이라는 문제는 초기부터 신학자들을 괴롭혔고, 유노미스와 닛사의 그레고리우스의 논쟁144)과 보편논쟁145)을 야기했다. 아직도 우리는 많이 바뀌지 않았다. 교회의 교리사는 그런 난관들을 거치며 전개되었다. 우리는 교회를 통해 전해진 하나님에 관한 지식에서 벗어날 수

---

144) [역주] 유노미스(Eunomius)는 아리우스파의 주교로서 360년경 『변론서』Apologeticos를 써서 성부를 신성의 유일한 절대적 실체로 규정하고 성자는 성부가 직접 산출하여 그 창조적 능력을 부여받고, 성자는 그 창조의 능력으로 성령을 창조하였다고 주장한다. 이는 카파도키아 교부들의 반론을 불러일으켰다. 그 논쟁 중에 닛사의 그레고리우스(Gr goire de Nysse)는 382년 『유노미스에 대한 반론』Contra Eunomius이라는 책을 써서 삼위일체의 신성을 옹호하였다.

145) [역주] 중세 스콜라 철학의 논쟁으로, 보편이 현실적으로 존재하며 개별적인 것들에 우선한다는 실재론과, 보편은 말로 만든 개념에 그치며 실질적으로 존재하는 것은 개별적인 것들이라는 유명론으로 대립했다.

없다. 그러나 우리는 그런 지식이 오늘날 우리와 직접적인 관련이 없다는 인상을 지울 수 없다. 거기서 나오는 주장들이 담고 있는 신인동형론적 개념들과 문화적인 밀접한 연관성146)과 철학에의 의존성은 그 주장들을 아주 가볍고 피상적으로 보이게 한다. 세부적으로 들어가는 건 피하면서, 내가 말할 수 있는 것은 다만 그 중요한 이론 체계들을 아주 진지하고도 심도 있게 살펴본 결과, 어느 하나도 설득력이 없고 신뢰할 수 없다는 결론을 내리게 되었다는 점이다.

이름이나 상징을 수정하는 것도 별로 큰 의미가 없어 보인다. 하나님은 깊은 심연에 있는 존재이기에 더 이상 하나님이 하늘에 계시다는 생각을 하지 말라는 말은 다만 표지판이 바뀐 것을 뜻할 뿐이다. 궁극성이나 무조건성을 언급하는 말이 전혀 틀린 말은 아니지만, 영원성이나 절대성을 언급하는 말보다 더 참된 것은 아니다. 그러므로 나는 아무 거리낌 없이 교회의 전통적인 가르침을 전한 사람들인 교부들과 신학자들의 가르침을 받아들일 수 있다. 그러나 내가 여기서 그만 논의를 멈추고, 잘 정리되어 그 자체로 충분한, 이 '좋은 신앙의 축적물' 을이 말이 일으키는 논란에도 불구하고 받아들일 수 있을까?

내 입장은 지금까지 사람들이 착각했다거나, 하나님에 관한 이런 관념은 역사적으로 이미 시대에 뒤진 것이라거나, 혹은 이상주의적이어서 우리랑 더 이상 상관이 없다는 것이 아니다. 나로 하여금 여기서 그만 논의를 멈추고 이에 대한 나의 동의를 표하는 것으로 말을 마칠 수 없게 하는 두 가지 이유들이 있다. 첫 번째 이유는 간단하다. 하나님이 하나님이라면, 하나님은 인간적인 언어의 틀로는 전부 다 알 수도 수용할 수도 기재될 수도 없다. 언제나 또 다른 면이 나타나서 이에 대한 인식과 이해와 수용이 있어

---

146) 하나의 문화에 속하는 신념들을 표명하는 것으로 다른 문화와는 동화될 수 없는 것이다. ◇

야 한다. 하나님에 관한 모든 신학과 지식을 넘어서는 것이 늘 존재한다. "유한한 존재는 무한한 존재를 담을 수 없다"라는 신학적인 통념이 이에 해당한다.

두 번째 이유는 아주 다른 것이다. 하나님이 예수 그리스도의 하나님이라면, 하나님은 나에게 개인적인 결단을 요구한다. 왜냐하면 하나님은 개인적인 관계를 맺기 때문이다. 이 개인적인 결단은 지성을 포함하는 내 존재 전체의 행위를 전제로 한다. 그러므로 나는 하나님의 이런 계시를 직면하지 않을 수 없고, 하나님과의 개인적인 관계를 나 자신이 가진 수단들을 통해 표명하는 일을 피할 수 없다. 이제 나는 교회 전통으로 하나님에 관해 전해지는 가르침에 만족할 수 없다. 나 자신이 스스로 개인적인 차원에서 그 문제를 고찰해야 한다.

하나님에 관한 나의 사유의 두 번째 층위는 하나의 명백한 사실이 나를 제약한다는 것이다. 그것은 많은 신학자들이 마주쳤던 것이기도 하다. 내가 제약을 받는 것은 아마도 내가 속한 시대와 환경 때문인지도 모른다. 하나님이 하나님이라면, 나 스스로는 하나님에 관해 아무 것도 알 수도 없을 뿐더러, 하나님에 관해 말한다는 것은 더더군다나 불가능하다. 하나님은 전적인 타자다. 전적인 타자가 아니라면 하나님은 하나님일 수 없다. 하나님이 전적인 타자라면, 나는 그게 무얼 뜻하는지도 제대로 알 수 없다. 하나님은 진정 인간이 인지할 수 없는 존재이다. 왜냐하면 나의 인지 방식은 내가 현재 있는 곳의 인지 방식에 달려 있기 때문이다. 나는 그 인지 방식을 내가 하나님을 인지할 수 있도록 내 식으로 조정할 권리도 능력도 없다. 그 문제에 관한 나의 논의는 하나님과 전혀 무관한 것이 된다.

우리는 여기서 호칭 문제를 다시 발견한다. 하나님은 이름이 없는 존재, 이름을 부를 수 없는 존재로 스스로를 계시한다. 신성한 네 글자[147]의 이름을 부르기 위해서 소리를 내어 발음하지만, 그것이 하나님의 이름은 아니다. 그것은 내가 그렇게 추정할 수 있는 이름에 지나지 않는다. 나는 유비類比, analogie의 방법은 금지되어야 한다고 본다. 그 방법은 인간이 하나님의 형상이라는 말씀에 근거하여, 우리가 알 수 있는 실재하는 인간의 모습에서 하나님의 실상을 귀납적으로 추론할 수 있다고 믿는 신학적인 사조를 형성한다. 이 입장은 예수는 하나님의 충만하고 완전하고 충분한 형상이라는 말씀으로 견고해졌다. 그렇지만 일단 그 두 개의 말씀들은 구분되어야 한다.

첫 번째 말씀은 우리로 하여금 이중적인 난제에 부닥치게 한다. 먼저 무엇보다도 하나님과 인간 사이에 관계 단절과 분리라는 사건이 일어났다. 그렇다면 이 관계단절이 있고 난 뒤에도 하나님의 형상은 인간 안에 지속되는가? 아니면 너무나 총체적으로 단절이 일어난 탓에 인간 안의 모든 부분이 영향을 받아 하나님과 인간 간의 깊은 구렁을 연결하는 어떤 유비도 할 수 없게 된 것일까? 인간 안에 있는 모든 것이 하나님의 형상에 해당하는가, 아니라면 인간 안의 그 어떤 것이 하나님의 형상인가? 풀 수 없는 이 두 개의 난제는 유비적인 방법에 기초한 연구를 무력화시킨다.

그러나 중세 때에 아주 빈번하게 행해왔던 그런 시도는 다음과 같은 주장으로 대체되었다. 즉, 예수는 참된 하나님이고, 하나님에 관해 인간이 알 수 있는 모든 것은 예수 안"아버지와 나는 하나이다"에 다 있으며, 하나님을 알기 위해서는 단지 예수를 깊이 바라보면 된다는 것이다. 그런 정당한 주장이 잘못 받아들여져서, 하나님에 대해 논하는 것과 그런 질문을 하는 것은

---

147) [역주] 유대교에서는 하나님의 이름을 신성시하여 함부로 부르지 않는다. 그래서 히브리어로는 YHWH(야훼, 여호와)인 하나님의 이름을 '네 글자로 된 이름'(tétragramme)이라는 식으로 다르게 표현한다.

무익하다는 판단에 이르렀다. 하나님은 하늘에 없다. 그리고 예수를 넘어서서 존재하지 않는다. 우리 앞에는 오직 예수만이 존재한다. 그러면서 사람들은 예수를 모범적 인간으로 축소시킨다. 그런데 예수가 하나님이라는 말씀이 기본 명제라면, 예수를 모범적 인간으로 축소하는 이론이나, 예수의 하나님 아버지에 관한 불가지론은 수용할 수 없는 것이다. 왜냐하면 거기에서 나오는 난제도 풀 수 없는 것이기 때문이다.

예수가 "나를 보는 자는 아버지를 보았다"라고 선언한 것은 사실이다. 그러나 예수가 그렇게 말한 것은 아버지를 제거하는 것이 아니라 아버지와 거리를 두는 것이다. 예수의 말은 아버지는 존재하지 않는다거나, 아버지에 관해서는 걱정 말고 편하게 불가지론의 입장을 취하면 된다는 뜻이 아니었다. 아버지는 예수 안에서 완전하게 계시된 존재이다. 그러나 그것은 계시이지 존재 자체는 아니다. 아버지는 예수 안에서 우리를 살펴본다. 그러나 예수를 메시아로 지명한 것은 아버지이다.

우리가 피할 수 없는 난제는 "예수가 하나님에 관해서 계시한 것은 무엇인가?"라는 문제이다. 예수는 임무를 완수한 훌륭한 인간이며, 정치적으로는 민중과 빈민들의 해방자라고 생각하는 사람들은 예수가 한 계시의 모든 내용을 다 제거한다. 그들은 그렇게 함으로써 기독교 자체를 제거해 버리는 난관에 부닥친다. 왜냐하면 사람들이 한때 예수라는 이름으로 살았던 이 흥미로운 역사적 인물에게 열정적으로 집착할 이유가 없기 때문이다. 예수는 종교적 영웅들이 들어있는 판테온panthéon, 만신전에 속한 한 존재에 불과하게 된다.

그 난제는 중세에 오랫동안 예수의 두 가지 본성들, 즉 신성과 인성의 문제로 논쟁을 치러왔던 것이다. 궁극적으로 예수 안에 신적인 것은 무엇인가? 그것은 하나님은 누구인가, 혹은 하나님은 무엇인가, 라는 질문과 같이 풀 수 없는 문제이다. 그러나 어쨌든 예수는 우리에게 하나님은 아버지라고 전해 주었다.

그리하여 우리는 줄의 양쪽 끝을 잡게 된다. 그 줄 자체는 암흑 속에 파묻혀 있다. 한 쪽에서는, 하나님은 실제로 알 수 없는 존재로서 나의 지식이나 존재 전체를 초월한다. 하나님은 완전히 감추어진, 전적인 타자로서 인간이 논할 수 없는 존재이다. 그러나 다른 쪽에서는, 하나님은 아버지이다. 그래서 나는 여기서 바르트 식으로바르트는 이점에서 일리가 있다 말할 수 있다. 즉, 하나님은 전적인 타자로서 아버지이며, 아버지로서 전적인 타자이다.

그러나 성서에 익숙한 그리스도인은 그것으로 만족할 수 없다. 지적으로 하나님을 아는 길이 닫혀있다 해도, 우리의 노력과 통찰력으로는 파악할 수 없는, 감추어진 하나님은 스스로 우리에게 계시한다는 믿음이 우리에게 있다. 하나님은 인간사에 개입할 때 하나님에 관해 무엇인가를 계시한다. 하나님은 결코 얼굴에 얼굴을 맞대듯이 스스로를 알리지 않는다. 지금 여기서 스스로를 계시하는 하나님의 자유로운 결정에 의한 것 말고는 하나님은 어떤 다른 방식으로도 스스로를 알리지 않는다. 우리는 하나님의 존재와 마음을 결코 알 수 없다. 특히 우리가 계시에서 파악할 수 있는 것은 결코 항구적인 것이 아니다.

하나님은 지금 여기서 인간의 상황에 따라 필요한 대로 스스로를 계시한다. 그러므로 하나님의 형이상학적인 계시는 존재하지 않는다.우리는 결코 하나님의 존재를 다 파악할 수 없다 또한 하나님이 이 사람 저 사람에게 각기 다른 부분들을 주어서 계시를 하나의 퍼즐과 같이 구성하게 하는 일도 없다. 그런 시도를 하는 것은 계시에 관해 아무 것도 알지 못한다는 사실을 보여준다. 왜냐하면 우리가 얼핏 볼 수 있게 허락된 것은 하나님의 개입에 의한 것일 뿐인데도, 우리는 또 다시 하나님의 존재를 다 파악하려고 하기 때문이다.

모세는 불타는 떨기나무에서 하나님을 볼 수 없었다. 모세는 불타는 떨기나무를 보고 그것이 하나님이 자신에게 전하는 하나의 표지라는 걸 알았다. 이와 같이 우리는 계시를 통하여 하나님이 우리에게 보내는 표지들과 하나님이 행한 일들을 알 수 있다. 이런 상황이 수도 없이 반복되는 것을 아주 잘 보여주는 사실이 있다. 즉, 하나님이 함께 하고, 하나님이 우리의 삶과 사회와 공동체에 개입하여 행동할 때, 우리는 거기에 대해 아무 것도 인지하지 못하고 어떤 다른 것도 지각하지 못한다. 하나님이 일을 다 마친 뒤에 가서야 나중에 돌이켜보며 우리는 이렇게 말할 수 있다. "그러나 하나님이 거기서 그 일을 했고, 하나님이 그 상황을 바꾸었고, 하나님이 지나갔다." 모세나 엘리아가 하나님이 지나간 뒤에 하나님의 등 뒤를 보았을 뿐이라는 말씀처럼 말이다. 이와 같이 하나님의 계시는 우리의 지적인 호기심을 충족시키지 않는다. 우리는 하나님이 개입한 행위를 알고 나서 하나님의 계시를 추정할 수 있을 뿐이다.

하나님은 역사적인 상황이나 사람에 따라서 다르게 나타난다. 우리는 하나님이 본성상 이렇다 저렇다 할 수 없다. 바로 그렇기 때문에 하나님의 계시가 모순적으로 보이는 것이다. 예를 들어, 천둥을 부리는 하나님은 땅에 가까이 임할 때 산들이 무너지게 하지만, 선지자 엘리아에게는 모든 재난들이 지나가게 한 후에 말할 수 없이 세미한 바람으로 다가온다. 하나님은 전능하고, 동시에 전적인 능력의 포기non-puissance의 길을 선택하고, 죽음을 선택하는 존재이다. 하나님은 사람들이 드러낼 수 있는 대상으로서 스스로를 계시하지 않는다. 하나님은 우리의 삶과 역사의 중심에 개입하는 존재로서 스스로를 계시한다. 그런데 우리는 하나님의 개입 행위에서 하나님의 존재를 추론할 수 없다.

그러나 이 글을 전개해나가는데 또 다른 차원의 하나님을 구분해야 한다. 그것은 파스칼이 말한 가슴 속에 임하는 하나님이다. 이는 의심의 여지 없이 지성적인 지식의 길과는 다른 차원이며, 내가 나의 삶에 함께 함을 느끼는 하나님을 말한다. 이 하나님은 지성과는 다른 영역에서 행동하고 계시하는 하나님이다. 신비적이라고? 나는 잘 모른다. 내가 확실하게 아는 것은 이는 환각이나, 상상이나, 환영이나, 정신분석학적인 반상remontée과는 다른 것이라는 사실이다.

가슴 속에 임하는 하나님은 황홀경extase이 아닌, 구체적인 삶에서 경험된다. 이는 최소한 내 경험으로는 실상에서 벗어난 것ec-stasis이 아닌, 그 정반대의 것에서 나온다. 이 하나님은 나로 하여금 나 자신에게서 벗어나게 하지 않는다. 하나님은 현재의 내 삶 가운데 임하고, 내 삶을 바꾸어 방향을 수정한다. 하나님은 나에게 확실한 삶이 아니라 하나님이 개입함으로써 변화가 일어나는 삶을 준다. 물론 하나님은 내가 경험한 하나님으로 축소할 수 있는 분이 아니다. 또한 나의 경험을 통해서 증명될 수 있는 분이 아니다.

"신은 존재한다, 나는 신을 만났다"라는 프로사르148)의 말은 사실 무모한 말이다. 나는 프로사르의 경험을 의심하지 않는다. 그러나 그 만남은 정확히 말하면 말로 표현할 수 없는 것으로서, 다른 사람들에게 어떤 보장이나 증거나 확증을 줄 수 없다. 우리가 증언할 수 있는 것은 자신의 경험이 아니라 성서가 우리에게 전하는 것이다. 그러므로 실존적인 관계를 맺는 것은 가능하지만, 엄격하게 말해서 말로 전달할 수 있는 것은 아니다. 그러나 우리는 또한 이 하나님이 말씀하고 하나님의 말씀이 우리에게 영향을

---

148) [역주] 앙드레 프로사르(Andr Frossard, 1951-1995), 프랑스의 작가. 유대인으로서 20세에 가톨릭으로 개종. 자신의 개종과 관련된 종교적 경험에 관한 책, 『신은 존재한다, 나는 신을 만났다』Dieu existe, je l'ai rencontré를 1969년에 출판.

준다는 사실을 알고 있다. 문제는 거기에 있다. 말씀이 존재한다면, 의사소통이 일어날 것이다. 따라서 이 말씀을 다른 사람에게 전달할 가능성도 존재한다. 애석하게도 우리는 그런 명백한 사실이 가지는 단순성을 거부해야 한다.

내가 보는 바로는, 계시는 신비적인 관상의 차원에 속하는 것이 아니다. 계시는 많은 사람들이 알고 있는 사실과 부합한다. 하나의 말씀이 돌연히 아주 실체적인 진리로 다가와 이제 그 말씀을 의심하는 것이 불가능하게 된다. 우리는 마음을 사로잡는 그런 경험을 안다. 이미 백 번도 더 읽어서 거의 암송하고 있고 성서의 하나님에 관한 나의 객관적 지식의 일부분이 된 성서의 어떤 구절들을 읽고 있는데, 갑자기 지적으로 그렇게도 잘 알고 있는 그 말씀이 예기치 않은 무게로 다가와 마음을 사로잡는 힘으로 나로 하여금 그 말씀을 진리로 받아들이게 한다. 그 진리는 이해할 수 있는 것인 동시에 불합리하면서도 확실한 것이다. 그때 나는 그 말씀에 대해서 아무 말도 할 수 없고, 또 그 말씀을 거부할 수도 없다. 그 말씀은 어느새 내 삶의 중심에 들어와 있다.

그러나 이 경험을 있는 그대로 전달할 수가 없다. 나는 성서 본문이 어떻게 나에게 진리가 되었는지 설명할 수가 없다. 나는 아무 것도 입증할 수 없고 보증할 수도 없다. 더욱이 그 말씀이 다른 사람들에게도 진리가 되게 하는 것이 하나님의 계획인지 나는 알 수 없다. 나는 단지 무슨 일이 일어났는지 말할 수 있을 뿐이다. 내가 전하지 못한다면, 하나님은 말씀하고 그 말씀은 곧 하나님이라는 말은 어떤 의미를 가지게 되겠는가?

히브리어에서 말씀이라는 단어가 행위와 구분이 되지 않고, 새로운 걸 드러내고 야기하고 창조하는 걸 뜻한다는 맥락에서, 하나님은 말씀하는 존재라고 받아들일 수 있다. 이제 현대적 의미의 발화의 차원을 넘어서서, 이 말씀은 하나의 담화로 축소되지 않고, 구어를 채택하면서도 구어에 포함되지 않는다. 이 사실은 이 말씀의 절대적인 자유를 보장하면서, 언어적인 분석을 불가능하게 하고, 이 말씀을 우리의 언어로 번역할 수 있다고 손쉽게 단정하지 못하게 한다. 또한 그것은 우리가 담화의 법칙에 따라 그 말씀을 해석할 수 있고, 그에 따라 같은 형태로 그 말씀을 전달할 수 있다고 단정할 수 없게 한다.

내가 믿는 하나님은 예언자에게 말을 속삭여서 예언자가 그 말을 큰 목소리로 반복하게 하는 그런 하나님이 아니다. 하나님은 말씀le Verbe이고 창조적인 말씀을 통해 언제나 창조한다.149) 그러나 이 말씀은 언어학의 틀에 갇혀있지 않으며, 우리의 언어와 공통점이 없다. 인간의 언어는 다방면에서 이 계시를 파악해볼 수 있지만, 철저하고 완벽하게 할 수는 없고 아주 명확하게 이해할 수도 없다.

하나님인 말씀은 이름이 없는 존재인 하나님을 지칭하는 것이다. 곧바로 모순이 나타난다. 실제로 감추어진 존재가 나에게 말을 건네고 나를 설득하여 새로운 창조에 동참하게 한다. 내가 해석할 수 있는 만큼, 나는 이 새로운 탄생의 말씀을 알아들을 수 있지만, 그 말씀은 내가 쓰는 언어와 다르다. 바꾸어 말하자면, 이 말씀은 나를 설명해주지만, 나는 그 말씀을 설명할 수 없다. 나는 하나님이 나에게 행한 것을 말할 수 있을 뿐이다. 나는 하나님이 누구인지, 더더군다나 어떤 존재인지는 말할 수 없다.

나는 과거를 돌아보면서 하나님이 나의 삶을 인도한 것을 알 수 있지만, 하나님의 존재와 장래의 개입에 관해서는 아무 것도 추론할 수 없다. 하나님은 나의 경험과 지식의 구조를 세우지만 그 어떤 구조에도 속하지 않는다는 사실을 나는 잘 알고 있다. 나는 하나님의 현존에 의해서 내 틀에서 벗어날 수밖에 없다. 물론 나는 침묵할 수 없다. 그러나 하나님이 이 역

---

149) 즉, 새로운 상황을 만든다. ◇

사에서 행한 것과 그 너머로 나아갈 수 있도록 나를 깨우쳐준 것을 직접 증언하는 것이 가능하다 하더라도, 나는 간접적인 방법으로 말해야 한다. 즉, 나는 신화나 비유나 시로서 말할 것이다. 하나님이 나에게 계시한 이 모든 모순적인 것을 포괄적으로 이해하기 위해서는, 변증법적인 방식을 취해야 할 것이다. 내가 언어로서 할 수 있는 것은 제한이 없지만, 결코 "하나님이 저기 있다"라거나 "하나님이 이런 존재이다"라고 말할 수 없다.

묘사나 설명의 방식이 아니라 비유나 신화의 방식으로만 가슴 속에 임하는 하나님을 알릴 수 있다. 역으로, 내가 비유를 사용할 경우에 무엇을, 누구를 비유할 것인가? 그 대답은 나의 삶 가운데 나에게 스스로를 계시하신 하나님, 예수 그리스도의 하나님, 변함없이 동일한 하나님, 예수 그리스도가 율법과 선지자의 완성으로 나에게 보여준 하나님이다. 하나님은 어떤 의미에서는 존재와 사랑과 생명과 말씀이 자유와 불가지성과 근접성과 권능과 소통과 진실성으로 상징화되는 실재라고 할 수 있다.

그런데 내가 상기하고자 했던 세 가지 차원의 하나님은 교회 전통으로 전해진 하나님과, 내가 계시를 통해 이해하고 해석하려고 했던 하나님과, 가슴 속에 임하는 하나님이다. 이 세 가지 차원들에서 합의점이나 일치점을 찾을 수 없다. 그러나 거기에 하나의 연관성은 분명히 있다. 즉, 그것은 하나님이 나의 찬미를 받아주고, 삶의 문제를 드러내면서 나의 의혹과 불신을 감싸주는 존재라는 사실이다.

지금 프랑스에서는 유대교, 기독교, 이슬람교가 만나고 대화하고 동화해서, 극단적으로는 일신교로 정체성을 같이 하자는 커다란 운동이 일어나고 있다. 이 세 개의 종교들을 특징짓는 것은 어느 정도 서로 유사하면서, 세계의 다른 종교들과는 대조적으로 유일하고 보편적이고 전능한 하나님을 믿는다는 점이다. 이 사실을 사람들은 중요하게 받아들이면서, 그 하나님은 동일하다고 한다. 흔히 사람들은 이 세 개의 종교에 속한 사람들은 각각 이름은 다르지만 동일한 하나님을 믿는다고 말한다. 유대교의 하나님은 아도나이 엘로힘이고, 기독교의 하나님은 그리스도의 하나님이고, 이슬람의 하나님은 엘로힘에 가까운 알라이다. 궁극적으로 다 동일한 하나님을 말한다. 그러므로 통합하자는 것이다.

이러한 이해는 모든 면에서 총체적으로 잘못된 것이다. 먼저 유일한 일신교라는 측면을 보자. 이 세 개의 종교들이 유일신을 독점하고 있다는 주장은 잘못된 것이다. 다신교적인 종교들에서는 신들의 개별적인 형상들을 넘어서서 막연하고 이름 없고 신비스러운 하나의 영적인 존재가 지배한다는 말을 한다. 그리스인들에게 신들보다 우월한 능력을 지닌 존재들은 크로노스Chronos와 우라노스Ouranos와 아낭케Ananke이다. 그러나 이집트 종교에서 신들을 초월하는 능력을 지닌 존재는 훨씬 더 은밀하고, 이름 없는 무명의 존재로서 어떤 관계도 맺을 수 없지만 모든 것을 지배한다. 북아메리카 인디언들의 수많은 종교들에서는 정체불명이지만 모든 만물을 주재하는 영적인 존재가 지배한다. 이러한 종교들이 유일신적이라고 말할 수는 없지만, 유일신이라는 주제에 대해 우리가 가지고 있는 교만한 태도를 자제할 필요는 있을 것이다. 여기서 이크나톤Akhenaton, 150)이 유일한 신을 세우려고 노력한 것은 언급하지도 않았다.

두 번째 특징은 이보다 더 심각하다. 일신교는 기독교 계시의 근본적이고 핵심적인 특징인가? 요즈음과 같은 신학적인 혼란기에 기독교는 유일

---

150) [역주] 이크나톤(Iknaton, B.C. 1379-1362) 혹은 아케나톤(Akhenaton)이라 하고 고대 이집트 제18왕조의 왕으로 수도 테베에서 아몬 신을 중심으로 형성된 다신교의 전통을 부정하고 아톤을 유일신으로 신봉한다. 엘 아마르나에 수도 아케타톤(Akhetaton '아톤의 지평선')을 건설하여 아마르나 시대를 열었지만, 왕의 사후에 다시 테베로 천도하여 아몬 신을 중심으로 한 다신교의 전통이 재개된다.

신이기 전에 먼저 삼위일체라고 지적한 것은 몰트만[151]의 아주 큰 공로이다. 기독교 신앙의 진정한 특성은 삼위일체론이다. 물론 하나님은 유일하다. 그런데 유대교와 특히 이슬람교가 기독교를 맹비난하는 것은 기독교는 엄밀히 보면 일신교가 아니라는 것이다. 그들의 눈에 기독교는 삼신론三神論이다. 이에 대한 신학적 논쟁은 교부시대부터 시작해서 수없이 전개되어, 하나님의 유일성과 삼위일체의 삼위성을 삼위의 유일한 하나님으로 타협시키기에 이르렀다.

그러나 어쨌든 우리는 너무 쉽게 일신교라고 단언한 반면에, 그리스도 안의 계시는 삼위일체라는 사실을 망각하고 있다. 문제는 심각하다. 이는 예수 그리스도를 보조적인 위치에 놓는다는 걸 의미하기 때문이다. 그러나 예수 그리스도만이 우리에게 하나님을 계시하고, 하나님의 사랑을 전하고, 하나님의 형상이 되고, 인간과 하나님을 연합하고, 죽음으로 우리를 구원하고, 부활에 의해 우리의 소망이 되고, 진리가 된다고 우리가 주장할 때, 다른 일신교들은 우리를 다신교로 판단한다. 원만한 대화를 원하고, 선한 사람으로 처신하기를 원하고, 공통의 기반 위에 합의를 이루려고 한다면, 우리는 예수 그리스도를 떼어놓아야 한다. 이는 우리가 그리스도인이기를 중단하는 것이다.

삼위일체론은 어려운 난제들을 신학적으로 조정한 것이 아니고, 인간이 고안해낸 것이 아니다. 삼위일체는 성서 계시의 본질 자체이다. 성부의 창조와 성자의 성육신, 성령의 조명은 계시의 뼈대이다. 일신교는 종교적이고 정치적인 차원에서 권위주의와 전제주의를 낳는다는 몰트만의 주장은 맞는 말이다. 삼위일체론은 하나님의 자유와 함께 인간의 자유를 보장한다. 이런 돌연한 주장들로 인해서 불가피하게 유대교와 단절되는 것은

---

151) 몰트만(J. Moltmann), 『삼위일체와 하나님 나라』 *Trinité et Royaume de Dieu*, Le Cerf, 1984.

아니다. 물론 유대교는 예수를 메시아와 하나님의 아들로 인정하지 않지만 말이다.

그러나 유대교에서 하나님은 유일한 존재"이스라엘아 들으라 우리 하나님 여호와는 오직 유일한 여호와이시니"이다. 그러나 또한 하나님의 말씀이 있고, 하나님은 말씀이다. 하나님의 지혜가 있다. 하나님의 영이 있다. 성서 본문들을 보면 각각의 존재가 각기 특성을 가진다. 나는 각각의 존재가 하나님이라고 주장하는 것은 아니다. 그러나 각각의 존재는 어떤 의미에서는 실체를 가지는 것으로 인정된다. 에스겔[152]이 본 것처럼 하나님의 영이 죽은 시체의 마른 뼈들을 채운다는 말씀이나, 그때에 여호와의 말씀이 희귀했다는 말씀삼상3:1-역주은 다 하나님으로부터 온 것이지만, 하나님의 말씀과 하나님의 영은 각기 고유한 역할을 담당하고, 서로 동일한 것이 아니었다. 성자는 성부와 분리될 수 없고,"나와 아버지는 하나이다" 성령은 성부와 성자에게서 나오는 것으로 한 하나님일 수밖에 없다.

구약의 계시를 동일시할 수 없고 구약의 많은 부분에서 차이를 보여주지만, 적어도 유대교와 기독교 사이에는 이해와 협조의 가능성이 존재한다. 왜냐하면 양자는 같은 하나님을 믿고 있기 때문이다.

그런 이해와 협조가 이슬람과는 절대 불가능하다. 이슬람이 예수를 최후의 위대한 예언자라고 했기 때문에 이슬람이 예수를 인정한다고 말하는 것은 터무니없다. 문제는 거기에 있지 않다. 예수가 하나님의 아들이고 하나님에게서 온 하나님이고 사랑으로 성육신한 하나님인 점을 이슬람은 일관적으로 받아들이지 않는다. 그 점은 그들에게는 생각할 것도 못 된다. 합의하고 이해할 여지가 하나도 없다. 그러나 더 중요한 사실이 있다.

이슬람의 하나님은 예수 그리스도의 하나님과 아무런 공통점도 없다.

---

152) [역주] 에스겔서 37장에서 하나님이 마른 뼈들을 하나님의 영으로 채워 생기를 불어넣는 장면이 나온다.

이슬람을 수용하고 공통점을 찾아보려는 우리의 의도 때문에 사람들은 그 사실을 더 이상 지적하지 않는다. 이슬람은 배타적인 일신교를 철저하게 몰고 간다. 알라는 근본적이고 절대적으로 스스로 완전한 신이다. 알라는 전부이다. 알라는 아무 것도 필요 없다. 알라에게는 더할 게 하나도 없다. 그래서 창조세계는 유익하지도 필요하지도 않다. 알라는 흔들릴 수 없고 불변하는 존재로서, 자신의 뜻을 어떤 것에도 거리낌이 없이 성취하고 만다. 그렇기 때문에 인간이 취할 수 있는 유일한 태도는 완전한 복종이다.

이슬람은 복종이다. 그것은 맹목적이고 전폭적인 복종이라는 것을 잊지 말아야 한다. 일어난 사건에 대해서 인간에게 적합한 유일한 반응은 운명153)으로 받아들이는 것이다. 물론 알라는 자비로운 존재이다. 그러나 여기서 자비로운 존재라는 단어의 뜻이 추상적인 거리와 지배력을 포함하고 있다는 점을 잊지 말아야 한다. 독재자는 죄인을 사면할 때 자비로운 존재가 될 수 있다.154)

알라는 무엇보다 사랑인, 아브라함과 예수 그리스도의 하나님과 상반된다. 그 하나님에게 창조세계는 필수적이다. 왜냐하면 하나님은 스스로를 사랑하는 것으로 만족할 수 없기 때문이다. 하나님은 초월적인 존재이다. 그러나 하나님은 또한 인간과 함께 하기 위해서 인간의 역사에 현존한다. 하나님은 사랑이기 때문에, 인간의 기도에 귀 기울이고, 우리가 계획하는 일에 함께 참여한다. 하나님은 사랑이기 때문에, 인간의 죄로 인해 고통을 겪는다. 얼마만큼이나 우리의 하나님이 인간에게 헌신적이고, 인간이

---

153) [역주] 'Mektoub'은 '운명이다'라는 뜻을 담은 아랍어 감탄사의 프랑스어 음역이다. 이 말은 이미 기록되어 있는 것으로 피할 수 없다는 뜻을 담고 있다.

154) '자선'(la charité)이라는 말이 '자선을 베푸는'(fait la charité) 쪽의 우월성과 거리감을 띠고 있다는 이유로 그 말을 싫어하는 그리스도인들이 있다. 그들이 '자비로운 존재'(le Miséricordieux)인 그리스도의 하나님이 자선을 베푸는 걸 이해하지 못한 채 어떤 값을 치르고라도 이슬람교도와 타협하기 원하는 사람들이라는 사실은 가히 주목할 만하다.

없는 당신의 존재를 스스로 생각할 수 없고, 그렇게 생각되는 것을 원하지 않는지 이해하기 위해서는, 하나님의 고통이나 번민과 하나님의 비극에 대한 몰트만의 훌륭한 글들을 참조해야 한다.

사람들이 너무나 흔하게도 아주 까다롭고 무정하고 잔인한 신들과 하나님을 동일시하는데, 하나님은 그런 신들과 공통점이 하나도 없다. 코란의 신과 성서의 하나님은 서로 넘을 수 없는 차이가 있다. 이슬람에 대한 나의 반대는 부수적인 사실에 근거한 것이 아니라, 건물의 주춧돌과 초석과 같이 중요한 사실에 근거한 것이다. 예수를 최후의 위대한 예언자로 삼으려는 것은 복음서에 대해서 아무 것도 모르는 무지에서 비롯된다. 왜냐하면 예수는 알라의 예언자였을 수가 없기 때문이다. 같은 유일신을 믿는다는 구실로 이슬람과 형제적인 우애관계를 맺으려고 하는 것은, 유대교의 하나님인 엘로힘155)을 그리스 신화들 속의 신인 테오스156)로 번역하여 뜻을 완전히 곡해한 것과 같은 잘못을 다시 범하는 것이다. 그것은 절대적으로 중단해야 한다. 우리는 대화할 수 있다. 그러나 예수 그리스도의 신성이나 사랑인 하나님의 존재에 관해서는 양보하지 말아야 한다.

2. 역사와 기술 환경과 초월성

이제 내가 이해하고 확신하는 것과는 아주 다른 측면을 살펴보아야 한다. 그 접근 방식은 앞장에서와는 전적으로 다르다. 나는 여기서 지식이나 경험이 아니라 상황을 논할 것이다. 그 상황은 나의 개인적인 상황이 아니라, 내가 사는 이 세계의 상황으로 인간의 역사와 기술적인 사회의 상황이다. 예수 안에서 계속해서 언약을 성취하고 언약을 갱신하는 하나님은 이

---

155) [역주] 'Elohim'은 히브리어의 프랑스어 음역으로서 전능한 하나님을 뜻한다.
156) [역주] 'Theos'는 그리스어의 프랑스어 음역으로서 신을 뜻한다.

역사에 함께 하는가? 그것은 신학적이거나 추상적인 문제가 아니라 실존적인 문제다. 그것은 완전히 외양과는 달리 피상적이고 기계론적인, 하나님은 가난한 사람들이나 혁명가들을 통하여 임재한다는 식의 하나의 정치적인 문제가 아니다. 그것은 역사적으로 우리가 도달한 현대의 기술 사회에 관한 지식에 기초한 가설과 연관된 것이다.

기술체계의 본질을 안다면, 우리는 그 체계가 모든 것을 아우르는 것으로 보아야 한다. 한편으로 기술체계는 총체적인 것이다. 다른 한편으로 기술체계는 인간적, 사회적, 정치적, 지성적 삶의 경험들과 인간적 관계들과 함께 예술적인 추구에 이르기까지 모든 측면들을 다 총괄하고 수정하고 규정한다. 기술체계는 자신의 외부에서 오는 모든 것들을 흡수하고 수집하고 동화시킨다. 모든 저항 행위들이나 사상들은 급반전하여 기술체계에 우호적인 경향을 띠게 된다. 기술체계는 모든 것을 총괄하는 것으로 불가피하고 난공불락이다.

우리가 포이어바흐 식으로 종교를 영적인 수평적인 관계로만 받아들이게 되면, 거기에 따른 몇 가지 문제점들에 봉착하게 된다. 첫 번째로 기술체계에 대한 판단을 내릴 수 있는 어떤 기준이 존재하지 않게 된다. 나사렛 예수는 준거référence가 되지 않는다. 왜냐하면 예수는 기술사회가 아닌 전통적 사회에서나 가능한 모델이고, 우리가 알고 있는 것과 공통된 점이 없기 때문이다. 예수는 모델도, 기준도 될 수 없고 영감을 주는 존재도 아니게 된다. 전체적으로 기술체계는 과거에 속하는 것과, 아주 무가치하고 쓸모없는 것은 배제한다. 우리 시대에 기술체계는 외부의 모든 것을 체계의 일부로 삼으려고 흡수한다.157) 외부의 것을 준거로 삼는 일은 있을 수 없

---

157) 이는 제3세계 국가들의 비극을 초래하여, 그들이 다시 새로운 노예 상태로 전락하는 일이 벌어지기도 한다. ◇

고, 더구나 그리스도인의 삶이나 행실이 준거가 되는 일은 없다.

두 번째로, 무신론적인 기독교라는 가설을 수용하면, 비판의 여지는 더더욱 존재하지 않게 된다. 기술체계에 대해 외적인 준거의 존재를 상상조차 할 수 없게 된다면, 다른 관점으로 기술체계를 바라보는 새로운 시각이 있을 수 없다. 따라서 다른 기준점에 의거하여 비판을 가하는 일도 생겨날 수 없다. 내가 부정하고 비판하는 연구들이 이제 기술체계 안에 위치해 있는 것이다! 이제 이의제기와 분리라는 두 가지 방향에서 비판할 수 있는 가능성이 없다.

비판하기 위해서는 비판하는 사람이 비판하는 대상의 외부에 위치해야 한다.158) 비판을 위해서는 지지하는 논점과 또 다른 가치체계와 외적인 분석도구가 있어야 한다. 종양의 제거를 판단하는 외과의사가, 환자 내부에 들어가 있으면서 판단할 수는 없는 노릇이다. 그런데 기술체계는 다른 관점과 다른 가치체계를 전혀 효력이 없게 함으로써 배제해버린다. 기술체계는 분석과 비판의 도구들을 동화시켜서 고전적인 딜레마에 빠지게 한다. 혹은 그 도구들이 효율성을 띠어서, 기술적이 되고 기술체계에 관여하면서, 체계를 비판함으로써 체계를 강화시킨다. 혹은 그 도구들이 기술과는 무관한 것으로 남아서, 아무런 효과도 가치도 없게 된다.

세 번째는 신의 죽음이라는 가설에 계속 집착함으로써 이 세계는 역사적으로나 현실적으로 출구도 해결책도 없게 된다. 기술체계에 편입되는 것 이외에는 다른 어떤 가능성도 기대할 수 없고 달리 살아갈 방도를 찾을 수 없다. 히피족 문화는 아무런 의미도 없이 되풀이되는 현상에 불과하다. 이 세계 내부에서 이 세계를 다른 출구로 나아갈 수 있게 하는 길은 없다. 기술은 모든 것을 구속하고 점차적으로 스스로를 폐쇄한다.

---

158) 자아비판은 하나의 외부의 관념이 나 자신을 관통하여 나 자신을 문제 대상으로 삼는 것이다. ◇

기술은 말 그대로 파툼159)이나 아낭케160) 로서 숙명과 운명이 된다. 한 편으로 기술의 근본 원리를 변화시킬 수 있는 것은 아무 것도 없다. 다른 한편으로 기술은 그 모순되는 양상들을 통하여 끝없이 종합해간다. 왜냐 하면 기술은 수많은 내적인 모순들을 내포하지만 그 모순들은 기술을 발 전시키기 때문이다. 또한 장래를 향한 어떤 소망도 가능하지 않다. 왜냐하 면 모든 것이 기술체계의 작용에 의해 결정되기 때문이다. 내 말은 이 체계 가 잘 작동한다는 말이 아니다. 그러나 이 체계는 홀로 작동한다. 재앙을 불러올 수 있어도 이 체계가 작동하는 것을 멈출 수 있는 것은 아무 것도 없다.

두 가지 가능성을 그려볼 수 있다. 하나는 체계가 잘못 작동하는 것이 다. 그래서 모든 것이 혼돈에 빠진다. 체계의 통합성으로 인해서 모든 것이 실제적으로 무력화될 수 있다. 다른 하나는 체계가 잘 작동하는 것이다. 그 래서 세상은 『멋진 신세계』Brave New World에 그려진 세계에 비견할 만한 세 상이 될 수 있다. 그러나 그 결과는 재앙에 가까울 것이다. 왜냐하면 여기 서 생겨나는 것은 일종의 인공적이고 안정화되고 표준화된 낙원이 아니고, 하나의 실제적 엔트로피주31 참조-역주이기 때문이다. 엔트로피는 이어서 혼돈 상태를 초래한다. 그리고 이 두 가지 가능성은 기술체계의 통합성과 밀접하게 연관된다. 미래에 소망할 것은 아무 것도 없다. 이와 같은 점들이 수평적인 신학이 초래하는 문제점들이다.

그래도 소망과 살아갈 가망성과 삶의 의미를 얻고, 자살이 아닌 해결책 을 발견하고, 또한 기술에 통합되지 않은 사랑과, 기술체계에 이용되지 않 는 진리를 좇고, 자유에 대한 취향, 열정, 열망, 기대를 찾기 위해서는, 초

---

159) [역주] Fatum, 운명을 결정하는 로마의 신.
160) [역주] Ananke, 그리스 신화의 운명의 여신.

월자에 의지하는 수밖에 없다는 점을 유념해야 한다. 아주 정확히 말한다면 그 초월자는 기독교에 계시된 대로의 초월자이다. 그는 인간이 이해하고 받아들일 수 있게 계시된 초월자로서 말씀으로 전해지지만, 그 점에 전혀 구애받지 않고 여전히 초월자로 존재한다. 왜냐하면 부정 신학la théologie négative의 대상인, 순수하고 알 수 없는 초월자는 인간에게는 존재하지 않는 대상에 그치기 때문이다. 그런 초월자가 개입한다면, 거기서는 가정에 그칠 뿐이다 그는 유명한 데우스엑스마키나161)가 될 것이다.

그러나 예수 그리스도가 우리에게 계시한 존재는 나사렛 예수라는 인간이나, 가난한 사람들과 늘 함께 하는 존재일 뿐만 아니라 우리에게 가까이 온 초월자이다. 고전적이고 진부한 신학에 불과하다고? 물론 그렇다. 그러나 그 이외의 다른 존재는 없다. 정확히 말하자면, 다른 모든 신학 이론은 기술에 의해 무력화되었다.

초월자만이 우리가 의지할 근거와 바라볼 시각과 비판할 수 있는 다른 장치를 제공할 수 있다. 왜냐하면 초월자는 기술체계가 아무리 널리 확장되어있을지라도 결코 거기에 동화될 수 없는 외부의 존재이기 때문이다. 초월자만이 기술체계에 대한 비판을 가능하게 한다. 초월자만이 한편으로는 기술의 딜레마, 또 다른 한편으로는 도덕적 평가에 갇혀있지 않게 할 수 있다.

물론 이 모든 것이 보장된 것도 미리 주어진 것도 아니고, 쉬운 일도 아니다. 왜냐하면 이 단계에서 우리는 초월자가 초월자로서 개입하기를 기다리는 것이 아니라 우리가 행동해야 하기 때문이다. 그러나 초월자는 우리가 개입하여 행동을 취하는 것을 가능하게 한다. 그 가능성이 없으면, 세계

---

161) [역주] 라틴어로 'Deus ex machina'. 고대 그리스의 연극에서 쓴 무대 기법. 기중기와 같은 기계장치로 신적인 존재로 분장한 배우를 등장시켜 복잡한 상황을 단번에 해결하는 수법으로 중세에도 사용되었으며 몰리에르의 작품에도 등장한다.

전체를 다 싸안고 있는 기술체계에 대한 어떤 인간의 행동도 불가능하다. 바꾸어 말하면, 초월자는 이 단계에서는 행동하는 주체가 아니라, 우리가 행동을 가능하게 하는 조건이다. 초월자는 현대의 기술 체계 이외의 바깥에 '외부의 타자'가 존재한다는 사고를 가능하게 하는 전제조건이다.

여기서 앞에서 변증법에 대해서 아주 간략하게 살펴본 내용을 다시 살펴보자. 변증법은 삶 자체의 전개를 보여주며, 역사에 필수적이다. 그러나 기술이 모든 것을 다 총괄하게 된 상황에서 초월자가 존재하지 않는다면, 변증법은 불가능해진다. 그런데 변증법이 더 이상 존재하지 않게 되면, 인간의 역사도 더 이상 있을 수 없다. 따라서 이제 인류에게 가능한 삶은 의미 없는 시간의 흐름과 궤를 같이 하는 것으로, 사람들은 결국에 가서 일종의 순환적인 체계를 목도하게 될 것이다. 하지만 그리스도인의 사고체계에서는 이와 같은 것이 근본적으로 불가능하다는 사실을 뒤에 가서 살펴볼 것이다.

철학적, 신학적 관점에서 반론을 제기하거나 이런 문제를 아예 꺼내지도 않으면서, 내가 지적하는 사실을 중요하게 여기지 않는 사람들은 오늘날 기술 환경의 현실이 어떤 것인지 전혀 모르고 있다는 걸 보여준다.

그러나 주어진 조건 속에서 초월자일 수밖에 없는 하나님은 인간이 자연을 자신의 환경으로 인식하고 있던 시대의 자연 신들과 그리 많은 차이가 나지는 않는다고 말할 수도 있다. 거기서도 인간은 초월적인 신이 필요했다. 이는 이 적대적인 세계인 자연과 투쟁하면서 그것을 정복하여 살아남으려고 자신의 세계 이외에 존재하는 외부의 거점을 확보하기 위한 것이었다.

여기서는 먼저 두 가지 사항들이 지적되어야 한다. 한편으로 기술 환경은 의도적으로 추상화된, 인위적인 환경이다. 그러므로 초월적인 하나님은 초월적인 존재로서 명료하게 이해되고 분명히 인식되어야 한다. 그리고 그 보편성은 구체적으로 규정되지 말아야 한다. 다른 한편으로 기술 환경은 인간의 창조물로서 인간 내부에서 나온 것으로, 인간의 충심어린 참여를 강요하면서 인간의 내면을 장악하려는 수단들을 발전시킨다.

역사에서 유례가 없을 정도로 인간의 내면이 조종당하고 있다. 자연적인 세계에 대한 인간의 참여는 자발적이고 즉각적이었다. 오늘날 인간의 참여는 변환의 기술들을 통해 이루어진다. 이제 예전의 자연 신들의 대체만으로는 전혀 충족될 수가 없다. 인간이 초월자로 믿으면 되는 차원이 아니라 실제로 초월적인 초월자가 존재해야 한다. 인간의 생각과 마음에서 나오지 않은 진정한 초월자가 아니라면 그는 기술 체계의 투영에 지나지 않는다. 소수의 사람들에 의해 초월적인 존재로 받아들여진 자연 신들도 자연 세계의 투영에 불과하다. 이스라엘의 하나님은 그렇지 않았고, 다른 신들과 달랐다. 초월자인 이 하나님은 기술 환경과는 전혀 상관이 없다. 왜냐하면 이 초월자는 인간의 생존에 필수적이고 불가피하다 할지라도 인간의 마음과 생각에서 나온 창조물이 아니기 때문이다. 이 초월자는 이 시대에 구원의 소임을 담당할 수 있는 유일한 존재이다.

그러나 이 초월자는 우리가 행하는 성찰의 두 번째 중심축이 된다. 그는 스스로를 계시하여 알리는 존재라고 우리는 말했다. 그러므로 그는 비판이 가능하도록 외부에 기준점을 마련하기 위해 인간이 설정한 가정으로서의 초월자가 아니다. 마치 기하학자가 도형의 바깥 부분에 점을 하나 찍어서 필요한 직선을 그리는 것과 같이, 비판이 필요한 인간이 그 비판의 근거를 세우기 위해 그 장치들을 마련한 것이라고 한다면,그러나 이 비교에서 사람들은 기하학자의 존재는 도형 속에 없다는 사실을 잊어버린다 이 초월자는 인간이 만든 하나의 순수한 가설적인 존재가 되고 만다. 그러나 우리는 앞에서 이미 이 초월자는 그 역할 자체를 위해서라도 결론이 나면 없어지고 말 하나의 단순한 가공의 존재나 가설적인 존재가 아니라는 점을 밝혔다. 이제 우리는 분명하게 계시의 전개와 함께 행동하고 스스로 실재하는 초월자를 마주한다. 초월자가 스스로를 계시하기 때문에, 이 세계는 결코 폐쇄적일 수 없고, 다 이루어지고 완성된 하나의 총체적인 체계로 마감될 수 없다.

이 기술 세계는 신들도 포함한 인류 전체를 다 총괄하기 위해 건설된 보편적인 도시인 바벨의 역사에 속하고, 초월자는 제거되어야만 하는 세계이다. 바벨의 성벽들은 이 하나님을 배제하기 위에 건설되었다. 아마도 하나님에게 문이 하나 열려 있었는지도 모른다. 그러나 하나님은 스스로를 계시하는 하나님이기 때문에, 내려가서 보았고, 바벨탑은 무너졌다. 외부에 의해서 열린 것이다.

이와 마찬가지로 원하던 원하지 않던 간에 우리는 기술 체계를 개량시키고 발전시키고 개선시키는 행동을 지속할 수밖에 없다. 그러므로 우리를 죄수로 가둬버리는 체계에 계속 갇혀 있을 수밖에 없을 때, 또 기술 체계의 내부를 관통하여 외부로 열고 나갈 수 없을 때에, 우리는 동화할 수도 없고 회유할 수도 없는 초월자가 "내려가서 보자"고 선포할 것이라는 확신을 가질 수 있다. 우리가 그 말씀을 듣게 될 때, 우리가 아버지로서 이미 온 초월자인, 예수 그리스도의 하나님을 믿을 때, 우리는 소망을 가질 수 있고, 우리가 사는 세상의 상황이 어떨지라도 우리는 소망으로 살아갈 수 있다.

열리는 것은 언제나 가능하다. 그러므로 또 다른 역사가 가능하다. 그것은 기술 세계에 인간을 들여놓는 기술화의 역사와는 다른 것이다. 그것은 더 이상 기계적이고 필연적인 역사가 아니라, 반대로 창조적이면서 어떤 형태의 재앙이든 재앙으로 끝나지 않는 역사이다. 초월자가 내려와 주어진 상황을 역전시킬 수 있기 때문에, 인간이 정해진 운명fatum에 따라 휘둘리거나 제한받지 않고 인간의 역사를 이루어가는 것이 가능해진다. 이 사실이 바로 유일한 보장책이자 유일한 가능성이다.

그러나 그것은 외부에서 와서 모든 문제를 해결해주는 또 다른 데우스 엑스마키나가 아닌가? 우리가 우리 자신의 문제들을 풀 수 없어서 우리 대신 그 문제들을 풀어주도록 일을 맡겼기 때문에, 초월자 하나님이 그런 임시변통의 존재가 된 것인가? 둘을 동화시키고도 싶지만 그럴 수 없다. 하나님을 이 세상에 귀속시키는 모든 신학들은 사실 이 세상의 사회학을 추종하는 이데올로기들이다. 왜 기적과 경이로운 일을 통하여 수직적으로 개입할 수 있는, 성부이자 초월자이자 권능자이자 창조주 하나님을 배제하는가? 그 유일무이한 이유는─내가 유일무이하다고 한 것은 어떤 다른 이유나 근거도 찾을 수 없기 때문이다─기술 체계가 우리를 설득하여 그 체계를 넘어서는 존재는 존재하지 않는다고 믿게 하기 때문이다.

그것은 우리로 하여금 또 다른 연구에 접근하게 한다. 기술 사회에서 신학의 지위와 역할과 기능은 무엇인가? 나는 이 문제를 『새로운 악령들』 *Les nouveaux possédés*과 같은 나의 저서들 속에서 부수적으로 다루어왔다. 그러나 이 주제에 관해서 체계적인 연구를 할 필요가 있다. 이 현대 신학은 기술의 반영이자 이데올로기적인 산물이다. 그것은 기술의 완료와 종결과 완성을 돕는 것이다. 기술적인 것에 대해서 초월자를 인정하는 것은 오늘날 비순응주의non-conformisme를 택하는 길이다. "너희는 이 세대를 본받지 말라"는 말씀은 오늘날 필요한 말씀이다.

그러나 마지막으로 점검해야할 사항이 있다. 이 초월자는 데우스엑스마키나도 임시변통의 존재도 아니다. 왜냐하면 이 초월자는 강요가 아닌, 자유로운 행동을 통하여, 우리 눈에는 불확실하면서 아무런 필연성도 없이, 스스로를 계시하여 주권적으로 자신을 드러내기 때문이다. 바꾸어 말해서, 우리가 온전히 이 초월자를 믿는다 할지라도 그런 우리의 믿음이 초월자의 실재를 보장해주지는 않는다는 말이다. 자동적으로 개입하는 것은 자유가 아니다. 하나님은 자유롭게 개입할 수 있다.

다른 한편, 우리가 예수 그리스도 안에서 초월자에 대해 아는 모든 것은 그가 자신의 창조물인 피조물을 사랑하여 해방하고 구원하기 위해서 내려온다는 것이다. 우리는 그가 개입할 것을 믿는다. 우리가 그런 소망을 가지고 산다면, 우리는 그 사랑 속에서 우리 자신이 행동을 취하게 된다. 그러므로 우리 자신이 행동을 취해야 한다. 순전히 주관적으로 초월자를 믿는 것만으로는 충분하지 않다. 신앙의 주관성은 이 경우에 초월자의 객관성을 충족시킬 수도 없고 대체할 수도 없다. 여기서 불트만Bultmann과 바르트Barth의 논쟁에 끼어들자는 것이 아니다. 철학적인 차원의 이 논쟁은 끝이 없다. 그러나 여기서 우리는 철학을 다루지 않는다.

나는 여기서 마르크스가 헤겔을 추종하는 젊은 학자들과 펼치는 논쟁 중에 한 말을 인용하고 싶다. "그들이 사상적인 혁명이 혁명이라고 생각하면서, 철학적인 차원에서 사유재산을 비판하고는, 그것으로 자신들이 혁명 사상을 실천하고 사유 재산의 관념을 무너뜨렸다고 하지만, 사유재산의 경제적 법적인 현실은 기존의 상태 그대로 남아있고, 착취당하는 사람들의 상황은 조금도 바뀌지 않았다." 마찬가지로, 지금 우리는 순전히 주관적인 현상을 다루는 것이 아니다.

기술 체계는 아주 객관적이고 현실적이고 인간 외적인 것이다. 바로 그것이 중요한 문제이지, 상황에 따라 조절하고 투쟁해야 한다고 하는 우리 생각이 문제가 아니다. 초월자는 주관적인 나의 신앙 속에서만 가능하고, 부활의 실재는 제자들의 가슴 속에만—우리의 가슴 속에도 존재한다는 생각을 받아들이고 싶은 유혹도 들지만, 그것으로 결코 충분하지 않다. 그렇게 해서 어느 정도 자유로워진 느낌을 받을 수도 있지만, 고작 그것이 전부다.

초월자가 객관적이고 실제적으로 스스로 개입한다는 사실이 중요한 것이다. 그런데 그것은 단순한 가능성일 뿐이다. 초월자는 결코 그런 개입에 얽매여있지 않다. 우리가 성서에서 이스라엘 백성이 이집트를 탈출하는 장면들을 읽을 때, 우리는 하나님이 요셉의 시대와 모세의 시대 사이에 오랜 세월 동안 침묵했던 사실을 알게 된다. 오랫동안 하나님이 택한 백성은 통곡하고 부르짖고 탄원하고 고통당하면서, 하나님이 왜 안 오는지 이해하지 못한다. 그런데 어느 날인가 하나님은 기억해낸다. 어느 날 하나님은 이스라엘 백성에게 임한다. 왜 어느 날 그렇게 된 건지 우리는 이해할 수 없다. 그러므로 하나님이 그렇게 결정한 것에 대해서 우리는 어떤 역사적인 확실성이나 기계적인 자동성을 찾아볼 수 없다.

우리가 우리 문제를 어떻게 다루고 어떻게 투쟁할 지는 전적으로 우리에게 맡겨져 있다. 그러나 주권자 하나님의 결정이 임할 수 있는 가능성을 믿는 신앙, 언약의 성취에 근거한 신앙, 예수 그리스도 안에 현존하는 하나님의 실재를 믿는 신앙, 이런 신앙이 우리로 하여금 계속 살아가게 한다. 왜냐하면 모든 것이 다 끝난 것이 아니기 때문이다. 모든 것이 다 끝난 것이 아니다. 왜냐하면 초월자인 하나님이 언제라도 개입할 수 있기 때문이다. 퍼즐의 조각들로 이루어지는 이 게임과 이 영역에서 나는 살아있는 개인으로서 나 자신을 투신할 것이다.

이와 같이 초월자 하나님은 기술 환경의 내부에서조차 새로운 것을 창조한다. 이 새롭게 창조된 것은 하나님이 낳은 실질적인 소망이다. 그러나 그것은 외적인 존재가 창조한 행위이다. 나의 신념과 이데올로기에서 자연적으로 나온 산물이 아니다. 이 초월자 하나님을 우리의 지식과 경험을 넘어서는 궁극적인 실재로 받아들이지 않는 사람들은 그들의 미래가 기술적인 종말과이 종말이라는 단어가 내포하는 모든 의미에서 인간의 종말로제거라는 의미에서 끝날 뿐이라는 점을 인정해야만 한다.

3. 구원의 보편성

　근본적으로 중요한 주제가 여기서 다루어질 것이다. 이 주제는 이미 다른 데서 개괄적으로 살펴보았지만, 너무나 중요하기에 부분적인 반복도 망설이지 않으려고 한다. 그것은 모든 사람들이 무슨 짓을 했을지라도 태초부터 시작해서 예수 그리스도 안에서 하나님에 의해 구원과 용서를 받았다는 것이다. 이 주장은 커다란 충격을 불러일으켰다.

　첫째로 그것은 정의에 대한 본능적인 우리의 반응과 충돌했다. 죄인은 벌을 받아야 한다. 어떻게 히틀러나 스탈린이 구원을 받는다는 말인가? 의로운 사람들은 의로운 사람들로 인정을 받고, 사악한 사람들은 저주받아야 한다. 그러나 이는 순전히 인간적인 논리로서 은총에 의한 구원과 예수 그리스도의 죽음의 의미를 잘 모르고 있다는 사실을 드러낼 뿐이다. 둘째로, 이 주장은 거의 모든 신학자들이 반대한다. 기독교 초기에 몇몇 신학자들이 주장한 만인구원론은 결국 거의 모든 신학자들이 거부하였다. 예지론과 예정론에 대한 커다란 논의들이 있었다. 그러므로 저주를 정상적인 것으로 이미 인정한 것이다. 셋째로 이 주장이 부딪히는 난관들 중에서 가장 심각한 것으로 성서 본문들이 있다. 적지 않은 성서 본문들이 정죄와, 지옥과, 바깥의 암흑에 버림받음과, 도둑과 음란한 자와 우상숭배자의 징벌을 얘기한다.

이런 난관들을 헤쳐나아가면서, 나는 보편적인 구원에 대한 믿음으로 나를 인도한 신학적인 이유들을 밝히고, 이에 반하는 성서 본문들과 함께 그 해결의 가능성을 살펴볼 것이다. 그러나 나는 방금 말한, 만인구원에 대한 신앙이라는 말을 강조하고 싶다. 사실 그것은 신앙의 문제이지 하나의 교리나 원칙은 아니라고 본다. 나는 내가 믿는 것을 현학적으로 하나의 진리로 설명하는 것이 아니라 단지 표명할 수 있을 뿐이다.

1) 하나님은 사랑

첫 번째로 확인되는 단순한 사실은 하나님이 하나님이고, 전능한 존재이고 모든 것을 창조한 창조주이고, 어느 곳에나 편재하는 존재라면, 하나님의 실재나 처소는 하나님의 존재 이외에는 있을 수 없다는 것이다.

하나님의 존재 이외에 처소가 있다면, 하나님은 만유의 주가 아니고 모든 것을 창조한 창조주가 아니다. 하나님이 존재하지 않는 장소나 실재를 창조하였다고 어떻게 생각할 수 있겠는가? 그렇다면 지옥은 어떻게 된 것인가? 지옥이 하나님 안에 있다면, 하나님은 보편적인 선이 되지 않는다. 그게 아니라면, 지옥은 하나님 바깥에 있다. 사실 지옥을 하나님이 없는 곳으로 흔히 규정한다. 그러나 그것은 전혀 생각할 수 없는 것이다. 지옥은 단순히 무無라고 말할 수 있다. 지옥에 떨어진 영벌을 받은 죄인들 사람은 소멸된 존재로 없어진 것이다. 그러나 여기에도 어려움이 있다. 왜냐하면 무無라는 것은 성서적으로는 존재하지 않기 때문이다. 그것은 철학적이고 수학적인 개념이다. 그것은 수학적인 공약으로서만 성립될 수 있다.

하나님은 무로부터 창조하지 않았다. 창세기는 혼돈과 공허함 혹은 깊음이 있었다고 전한다. 그것은 무가 아니다. 게다가 무에 제일 가깝게 보이는 것은 죽음이다. 그러나 성서는 우리에게 원수들을 언급하면서 큰 뱀이나 죽음 혹은 음부를 말한다. 그것들은 하나님의 창조 세계를 공격하여 파괴하려고 한다. 하나님은 당신의 창조 세계를 그것들로부터 보호한다. 하나님은 당신이 창조했고 심히 좋다고 선언한 것들이 파괴되고 붕괴되고 무너지고 멸절되는 것을 견딜 수 없다. 하나님의 창조 세계는 무로 되돌아갈 수 없다. 죽음은 무에 귀착될 수 없다. 이는 하나님을 부정하는 것이다. 그렇기 때문에 창조 세계가 끊임없이 위협을 받으면서 끊임없이 보존된다는 사실은 나에게 결정적인 중요성을 지니는 것으로 보인다.

어떻게 하나님이 당신 스스로 모든 것에 대하여, 또 모든 것을 무릅쓰고 보존하려는 것을 무無에게, 원수에게 내어줄 수 있겠는가? 창조한 세계 속에 하나님은 파괴와 멸망의 세력을 놔둘 수 있을까? 하나님이 무의 세력에 대하여 아무 것도 할 수 없다면, 이원론과 선신과 악신이 비등한 존재로 서로 싸우는 조로아스터교가 성립할 수밖에 없다. 오늘날 이것은 많은 사람들이 빠지게 되는 유혹이다. 하나님이 정말 고유하고, 살아있는 유일한 존재라면 당신이 사랑하는 대상에 대한 위협은 참을 수 없는 것이다.

그러나 "때가 차야 한다." 때가 차는 동안 인간은 사랑의 하나님이 결정한 능력의 포기non-puissance와, 파괴와 멸망의 세력이 나타내는 능력 중에서 선택해야만 하는 상황에 처한다. 인간이 자신의 역사와 행위를 다 마치고 모든 가능성들이 다 소진될 때까지 기다려야 한다. 종말의 때에 파괴의 권세이자 죽음이자 큰 뱀이자 사탄인 악마가 제거될 뿐만 아니라 더한 일이 일어날 것이다.

그러나 우리가 만유의 주이자 만유 안에 있는 하나님의 계시를 받았을 때, 무에 대한 논의가 무슨 의미가 있을까? "만물을 그에게 복종하게 하실 때에는 아들 자신도 그 때에 만물을 자기에게 복종하게 하신 이에게 복종하게 되리니 이는 하나님이 만유의 주로서 만유 안에 계시려 하심이라."고 전15:28 하나님이 존재하고 하나님이 만유의 주라면, 무無는 존재할 곳이 없다. 그 말은 의미가 없고, 그리스도인들에게 그 말이 가리킬 수 있는 것이 없다. 철학자들[162]은 상상 속에나 존재할 수밖에 없고, 이론 전개의 방편으로 이용되는 것에 지나지 않는, 실재하지 않는 것을 헛되이 논의할 뿐이다.

두 번째로 더더욱 중요한 사실은 예수 그리스도 이래로 하나님이 사랑이라는 사실을 우리가 다 알고 있다는 것이다. 계시의 핵심이 바로 거기에 있다. 사랑인 하나님이 당신의 피조물에 대한 사랑을 중지할 수 있을 거라고 어떻게 생각이나 할 수 있을까? 하나님이 당신의 형상에 따라 지은 존재에 대한 사랑을 멈출 수 있을 거라고 어떻게 생각이나 할 수 있을까? 이는 모순이다. 하나님은 사랑이기를 멈출 수 없다.

첫 번째와 두 번째의 사실들을 종합하면, 우리는 하나님의 사랑 이외에는 실재할 곳이 없는 것을 확인한다. 왜냐하면 하나님은 만유의 주이기 때문이다. 고통과 고문과 악의 지배가 있는 곳이 존재한다는 걸 생각조차 할수 없다. 모두가 고문하는 역할을 맡은 탓에 모든 존재가 서로 증오하는 곳이 실재한다는 걸 상상할 수도 없다. 기독교의 신학이 하나님이 개입하는 역사에서는 불가능한 일을 단번에 알아보지 못한다는 사실이 놀랍기만 하다. 사랑의 하나님이 당신의 아들을 내어줄 정도로 사랑하는 당신의 피조물을 지옥에 보낼 수는 없다. 먼저 당신의 피조물이기에 하나님은 버릴 수가 없다. 그것은 스스로 당신 자신의 몸을 절단하는 것과 같다.

여기에 알맞은 해결책을 제시하는 신학 이론이 하나 있다. 하나님은 사랑이지만, 하나님은 또한 정의이다. 하나님은 당신의 사랑을 나타내기 위해서 택한 자들을 구원하고, 당신의 정의를 나타내기 위해서 죄인들을 정죄한다. 먼저 나는 이것은 정의에 대한 우리 자신의 관념을 보여줄 뿐이고 우리가 보기에 사악한 사람들이 저세상에서라도 벌을 받기 바라는 마음을

---

162) 사르트르의 『존재와 무』 L'Etre et le Néant와 카레(J. R. Carr)의 『무의 근거』 Le Point d'appui sur le Néant는 이 점에서 그 주장의 취약성을 드러낸다.

충족시키기 위한 것이라고 생각한다.

그것은 다음과 같은 신학적인 오류에 속한다. "착한 사람들은 땅에서 불행하지만, 하늘에서는 행복하다는 말은 정말이다. 악한 사람들이 땅에서는 성공하지만, 하늘에서는 벌을 받을 거라는 말은 맞는 말이다." 땅에서 일어나는 일을 수용하게 하기 위해 만들어낸 이 말을 불신자들은 기만에 불과하다고 비난하며, 그들의 비난은 전적으로 합당하다. 하나님의 나라는 땅에서의 일을 보상하는 곳이 아니다.

그러나 지적할 점은 또 있다. 어떻게 두 얼굴을 가진 야누스처럼 하나님이 두 개의 다른 모습을 가졌다고 볼 수 있을까. 그런 하나님은 하나의 모습을 가진 예수 그리스도의 하나님일 수가 없다. 성서 본문들은 두 개의 얼굴을 가지고 두 개의 다른 길을 가는 사람들을 강력하게 정죄한다. 그들은 예수 그리스도가 위선자들이라고 부르는 사람들이다. 하나님이 이중적이고, 하나님 안에 이중성이 존재한다면, 하나님은 위선자이다. 우리는 선택해야 한다. 하나님은 사랑인가 아니면 하나님은 정의인가. 두 개를 모두 선택할 수는 없다.

그러나 하나님이 정의로운 재판관이고 냉정한 정의의 수호자라면, 그런 하나님은 예수 그리스도가 우리에게 사랑하라고 가르쳐준 하나님이 아니다. 더 나아가서 그런 하나님 관념은 예수 그리스도를 완전히 부인하는 것이다. 왜냐하면 예수는 죽었으며, 하나님의 아들로서 인간의 죄에서 모든 인간들을 대속하기 위해서 죽음을 받아들였다는 교리는 항상 유효하기 때문이다.

하나님의 정의를 만족시키면서, 예수는 자신이 올라가면 모든 사람들을 자신이 있는 곳에 올라오게 하겠다고 했다. 아담이 하나님을 떠난 뒤로 땅 위에서 행해진 피조물들의 모든 악행은 심판을 받아야 하고, 벌을 받아야 한다. 그러나 예수에 관한 모든 교리는 하나님의 진노가 예수 위에 다

부어졌다는 사실즉, 하나님은 아들의 인격을 통하여 당신 스스로 그 진노를 다 받았다을 우리에게 말해준다. 하나님의 정의는 하나님 안에서 이행되고, 하나님은 인간의 범죄에 대한 벌을 스스로 받았다.

그러나 그렇다면, 인간에 대한 두 번째 정죄는 어떻게 된 것인가? 예수 그리스도의 심판으로 충분하지 않았던 것인가? 하나님의 아들의 죽음으로 치른 값이 하나님의 정의를 만족시키기 위해서는 충분하지 않은가? 하나님의 정의는 하나님 안에서 하나님에 의하여 우리를 위하여 충족되었다. 그 후로 우리는 하나님의 사랑의 얼굴만을 보게 된다. 그러나 이 하나님의 사랑은 감정이 다 배제된 것이 아니다! "살아계신 하나님의 손 안에 들어가는 것은 무서운 일이다." 하나님의 사랑은 까다롭고, 질투가 많고, 전부 다를 원하고 나눔이란 없다. 하나님은 사랑의 부드러운 얼굴이 아니라 무서운 얼굴을 하고 있다. 그러나 그게 사랑이라고 한다.

아무튼 그것은 구원과 저주의 이중예정을 금한다. 인간을 구원하기 위해서 아들 안에서 당신 자신을 다 내어주는 예수 그리스도의 하나님이 악행과 저주에 빠지는 인간을 창조했다는 것은 생각할 수 없는 일이다. 사실 하나의 예정론이 있다. 그러나 그 예정론은 오직 구원의 예정론이다. 모든 인간들은 예수 그리스도 안에서 예수 그리스도를 통하여 구원을 받도록 정해졌다. 이 점에서는 인간의 자유로운 선택이 존재하지 않는다.

우리는 하나님이 자유로운 인간을 원한다고 흔히 말한다. 그것은 의심의 여지가 없는 사실이다. 오직 한 가지 최후의 궁극적인 선택에서 인간은 자유롭지 않다. 즉, 인간에게 저주를 받는 쪽을 결정하고 택하는 자유는 없다. 더욱이 하나님이 인간에게 복음을 제시하면서, 궁극적으로 구원을 받는 복음의 수용과 정죄를 받는 거부는 인간의 자유로운 선택에 맡겼다고 주장하는 것은 터무니없다. 그런 주장을 따른다면 인간은 상황의 중재자가 된다. 인간의 구원을 궁극적으로 결정하는 존재는 바로 인간이 된다. 이제 널리 알려진 말을 뒤집어서 "하나님은 제안하고 인간은 결정한다"라고 해야 한다.

의심의 여지없이 우리는 사람들이 계시를 부정하는 경우를 수도 없이 본다. 우리 시대에는 그런 일들이 우글거린다. 그러나 사람들은 계시에 대해서 정말 뭘 알고 있는가? 하나님의 말씀을 전하는 수많은 교회 설교들을 접하면서, 나는 그 교회들이 하나님의 계시와는 무관한 많은 생각들과 계율들을 선포하고 있다고 말할 수 있다. 그런 인간적인 계율들을 거부하는 것은 진리를 거부하는 것이 아니다. 그러나 설교와 선포가 계시에 충실한 것이라 할지라도, 그것 자체로는 인간을 그런 선택의 자리에 서게 하기에는 부족하다. 왜냐하면 한 인간이 거기서 진리를 깨닫기 위해서는 성령의 내적인 조명을 받아야 하기 때문이다.

인간에 의한 복음의 선포와, 듣는 사람에게 그것이 하나님의 진리라는 걸 확인시켜주는 성령의 내적인 증거, 이 두 가지는 필수적이다. 두 가지가 함께 있어야 한다. 우리가 전하는 복음을 듣는 사람이 거절하는 경우에도 우리는 그가 하나님에 대한 불순종의 길을 선택했다고 결코 말할 수 없다. 오직 예수의 말씀 안에서만 인간의 행위와 하나님의 행위는 하나로 결합된다.

예수가 "믿음 없는 자가 되지 말고 믿는 자가 되라"고 말할 때 인간이 거절한다면, 그때 실제로 그는 버림받게 될 것이다. 우리 입장에서 볼 때, 우리의 복음 선포와 동시에 듣는 사람에게 성령의 역사가 일어난다고 결코 말할 수 없다. 결코 용서받을 수 없는 유일한 죄로서 성령을 훼방하는 죄에 관한 그 유명한 말씀이 암시하는 것은 바로 이것이 아닌가 싶다. 그러나 우리는 한 인간이 그런 죄를 범했는지 아닌지 분간할 수 없다. 어찌됐던 간에, 구원이나 영벌은 인간의 자유로운 선택에 달린 것이 아니라는 사실은 확실하다.

나는 모든 사람들이 하나님의 은총 안에 있다고 믿는다. 영벌과 지옥에 커다란 비중을 두는 모든 신학들은 은총의 신학을 배반한다. 왜냐하면 죄의 형벌이 미리 예정된 것이라면, 은총에 의한 구원도 있을 수가 없기 때문이다. 은총에 의한 구원은 은총이 없으면 버림당할 수밖에 없는 사람에게 주어진 것이다. 예수가 구하러온 사람들은 의인들과 거룩한 사람들이 아니라 죄인들이다. 즉, 정의에 의해서 심판을 받아야만 하는 사람들이다.

은총의 신학은 만인구원을 내포한다. 만인구원이 아니라면 한 독재자에 의해 어떤 사람들은 구원을 받고 어떤 사람들은 버림을 받게 하는 은총이 대체 무슨 의미가 있을 것인가? 그 독재자는 결코 우리 하나님일 리가 없다. 은총이 저지른 죄악의 많고 적음에 따라 갈리는 것이라면 그것은 더이상 은총일 수 없다. 은총은 그런 식으로 경중을 따지는 것과는 정반대의 것이다.

그러나 사도 바울은 우리에게 "죄가 더한 곳에 은혜가 더욱 넘쳤다"라고 하면서 죄가 많은 것이 은총을 막을 수 없다는 사실을 전한다. 그것은 핵심적인 구절이다. 죄가 클수록 하나님의 사랑은 우리의 모든 판단과 평가를 뛰어넘도록 크게 나타난다. 이 은총은 모든 것을 다 덮는다. 그러므로 은총은 실제로 보편적이다. 나는 이 은총을 스콜라 신학과 같이 선행 은총grâce prévenante, 동반 은총grâce expectative, 후행 은총grâce conditionnelle 등으로 나눌 필요가 있다고 생각하지 않는다. 그 모든 형용사들은 절대적인 주님의 거저 주는 선물인 은총의 효력을 약화시킨다. 이는 하나님이 모든 것을 다 이루었다는 사실을 믿음으로 받아들이기가 정말 힘든 데서 비롯된다. 즉, 창조 세계의 어떤 것도 배제되거나 버림받지 않는다는 걸 믿음으로 받아들이기가 정말 힘든 것이다.

2) 성서적 근거

그러나 많은 성서 본문들이 지옥, 영원히 타는 불, 심판, 문이 닫힘, 버림받음 등을 언급하고 있다는 사실을 분명히 해야 한다. 하지만 내가 아는 바로는 성서 본문들이 정죄condamnation에 대해서 말하고 있지만, 구약이나 신약 성서에서 지옥에 가서 영벌을 받는 것damnation과 영벌을 받은 사람damné에 대한 말은 없다. 나는 여기서 이 죄의 선고에 대해서 모든 성서 본문들을 다 찾아보려는 것은 아니다. 여기서는 나에게 중요하게 보이는 몇몇 본문들을 살펴보는데 그칠 것이다. 그러기 전에 나는 두 가지 사실을 지적하려고 한다.

먼저, 심판과 정죄를 혼동하지 말아야 한다. 사람들은 심판에 대한 본문을 정죄의 의미로 오인한다. 심판은 재판을 받고 있는 사람에게 무죄를 선고하는 것으로 끝날 수 있다. 나는 우리 모두가 다 심판을 받으리라는 사실을 의심의 여지없이 받아들인다. 그러나 우리는 그 심판의 결론에 대해서는 아무 것도 알 수 없다. 우리는 이 심판을 구성하는 것이 무엇인지 알아보아야 한다.

두 번째로 지적할 사실은 구약의 본문들에 관련된 것이다. 죽음 이후의 내세나 부활에 대한 관념은 히브리인의 신학적인 사유에는 후기에 등장하고 거기에 영원한 벌이라는 관념은 포함되지 않았다는 사실을 기억해야 한다. 따라서 정죄를 선언하는 수많은 본문들이스라엘을 정죄하는 경우가 흔하다은 지옥에서 벌을 받는 것이 아니라 이 땅에 존재하는 시간에 한정된다. 그것은 역사적이고 일시적인 정죄로서 현실 세계에서 기근, 가뭄, 적의 침입, 유배 등으로 구체화되기도 했다. 우리는 그런 본문들을 다른 관점으로 보면서 영원한 징벌로 해석해서는 안 된다.

게헨나Géhenne, 163)에 던진다는 말씀을 대할 때, 힌놈의 골짜기가 예루살렘의 공적인 쓰레기 적치장이었고, 그 말씀은 "너는 다 써버린, 끝난, 부서진, 쓸 수 없는 물건처럼 쓰레기더미 속에, 쓰레기통 속에 던져질 것이다"는 말과 같은 뜻이란 사실을 잊지 말아야 한다. 하나님에게 더 쓰임 받을 수 없는 물건이 되었다는 것이다.

유대인에게 가장 큰 두려움과 정죄는 "하나님이 외면했다"거나 "하나님이 얼굴을 가렸다"는 것이었다. 이는 영원한 징벌을 뜻하는 것이 아니라 땅 위의 인간이 처하는 조건을 말한다. 하나님은 영원히 버리지 않으며 영원히 분노를 품지 않지만,시103:9; 렘3:5,12; 미7:18 자비를 영원히 베푼다.시106:1;118:1;136:1 이런 두 가지 신학적인 명제들은 영벌에 처하는 하나님을 상정할 수 없게 한다. 왜냐하면 그렇게 되면 하나님이 분노를 영원히 품는 것이 되기 때문이다. 이런 점을 전제로 하고, 지옥과 영벌을 언급하는 몇몇 본문들을 살펴보자.

우선 예수가 지옥에 대한 경고를 비유로 나타내어 이를 갈며 슬퍼하는 것과, 혼인잔치에서 쫓겨나는 것과, 꺼지지 않는 불에 던져지는 것으로 말한 것을 기억해야 한다. 그러나 그 점에서 또한 두 가지 사실들을 지적하고 넘어가야 한다.

첫 번째 사실은 먼저 비유를 드는 목적이 특별한 교훈을 주기 위한 것으로 오래전부터 알려져 있다는 점이다. 하나의 비유가 가지는 독특한 표현으로서 하나의 교리를 만들 수는 없다. 바꾸어 말해서, 비유를 통해 지옥에 대해 경고하는 것은 지옥이 실제로 존재하기 때문이 아니다. 비유에는

---

163) [역주] 구예루살렘 주변에 위치한 한 지역을 지칭하는 것으로 히브리어로는 '힌놈의 아들의 골짜기'라는 뜻을 지녔다. 처음엔 이방인 우상숭배자들이 아이들을 불 속에 희생물로 던져 제사를 지냈다고 알려진 곳이다. 보다 중립적으로 쓰인 음부라는 단어와는 조금 달리 게헨나는 악행을 범한 사람들이 가는 곳으로 언급되었다.

직접 교리적인 교훈이 담겨있지 않다는 점을 잊지 말아야 한다. 부자와 가난한 나사로의 비유에서 지옥이 커다란 비중을 차지하고 있지만, 그 비유의 목적은 지옥에 대해서 우리에게 교훈을 주기 위한 것이 아니다.눅16:19-31 그것은 한편으로는 물질적인 부와, 부자와 가난한 사람의 관계를 문제 삼고 있고, 다른 한편으로는 진리를 알리기 위해 모세와 선지자들을 거론한 것이다. 지옥은 예수가 말하고자 하는 핵심내용을 전하기 위한 장치이다.

내가 아는 바로는, 지옥과 영벌이 중심이 되는 비유는 열국에 대한 심판 이야기마25:31-46이다. 첫째 교훈은 비그리스도인들도 하나님의 뜻에 따라 할 수 있는 일에 관한 것이고, 둘째 교훈은 영벌의 실재에 관한 것이다. 이 점은 당혹스럽다. 그리고 나는 이 점을 피하지 않고 서신서의 본문들에서 다시 언급할 것이다.

그러나 두 번째 사실을 지적해야 한다. 즉, 이 비유들은 위협이 아니라 경고로서 이해되고 받아들여져야 한다. 이는 예수가 인간으로 하여금 선택하여 결단을 내리게 하는 장치로 선택한 것이다. 그 비유들은 단순한 우화나 경건한 설교나 교리문답이 아니다. 각각의 비유는 하나님의 뜻을 계시하면서 또한 동시에 우리 각자가 결단을 내리도록 촉구하는 엄중한 요청이다. 그래서 영벌과 지옥을 언급하는 것은 비유의 한 방식으로서 우리로 하여금 선택을 해야 하는 상황에 처하게 한다. 선택이 강제적으로 이루어지게 한다고 믿는 것은 잘못된 것이다. 예수가 구하는 것은 오직 사랑이므로 두려움을 자아내서 자신을 따르게 하지 않았다. 예수는 두려움을 야기하지 않고, 비유를 통해 사랑이 없는 세상이 어떤 모습인지 전한다. 지옥이 그런 것이다. 우리는 이 지옥을 이미 이 땅 위에서 경험하고 있다.

이제 이 주제를 계속 반복해서 다루는 서신서의 말씀들을 보아야 한다.

많은 본문들은 계시된 교훈으로서 하나님으로부터 버림받는 유기遺棄와 영벌과 지옥을 언급한다. 여기서도 두 개의 사실들을 먼저 지적하고 넘어가야겠다.

첫 번째 사실은 서신서들에서 많은 모순적인 본문들을 발견할 수 있다는 점이다. 우리는 거기에서 영원한 유기遺棄만이 아니라 만인구원을 뜻하는 말씀들도 발견한다. 동일한 서신서에서 로마서의 경우 동일한 저자인 사도 바울은 모순적인 진리들을 증언한다. 우리는 이것이 무엇을 의미하는지 살펴보아야 한다.

두 번째로, 이 서신서들은 그리스도인들을 수신자로 한다는 사실이다. 요한계시록에서와 같이 선포된 징벌은 하나님의 말씀을 듣고 계시를 받아들여 교회의 일원이 된 사람들을 대상으로 한다. 그들은 그러면서도 부정하고 수치스러운 삶을 계속 이어가는 사람들이다. 서신서들에서 언급되는 지옥과 정죄는 다른 사람들을 대상으로 하지 않는다.

로마서에서 "만인이 죄의 권세 아래에 있다. 그들은 하나님이 하신 일들을 통해서 하나님을 인식할 수 있었다. 그러나 그들은 그러지 않았다."라고 죄의 보편성을 정확히 지적하고 있는데, 어떻게 그렇게 할 수 있을까? 사도 바울은 음란한 자들과 탐욕적인 사람들과 우상숭배자들과 사귀지 말라고 권고하면서, 다음과 같은 말을 덧붙인다. "내가 너희에게 쓴 편지에 음행하는 자들을 사귀지 말라 하였거니와, 이 말은 이 세상의 음행하는 자들이나 탐하는 자들이나 속여 빼앗는 자들이나 우상 숭배하는 자들을 도무지 사귀지 말라 하는 것이 아니니 만일 그러하면 너희가 세상 밖으로 나가야 할 것이라."고전 5:9-10 그러므로 이 말씀은 그리스도인들에게 주어진 경고이다.

그리스도인들은 신앙이 없는 다른 사람들이 징벌을 받는지 안 받는지에 관심을 두지 않는다. 그것은 하나님의 일이다. 그들은 다만 예수 그리스도 안에서 구원은 모든 사람들을 위한 것이라는 사실을 알고 있을 뿐이다. 달리 말해서, 지옥과 영벌의 가능성을 언급한 것은 그리스도인들에게 전하고자 하는 내용이 따로 있기 때문이다. 하나님의 사랑과 예수 그리스도의 희생이 있으므로 인간에 대한 정죄는 없고 모든 죄들은 하나만 제외하고 사함을 받는다.

그러나 바르트가 한 말을 따라 내가 "가능한 불가능성"une possible impossibilité이라고 부르는 것이 우리에게 여전히 존재한다는 사실을 우리는 알고 있어야 한다. 하나님이 하나님이므로 지옥은 가능한 불가능성이다. 그러나 우리 그리스도인들은 하나님에게 불가능한 것은 하나도 없다는 사실을 알아야 한다. 그러므로 하나님이 징계와 형벌을 내릴 가능성은 여전히 존재한다. 우리는 하나님이 계시 속에서는 불가능한 것을 가능하게 할 수도 있다는 두려움을그렇다고 그 두려움이 우리의 삶을 지배하는 중심적인 동기가 되어야 한다는 건 아니지만 간직해야 한다.

이 두 가지 사실들을 전제하고 나서 이제 본문들을 직접 살펴보자. 전체적으로 그 본문들은 죄인들은 하나님의 나라를 소유할 수 없다는 것이다. "불의한 자가 하나님의 나라를 유업으로 받지 못할 줄을 알지 못하느냐. 미혹을 받지 말라. 음행하는 자나 우상 숭배하는 자나 간음하는 자나 탐색하는 자나 남색하는 자나 도적이나 탐욕을 부리는 자나 술 취하는 자나 모욕하는 자나 속여 빼앗는 자들은 하나님의 나라를 유업으로 받지 못하리라."고전6:9-10 사도 바울은 "불의한 자"라는 말로 모든 죄인들을 포함한다. 우리는 갈라디아서갈5:19-21에서, 에베소서엡5:5에서, 히브리서히5:5에서 거의 같은 목록을 발견한다.

이 모든 죄인들이 하나님의 나라를 상속받을 수 있는 가능성은 없다. 이는 지옥과 영벌을 의미하는가? 그건 전혀 확실하지 않다. 하나님의 나라는 악행과 불의와 증오를 통해서 성립될 수 없다는 것은 분명하다. 즉, 하나님의 나라는 그런 것과 정반대되는 것들로 구성된다. 분명히 선언할 수 있는 유일한 사실은 이런 것들은 하나님의 나라에 속할 수 없다는 점이다. 모든 것을 서둘러서 동화시켜서 혼동을 불러일으킬 필요가 없다. 무엇보다 먼저 우리에게 분명한 방향을 제시해주는 사항이 있다. 바울은 죄는 자기 안에 거하고 있다고 말한다. 이 본문 말씀은 정말 중요하다.

"나는 육신에 속하여 죄 아래에 팔렸도다. 내가 행하는 것을 내가 알지 못하노니 곧 내가 원하는 것은 행하지 아니하고 도리어 미워하는 것을 행함이라... 이제는 그것을 행하는 자가 내가 아니요 내 속에 거하는 죄니라... 내가 원하는 바 선은 행하지 아니하고 도리어 원하지 아니하는 바 악을 행하는도다. 만일 내가 원하지 아니하는 그것을 하면 이를 행하는 자는 내가 아니요 내 속에 거하는 죄니라."롬7:14-24

바울은 하나님의 나라에서 배제되고 말 것인가? 아니면 선을 행하기 원하는 것만으로 구원을 받기에 충분한가? 그건 분명히 아니다. 그러나 그 본문은 "이 사망의 몸에서 누가 나를 건져내랴. 우리 주 예수 그리스도로 말미암아 하나님께 감사하리로다."라는 승리의 외침으로 끝맺는다. 바꾸어 말해서, 바울은 죄인이고 악에 묶여있고, 그의 내면은 부패하고, 그의 행위는 사악하지만, 그를 구원한 예수 그리스도에게 감사를 올릴 수 있다. 이는 "혈과 육은 하나님 나라를 이어 받을 수 없고"고전15:50라는 말씀과 가깝다. 그런데 여기서 육은 몸이나 육체적인 것이나 모든 존재를 말하는 것이 아니고, 인간이 가지는 연약함, 유한성과 악으로 기우는 성향과 죄와의 연대성을 가리킨다.

하나님 나라를 상속받을 수 없는 것은 악 그 자체가 아니라, 인간이 구현하는 자신 안의 모든 잠재적인 악이다. 본문 말씀에 나열된 특정한 모든 죄들은 사실 이 육이 구현한 것이다. 그러나 그 죄들이 인간 자신인 것은 아니다. 도둑질을 하는 것만으로 도둑이 되기에 충분하지 않다고 말할 수 있는 것과 같이, 육으로 구현한 죄들이 인간의 전존재를 규정하지 않는다. 이 말이 음란과 불륜과 같은 행위들이 인격 전체를 사로잡는다고 하는 본문들과 모순된다는 걸 나는 잘 알고 있다. 여기서는 일단 그 모순을 지적하는 것으로 그치지만, 육과 존재의 차이는 잊지 말아야 한다.

몇몇 본문 말씀들은 우리의 행위를 따라 우리가 심판을 받게 된다고 한다. "죽은 자들이 자기 행위를 따라 심판을 받는다."계20:12 "다만 네 고집과 회개하지 아니한 마음을 따라 진노의 날 곧 하나님의 의로우신 심판이 나타나는 그 날에 임할 진노를 네게 쌓는도다. 하나님께서 각 사람에게 그 행한 대로 보응하신다."롬2:5-6 그런데 하나님의 진노 아래에 있는 사람들이 벌을 받고 버림을 받는다는 말은 없고 단지 하나님의 진노에 들어간다는 말만 있다.

행위라는 단어는 복합적인 말이다. 왜냐하면 그 단어는 행한 것들을 가리키지만 또한 관계와 창작들과 태도들을 포함한다. 그러나 '에르곤'164)이라는 단어가 '프시케'165)와 같은 뜻이 아니라는 것은 의심의 여지가 없다. 존재는 행위에 의해서 표현된다. 그런데 존재는 행위가 그 전부는 아니다. 다른 본문들은 결정적인 것은 관계를 표현하는 말씀이라고 한다. "사람이 무슨 무익한 말을 하든지 심판 날에 이에 대하여 심문을 받으리니, 네 말로 의롭다 함을 받고 네 말로 정죄함을 받으리라."마12:36-37; 약3:2-12 그러나 "주여, 주여"하는 자가 구원을 받는 것이 아니라 하나님의 뜻을 행하는 자가 구원을 받는다. 이와 같이 하나의 인격을 전체적으로 표현하는 행위, 말, 관계 등은 심판에 결정적인 잣대가 된다.마음에 가득한 것이 입으로 나오기 때문이다

그러나 그것이 인격 자체를 정죄하여서 은총이 없는 영원한 정죄와 결

---

164) [역주] 행위를 뜻하는 그리스어의 음역.
165) [역주] 영혼을 뜻하는 그리스어의 음역.

정적인 유기遺棄를 포함하는 것일까? 모든 것은 끊임없이 이 은총으로 돌아가야 한다. 착한 일을 한 사람들은 은총을 받지 않는다. 그들은 은총과 상관이 없다. 자신들이 한 말로 해서 의롭다 인정을 받은 사람들도 그렇다. 다시 한 번 "내가 온 것은 의인들을 위한 것이 아니라 죄인들 위한 것이다"라는 말씀이 상기되어야 한다. 이 말씀을 진지하게 성찰해야 한다.

현대 국가에서 대통령이 사면권을 행사할 때는, 먼저 죄인에 대한 재판과 유죄 선고가 있고 그 유죄 판결의 선고가 있은 후에 사면이 선포되는 것이다. 그러나 사면의 은총은 먼저 유죄의 선고를 받지 않은 사람에게는 주어질 수 없다. 다시 말해서, 은총과 칭의와 성화를 혼동하지 말아야 한다. 예수 그리스도에 대한 믿음으로 의롭게 된 사람은 구원에 합당하게 정의로운 일들을 하면서 성화되는 삶을 살 것이다. 그러나 그는 사면의 은총으로 회복된 것이 아니다.

엄밀한 의미에서 은총은 성령에 의해 인간이 살아있는 동안 예수 그리스도 안에 있는 구원을 인간에게 계시하는 하나님의 행위가 아니다. 은총은 심판 때에 유죄 선고를 받은 사람에게 용서를 베푸는 하나님의 행위이다. 이는 잃어버린 양의 비유에서와 같다. 예수는 올바른 길을 가는 착한 양떼를 찾지 않고, 실제로 길 잃은 양을 찾는다. 여기서 '길 잃은'이라는 말은 일시적인 방황이나 삶의 일탈을 가리키는 것이 아니라, 궁극적인 타락을 말한다. 부활하신 예수가 다시 찾는 사람이 그런 사람이다. 그렇지 않으면, 우리는 하나님의 은총의 범위를 상당히 제약하는 것이며, 영원까지 이어지는 생명의 차원을 제한하는 것이다. 그런데 하나님의 은총은 무궁무진하여 만인에게 확대된다. 왜냐하면 하나님의 은총은 하나님의 사랑을 구체적으로 표현하는 것이기 때문이다.

우리는 여기서 선택과 유기에 관한 이중예정론의 근거가 되는 사도 바울의 유명한 말씀을 접하게 된다. 그것은 출애굽기의 본문 해석과 관련된 것이다. "모세에게 이르시되 내가 긍휼히 여길 자를 긍휼히 여기고 불쌍히 여길 자를 불쌍히 여기리라 하셨다."롬9:15, 166) 하나님은 바로에게 "내가 이 일을 위하여 너를 세웠으니 곧 너로 말미암아 내 능력을 보이고 내 이름이 온 땅에 전파되게 하려 함이라."롬9:17 그런즉 하나님은 긍휼을 베풀려는 자에게 긍휼을 베풀고, 완악하게 하려는 자를 완악하게 한다.

"혹 네가 내게 말하기를 그러면 하나님이 어찌하여 허물하시느냐, 누가 그 뜻을 대적하느냐 하리니, 이 사람아 네가 누구이기에 감히 하나님께 반문하느냐. 지음을 받은 물건이 지은 자에게 어찌 나를 이같이 만들었느냐 말하겠느냐. 토기장이가 진흙 한 덩이로 하나는 귀히 쓸 그릇을, 하나는 천히 쓸 그릇을 만들 권한이 없느냐. 만일 하나님이 그의 진노를 보이시고 그의 능력을 알게 하고자 하사 멸하기로 준비된 진노의 그릇을 오래 참으심으로 관용하시고, 또한 영광 받기로 예비하신 바 긍휼의 그릇에 대하여 그 영광의 풍성함을 알게 하고자 하셨을지라도 무슨 말을 하리요."롬9:19-23

이 본문 말씀은 언뜻 보기에 아주 명쾌하고 아주 단순하다. 그러나 이 말씀은 여러 가지 의문점들을 야기한다. 먼저 바로에 관한 것으로, 유대 민족이 떠나지 못하도록 바로의 마음이 완악하게 된 것은 바로의 구원 문제와는 아무런 관련이 없다. 사실 바로는 인간적인 차원에서 패배해서, 그 자신과 군대는 익사하고 말았다. 우리는 거기서 히브리적인 사유를 본다. 이 집트에 선포된 심판은 하나님의 진노167)를 알리기 위한 것이라고 본문은 말한다. 이 하나님의 진노는 홍해의 비극을 통해 표현된다. 그것은 또한 하나님의 능력을 드러나게 하는 것이다. 그 능력은 홍해가 갈라지고 이집트

---

166) 하나님의 순수한 자유를 표현한 것으로 더 논의할 것이 없다. "내가 벌하는 자를 벌하리라."는 말씀이 없는 점을 주목하자. ◇

167) 바로가 모세와 아론의 말을 통해 전해진 주 하나님의 말씀을 인정하지 않았기 때문에 충분한 근거가 있다. ◇

인들이 전멸하는 기적으로 나타난다. 하나님의 능력은 실제로 그 때 발현된다.

이 모든 사실은 구원과 연관된 영원한 심판이나 하나님의 정의와는 아무런 관련이 없다. 사도 바울은 하나님이 귀히 쓸 그릇과 천히 쓸 그릇을 만들 권한이 있다고 말한다. 그러나 여기서 다시 한 번, 문제는 어떻게 쓰느냐에 관한 것이 된다. 즉, 그 그릇들은 그릇으로 존재하는 동안 어떻게 쓰임을 받는가의 문제가 등장한다. 하나님의 진리를 증언하도록 부름 받은 사람들이 있는가 하면, 보잘 것 없는 상황 속에서 별 의미 없는 삶을 사는 사람들이 있다는 건 확실한 사실이다. 그들이 자신들에게는 하찮은 일을 맡기고 풍성한 의미와 고귀한 기쁨이 가득한 삶을 나누지 못하게 했다고 하나님에게 따질 수 있는 것도 분명하다. 그러나 그런 것도 구원과는 상관이 없는 문제이다.

예정과 정죄라는 중대한 문제를 상기시키는 유일한 단어는 '영벌을 받기로 준비된 진노의 그릇' 에서 '영벌' perdition이다. 이는 하나님의 정의의 문제가 아니라는 점을 다시 확실히 하자. 마이요[168]가 지적한 것처럼 두 가지 범주의 그릇들은 유용하다. 그는 영벌이라는 단어 사용을 망설이고 파괴destruction라는 단어를 선호한다. 이 모든 본문에서 하나님의 정의에 관한 설명을 찾아보려면, 칭의의 하나님, 구원의 하나님은 예정의 하나님을 포함한다는 사실을 잊지 말아야 한다.[169] 하나님의 진노는 일시적이고 하나님의 긍휼은 영원하다. "의롭게 하는 하나님은 필연적으로 예정하는 하나님이다." 마이요는 이 본문은 이중예정을 포함하지 않으며, 하나님이 진노의 그릇을 벌주기 위해 만든 것이 아니라는 사실을 아주 명쾌하게 밝혀준다.

---

168) 알퐁스 마이요(Aphonse Maillot), 『로마서』 *L'Epître aux Romains*, Labor et Fides, 1984.
169) 사실상 구원의 하나님은 예정의 하나님에게 종속된다. ◇

그러나 여기서 특히 바르트[170]의 훌륭한 글을 다시 읽어봐야 한다. 바르트는 바로가 권능을 나타내는 하나님에게 한 일은 모세가 한 일만큼이나 중요하다고 전한다. "완악해진 사람은 보이는 사람으로 회개pénitence를 모른다. 하나님이 긍휼을 베푸는 사람은 보이지 않는 사람으로 회개를 통해 중생한 사람이다. 그러나 이는 상징과 은유를 통해 두 사람으로 분리한 것뿐이다. 하나님은 이사야의 하나님인 동시에 야곱의 하나님이다. 하나님이 이 세상 사람에게 스스로를 계시한 면에서, 하나님은 필연적으로 그 사람에 대하여 하나님의 진노를 드러낸다. 이 계시를 받은 사람이 바로 진노의 그릇이다. 그러나 사람에게 스스로를 계시한 것이 하나님이라는 면에서, 하나님은 당신에게 귀속되는 모든 피조물들을 무조건적인 용서로 감싼다. 이 본문은 사실상 시간에서 영원으로, 영벌에서 선택으로, 이사야에서 야곱으로, 바로에서 모세로 나아가는 계시의 진행을 보여준다. 왜냐하면 우리는 각자 진노의 그릇이자 영광의 그릇이기 때문이다."

그러나 구원을 제한적인 것으로 보게 하는, 또 하나의 새로운 본문이 있다. "하나님이 세상을 이처럼 사랑하사 독생자를 주셨으니 이는 그를 믿는 자마다 멸망하지 않고 영생을 얻게 하려 하심이라"요3:16이라는 요한복음의 유명한 구절이 있다. 하나님은 세상을 이처럼 사랑하셨다. 여기서의 세상은, 육의 경우와 같이, 육체가 아니고 인간 공동체의 사회적 제도적 실재가 아니다. 세상은 거기에 거하는 모든 세력들 전부를 말한다. 그 세력들은 불행, 증오, 탐욕, 권력 등을 지어낸다. 즉, 그 세력들은 이 세상을 사랑스러운 곳이 아닌 혐오스러운 곳으로 만든다. 이 세상은 결코 선을 만들어 내지 않고 항상 악을 만들어낸다. 악은 인간에게 고통을 주는 것으로 하나

---

170) 칼 바르트(K. Barth), 『로마서』L'Epître aux Romains, Labor et Fides, 불역간, 1972. 특히 326-344쪽에서 그 점을 명백하게 입증하고 있다.

님의 고통을 야기한다. 인간의 불행은 더 큰 불행이나 또 다른 불행으로 이어지지 않는 행복을 찾을 수 없는 것이다.

이와 같이 하나님은 혐오스러운 세상을 이처럼 사랑하여 하나님의 무한한 사랑을 나타냈다. 하나님은 하나님 자신을 하나님의 아들 안에서 다 내어주어서 세상이 악의 논리적인 귀결인 죽음의 운명을 맞이하지 않게 했다. 그러나 곧바로 그것이 믿음에 한정된다는 난관이 나타난다. "이는 그를 믿는 자마다 멸망하지 않고 영생을 얻게 하려 하심이라." 단순한 논리에 따르면 이런 결론에 이르게 된다. 즉, 예수 그리스도를 믿지 않는 사람은 죽고 영생을 얻지 못하여서, 영벌에 떨어진다. 그렇다면 다음과 같은 분명한 모순은 어떻게 설명할 수 있을까?

한편으로 하나님이 세상을 사랑하고,[171] 다른 한편으로 믿음을 조건으로 세워서 예수 그리스도를 믿는 자만이 죽지 않고 영생을 얻는다. 그래서 예수 그리스도 이전에 살았던 모든 사람들과, 그리스도의 복음을 전해 받지 않은 모든 사람들은 구원에서 배제된다. 인류의 아주 적은 소수만이 이 놀라운 행위의 혜택을 받는다. 그러나 그 모든 사람들은 세상이고 세상은 그들로 구성되어 있다. 이와 동일한 모순모호성이 이어지는 본문에서 다시 발견된다.

"하나님이 그 아들을 세상에 보내신 것은 세상을 심판하려 하심이 아니요 그로 말미암아 세상이 구원을 받게 하려 하심이라. 그를 믿는 자는 심판을 받지 아니하는 것이요 믿지 아니하는 자는 하나님의 독생자의 이름을 믿지 아니하므로 벌써 심판을 받은 것이니라. 그 정죄는 이것이니 곧 빛이 세상에 왔으되 사람들이 자기 행위가 악하므로 빛보다 어둠을 더 사랑한 것이니라."요3:17-19 그러므로 어둠을 사랑한 것은 모든 사람들이다. 이는

---

171) 그 사랑은 무한하며, 하나님의 희생은 전대미문의 온전하고 절대적인 것이었다. ◇

예수가 구원한 것이 모든 세상 사람들인 것과 같다. 이 두 사실들은 정확히 서로 부합한다.

나는 다음과 같이 말할 수 있다고 믿는다. 즉, 예수는 세상을 구원하러 왔다. 그는 하나님의 아들이므로 그 일을 하나도 빠짐없이 완전히 다 성취했다. 그러나 사람들은 빛보다 어둠을 더 사랑한다. 왜냐하면 사람들은 자신들의 행위가 악하다는 걸 알고 있기 때문이다. 그래서 그들은 어둠에 계속 머물러서 자신들이 구원받은 것을 알지 못한다. 어둠에 계속 남아있는 것이 그들이 받은 심판이다. 19절은 아주 명백하게, 그 정죄는 사람들이 빛보다 어둠을 더 사랑한 것이라고 전한다. 사람들은 회개도 참회도 하지 않고 자신들의 행위를 빛 가운데 드러내지도 않는다.

믿는 사람들은 진리에 따른다. 이는 그들의 과거의 행위가 선하다는 걸 뜻하는 게 아니다. 하지만 그들은 자신들의 삶과 행위의 진실이 빛 가운데 드러나는 걸 받아들이고, 그렇게 함으로써 그들은 하나님의 뜻을 따르는 것이다. 그들은 자신들이 이제 심판을 받지 않고 영생을 얻었음을 안다. 믿지 않는 다른 사람들의 경우에 심판은 영벌을 의미하는 것이 아니다. 그들이 받는 심판은 자신들이 선택한 어둠에 자신들의 삶을 바치게 된다는 것이다. 즉, 그들은 실제로 세상의 모든 비극적이고 두려운 일들을 심판으로 겪게 될 것이다. 막다른 상황 속에서 악행들은 더욱 많아지고 그 모든 역사에는 아무런 의미도 없게 된다. 왜냐하면 그들은 의미와 소망을 다 거부했기 때문이다. 그들은 영생이 없다는 걸 알고, 하루하루 죽음의 상황을 맞이한다.

믿는 사람은 소망 속에서 살아간다. 그는 자기 자신 안에 이미 영생의 씨앗을 품고 있고, 영원히 사라지지 않는 하나님의 말씀을 소유하고 있다. 이중적인 삶이 이 땅 위에서 성취된다. 세상은 어떤 사람들에게는 구원받은 곳이고 어떤 사람들에게는 끔찍한 곳이다. 이 땅 위에서 어떤 사람들에게는 이미 부활의 확신이 있고 어떤 사람들에게는 죽음의 확신만이 있다. 이 땅 위에서 어떤 사람들은 빛이 있기 때문에 인간의 역사에서 하나의 의미를 발견하고, 어떤 사람들은 길을 볼 수 없기 때문에 광기와 파멸 속에 방황한다. 그러나 이는 일시적인 인간의 삶이다.

하나님이 세상을 사랑하여 예수가 세상을 구원하러 왔다는 말에 모든 것이 다 포함된다. 세상의 역사 속에 그런 복을 누리고 빛을 소유한 사람들이 있는가 하면, 막다른 길에서 길 잃은 사람들이 존재한다. 그러나 그들의 길 잃음이 하나님의 마음과 하나님의 사랑에서 떠나있는 것은 아니다. 사람들이 흔히 하는 말처럼, 인간이 이 땅 위에서 겪는 것만으로 징벌은 충분하다. 지옥은 이 땅 위에 있다. 성서는 우리에게 그 사실을 말해준다.

한 걸음 더 나아가, 우리는 커다란 화해 사건을 통해 확증을 얻게 된다. 하나님은 예수 그리스도 안에서 세상과 화해했다. "곧 하나님께서 그리스도 안에 계시사 세상을 자기와 화목하게 하시며 그들의 죄를 그들에게 돌리지 아니하시고 화목하게 하는 말씀을 우리에게 부탁하셨느니라."고후 5:19, 롬5:11 사도 바울은 예수 그리스도를 통해서 우리가 화해를 얻었다는 사실을 주장한다. 화해의 교리는 근본적인 것으로, 사도 바울은 차별을 두지 않는다. 우리가 아직 불경한 죄인이었을 때, 하나님은 우리를 위해 하나님의 아들을 내어줌으로써 하나님의 사랑을 확증하였고, 그리스도는 우리를 위해 죽었다. 이 말에서 '우리'는 제한적이지 않고, 회개한 사람들만을 지칭하는 것이 아니라, 불경한 죄인인 모든 사람들을 다 포함한다.

"곧 우리가 원수 되었을 때에 그의 아들의 죽으심으로 말미암아 하나님과 화목하게 되었은즉 화목하게 된 자로서는 더욱 그의 살아나심으로 말미암아 구원을 받을 것이니라."롬5:10 그러므로 하나님의 일방적인 결정으로 하나님의 사랑을 극단적으로 표현하여 세상172)과 죄인들과 아무런 차별 없이 화해를 이룬 것이다. 왜냐하면 하나님의 거룩성과 완전성과 절대적인 의로움 앞에서 죄의 많고 적음은 아무런 의미가 없기 때문이다.

모든 사람들이 죄인이고, 예수 그리스도는 죄인인 모든 사람들을 대신하여 하나님과 화해했다. 모든 사람들의 운명을 바꾸는 이 하나님의 결정은 무한한 중요성을 가지고 있다. 실제로, 인간이 화해하려는 것이나, 하나님과 화평을 원하는 것이나, 회개하는 것은 세상과 화해하는 하나님의 결정에 하나도 영향을 미칠 수 없다. 그런 것은 인간의 삶에 변화를 줄 수 있지만, 인간의 구원에는 영향을 줄 수 없다. 화해는 이제 회교도, 불교도, 나치당원, 공산주의자 등 모든 인간을 다 포함한다. 의식하든지 의식하지 않든지, 원하든 원하지 않든지 상관없이 다 적용된다. 하나님은 하나님과 화해하지 않은 인간과도 화해한다. 예수는 모욕과 불신과 배신과 버림과 몰이해와"하나님의 아들이라면 우리에게 증거를 보여라" 유혹을 다 받았다. 예수는 자신을 그렇게 대하는 사람들을 결코 정죄하거나 부인하거나 저주하지 않았다. 예수는 그들을 위해 통곡했다. 예수는 진실로 그들이 무슨 짓을 하든지 간에 그들과 화해했다.

예수의 이런 태도는 성부 하나님이 세상과 이룬 화해의 모델을 제시한다. 예수의 존재를 부정하고 예수의 계시를 배신하고 하나님의 죽음을 선포하는 사람들에 대하여 하나님은 화해자이다. 다만 우리는 "내 백성들아, 내가 너희에게 무엇을 했느냐?"라는 성부 하나님의 괴로운 탄식을 듣게 될 뿐이다. 왜냐하면 이제 인류 전체가 하나님의 백성이 되기 때문이다.

예수 그리스도 안에서 이 화해는 대홍수 이후에 노아와 맺었던 하나님의 약속을 환기시키고 그것을 다 성취한 것이다. 그때 하나님은 하늘에 무

---

172) 불순종과 적의와 독립성을 가진 세력을 포함하는 세상 전체를 말한다. ◇

지개를 펼치며 "또 다시 인간을 벌하려 할 때마다 이 무지개를 보리라. 이 것은 나에게 영원한 언약의 표지가 되리라."라고 선포한다. 이 화해는 아직 미약했고 이 언약의 표지 아래 긴 역사가 흘렀지만, 하나님은 이제 우리 모두와 화해를 이룬 것이다. 결코 깨어질 수 없는 이 새로운 언약은 인간에게 율법을 부과하는 것이 아니라 인간을 하나님의 사랑 안에 들어가게 한다. 이 사실 때문에 세상과 인류 전체와 하나님의 화해는 영벌의 가능성을 배제하게 된다. 이제 인간은 행위와 의지로서는 이미 성취된 것을 하나도 바꿀 수 없게 된 것이다.

그러나 우리는 또한 요한계시록에서 선포되는 지옥과 둘째 사망을 보게 된다. 지옥을 먼저 살펴보자. 천상의 예루살렘에서 제외되는 사람들이 있다. "개들과 점술가들과 음행하는 자들과 살인자들과 우상 숭배자들과 및 거짓말을 좋아하며 지어내는 자는 다 성 밖에 있으리라."계22:15 이는 비유로 한 말씀들을 확증하는 것이지만, 곡과 마곡의 유명한 이야기계20:7-10로 보완되어야 한다. 사탄은 열국을 유혹하고 소집하여 하나님과 예수 그리스도에 대항하는 전쟁을 치르게 했다. 그러나 불이 하늘에서 내려와 그들을 삼켜버렸다. 그들을 유혹했던 악마는, 그들을 하나님으로부터 분리했던 분열시키는 자로서, 불과 유황의 못에 던져졌고 거기에는 짐승과 거짓 선지자도 있었다. 우리는 불 못에 던져진 것이 악마와 짐승권력과 거짓 선지자거짓말라고 이해해야 한다.

그것들은 인격체들이나 사람들이 아니고, 창조 이래로 인간을 하나님으로부터 분리시키는 권세들puissances이다. 그것들은 절대 악을 만들었다. 지옥에 있는 것은 반란을 일으킨 영적인 권세들이었다. 그것들은 열국을 유혹했다. 여기서 열국은 '에트네'ethné라는 집합적인 단어로서 사람들을 가리키지 않는다. 다시 한 번 말하지만, 그것은 권세들이라고 할 수 있다.

왜냐하면 한 국가는 모인 사람들보다 더 큰 것이기 때문이다. 프랑스는 그 자체로 실재를 지닌 실체이다. 국가가 얼마나 유혹적이고 신적인 존재가 될 수 있는지 우리는 알고 있다. 여기서 또한 바깥으로 버림을 받는 것은 하나님을 대적하는 신적인 우상으로서의 국가라는 사실이 나타난다.

그리고 둘째 사망이 이어진다. 우리가 방금 살펴본 구절에 대한 병행 구절이 뒤를 잇는다. "사망과 음부도 불못에 던져지니 이것은 둘째 사망 곧 불못이라."계20:14 바꾸어 말해서, 사망에 던져지는 것은 도비네가 말한 것처럼 사망의 죽음이다 사망 그 자체이다. 이는 사도 바울이 "맨 나중에 멸망 받을 원수는 사망이니라"고전15:26라고 한 말씀과 부합된다. 바울은 예수 그리스도의 절대적인 승리를 말한다. 하나님은 모든 통치와 권력을 예수 그리스도에게 내어주고, 모든 원수들을 그 발아래에 두는데, 하지만 예수는 사람들을 그 누구든 간에 원수로 여기지 않았다 마지막으로 정복할 원수는 사망이다. 사망을 죽이는 사망에서 사망의 출구는 오직 사라지는 것뿐이다. 그러나 거기에도 모호한 점이 있다. 왜냐하면 요한계시록의 동일한 본문은 심판 때에 죽은 자들은 자신들의 행위에 따라, 또 부활의 때에 하나님에게 펼쳐진 책들에 기록된 바에 따라 심판을 받는다고 전하기 때문이다.

여기에 또 다른 한 권의 책인 생명의 책이 존재한다. "생명의 책에 기록되지 않은 사람들은 불못에 던져질 것이다." 인간의 모든 행위들이 기록된 이 책들은 기독교적인 사유에서 모든 것을 회계장부에 다 올린다는 관념이 점차 확립되어간 것 같은 인상을 준다. 모든 행위는 의무라는 대변과 실제 행위라는 차변에 부기되어서, 첨삭 과정을 거친 결과에 따라 선행과 악행으로 계측된다. 그런데 그런 식의 회계는 구원은 결코 율법의 행위로 얻을 수 없다는 모든 복음서와 사도 바울의 뜻에 반한다. 더욱 그것은 성서 전체가 우리에게 보여주는 하나님의 이미지를 근본적으로 왜곡하는 것 같다. 성서의 하나님은 회계사가 아니다. 게다가 "의인은 없나니 하나도 없도다." 또한 "율법의 행위로 그의 앞에 의롭다 하심을 얻을 육체가 없다." 바꾸어 말해서, 대차대조하여 결산을 하면 항상 적자가 되므로 모든 사람이 유죄가 된다. 그렇다면 아무도 생명책에 기록될 수 없다.

나는 사람들이 이 땅에서 살았던 모든 것을 기록한 책들과 생명책은 서로 대립된다고 생각한다. 생명책은 한 권밖에 없는 반면에 다른 책들은 권수가 많다. 왜냐하면 생명책은 은총의 책으로 어떤 회계도 하지 않고 단지 그리스도 안에 있는 은총으로 모든 사람들이 구원을 받는다고 선포한 말씀만을 담고 있다. 다른 책들에는 절차와 심판이 기록되어 있다. 그러나 심판을 거치고 난 뒤 간결하고 보편적인 판결이 뒤를 잇는다. 모든 사람들은 생명책에 기록된다.

그러나 이어지는 본문에서 우리는 그리스도인들에게 전해진 중대한 경고를 발견한다. 그리스도인들은 앞에서 언급했던 가능한 불가능성을 정말 심각하게 받아들여야 한다. 하나님은 언제나 사람들을 유기할 수 있고, 그것이 하나님의 자유의 비밀이다. 하나님이 회계사가 아닌 것과 같이, 하나님은 절차와 심판을 하찮고 헛된 것으로 만드는 총체적인 결정권을 견지한다. 생명책은 예수 그리스도의 책이다. 예수 그리스도는 사망과 죽어있는 모든 것들과 양립할 수 없다. 나는 보편적인 구원의 진리를 선포하면서, 이것을 하나님의 비밀을 관통하여 영원한 성부 하나님의 단순한 결정에 선행하는 절대적인 진리나, 학문적으로 입증된 교리로서 제시할 수는 없다. 이 진리를 선포할 때, 나는 내가 믿는 것을 표명하는 것이다. 이는 성서 본문을 묵상함으로써 내가 믿게 된 것이다. 나는 보편적인 구원을 가르치는 것이 아니라, 그 소식을 전할 뿐이다.

여기서 두 개의 기본적인 의문점들에 대해 먼저 답변을 해야 할 필요가 있다. 첫 번째 의문점을 두 개의 질문으로 살펴보자. 모든 사람이 구원을 받는다면, 기독교인과 비기독교인의 차이는 무엇인가? 기독교인으로서 경건하고 모범적이고 정직하고 도덕적인 삶을 사는 것이 무슨 소용인가? 여기서 둘째 질문에 대한 답변은 아주 확고해야 한다. 분명히 말해서, 그런 삶을 사는 것은 아무런 소용도 없으며 구원을 보장해주지도 않는다. 구원을 받기 위해서 모범적인 삶을 산다는 것은 성서적으로 완전히 잘못된 것이다. 복음적인 사유방식에 따르면, 구원을 받은 것을 알기 때문에 나는 모범적인 삶을 산다. 은총이 내게 주어졌기 때문에 나는 하나님 앞에서 정직한 삶을 살 수 있다. 구원은 덕행의 결과가 아니라 덕행의 근거요 원천이다.

그러나 이제 첫째 질문을 살펴보자. 기독교인과 비기독교인의 차이는 무엇인가? 기독교인은 너무나 오랫동안 개인 구원의 문제에 몰두하여, 다른 사람들을 개종시켜 믿음으로 구원을 받게 해야 하는 것으로 알아왔다. 이는 모든 전도와 선교 활동이 지향하는 목표였다. 그런데 만인구원을 확고한 것으로 받아들이면, 복음 전파는 더 이상 그런 의미를 지니지 못하게 된다.

그렇다면 이제 두 번째의 기본적인 의문점을 살펴보자. 복음 전파의 가치와 의미는 과연 무엇일까? 거기에는 아주 확고한 세 가지 근거가 있다. 먼저 지식의 전파가 있다. 모든 사람들은 구원을 받았지만, 복음을 믿는 사람들만이 그 사실을 알고 있다. 이는 하찮은 사소한 일이 아니다. 이 사람들은 미래와 전쟁과 죽음 앞에서 두려움에 가득차서 번뇌하고 괴로워하고, 잔인한 관계단절의 고통을 겪으며, 사랑하는 사람을 상실해서 낙담에 빠지고, 헛된 삶을 살았다는 판단으로 절망하고, 세상이 퇴보하고 자연이 침해되어 점차 훼손되는 것에 낙망한다. 거기에다가 그들은 자신들이 사랑받는 존재이고, 주님의 임재가 함께 하고 구원을 받았으며, 진리와 정의와 빛의 미래를 약속 받았고 또 그 미래로 부름을 받았다는 사실을 모른다. 그들은 그렇게 이중적으로 절망에 빠진다. 그 사실을 모르는 것은 현대인이 겪는 커다란 비극이다. 복음의 전파는 이 놀라운 소식을 전파하는 것이다. 우리에게 어떤 일이 일어난다 할지라도, 아무 것도 잃을게 없이 우리는 사랑받고 있는 존재이다. "가난한 사람들에게 복음이 선포된다." 중요한 것은 가난한 사람들과 이 복음173)이다.

그러나 복음을 전파하는 것은 또 다른 의미를 가진다. 이 복음을 듣고 받아들인 사람들은 이제 하나님의 일꾼이 된다. 임무와 소명을 받게 되는 것이다. 이 땅 위에 이 복음이 선포되어야 한다. 믿는 사람은 복음을 선포하는 일꾼이 된다. 이전에 말했던 것을 나는 다시 반복한다. 그리스도인이 되는 것은 특권도 특혜도 아니고 부담과 임무를 지는 것이다. 구원의 복음을 아는 사람은 구별된 방식으로 거룩한 삶을 살게 된다. 왜냐하면 그는 이제 거룩한 존재가 되어 이 땅에서 자신이 받았던 복음을 전파하는 역할을 담당하게 되기 때문이다. 그러나 그는 또한 이 땅 위에서 하나님의 형상을 따라 지음 받은 형상으로 하나님을 반영하는 존재가 된다.

우리는 거기에 세 가지 근거가 존재한다고 했다. 세 번째 근거는 "그러나 인자가 올 때에 세상에서 믿음을 보겠느냐?"라는 비극적이고 고통스러운 예수의 질문에 대한 우리의 답변이다. 사람들 가운데 복음의 영원성과 지속성을 보장하는 것은 아무 것도 없다. 예수는 우리에게 "내가 세상 끝날까지 너희와 항상 함께 있으리라"고 약속했다. 그러나 사람들은 예수와 함께 하지 않을 수도 있다. 그때 그리스도인이나 복음을 전하는 사람이 단 한사람도 존재하지 않을 수도 있다. 이는 예수의 질문이 우리에게 열어놓

---

173) 몇몇 해방 신학자들은 가난한 사람들을 경제적으로 가난하고 착취당하는 사람들이라고 한정하여, 그들을 착취하는 주인들로부터 자신들이 해방되도록 예수 그리스도와 함께 저항의 봉기를 드는 것이 복음이라고 주장하여 복음을 혁명으로 변질시켰다. 그것은 이 위대한 복음을 끔찍하게 왜곡하는 것이다. 그것은 예수 그리스도 앞에서 너무도 명백한 거짓말에 불과하다.

은 가능성이다. 우리는 그것을 가볍게 생각할 수 없다. 그래서 우리가 복음을 전파할 임무를 띠고 있다면, 이는 예수를 위한 것이기도 하다. 그것은 예수로 하여금 모든 것이 성취되었지만 아무도 그걸 믿지도 않고 알지도 못한다는 쓰라린 고통을 더 받지 않게 하기 위한 것이다. 예수를 사랑으로 섬기는 이 일을 통해서, 우리는 모든 민족과 모든 계층에게 복음을 전해야 한다. 이는 우리가 예수를 섬길 수 있는 유일한 일이다.

만인구원에 대한 마지막 반론은 다음과 같이 경박하고 세속적인 것이다. "이는 아주 쉬운 것이다. 수고할 필요 없이 그냥 그대로 살면 된다. 우리는 모든 종교적인 두려움에서 벗어났다. 개신교인들의 주장과 같이 공적을 쌓을 필요는 없다. 신앙도 더 이상 필요 없다. 왜냐하면 무신론자들과 이방인들조차 구원을 받기 때문이다." 이 말은 인간이 영벌을 받을 수 있게 하는 유일한 것이다. 왜냐하면 이 말은 복음이 전해졌지만 그 복음을 멸시하는 사람이 한 말이기 때문이다. 여기에 문제의 핵심이 있다.

진지하게 이의를 제기하며 하나님과 예수 그리스도를 믿기를 거부하고 욥처럼 하나님과 싸우는 경우에, 아브라함과 이삭과 야곱의 하나님은 그걸 알고 이해하면서 하나님은 우리의 형질을 알기 때문에 궁극적으로 계시를 허락한다. 그러나 용서받을 수 없는 경우는 하나님의 사랑을 경험했고 하나님의 은총을 이해했으면서도 그 은총을 경멸하는 경우이다. 용납할 수 없는 것은 그렇게 인식하고 경험한 하나님의 사랑에 마음을 움직이지 않고 응답하지 않는 것이다. 혹은 오직 "참 편리한데. 이용만 하면 되겠네."라는 식의 비아냥거림으로 응답하는 것이다. 이는 진리를 갖고 노는 위선적인 말이다. 그때 존재 자체가 왜곡되고, "하나님은 업신여김을 받지 아니하시나니"갈6:7라는 무서운 경고의 말씀이 울린다.

4. 심판

    이제까지 해온 모든 설명에도 불구하고, 나는 하나님의 보편적인 사랑에 관해 기록한 성서 본문들과, 정죄를 받는 죄들에 관한 본문들 사이에 모순이 존재한다는 사실을 알고 있다. 구원받은 사람들이 있고 영벌을 받아 버림받은 사람들이 있다. 이 단어들이 하나님이 탄생시킨 존재로서 삶을 통하여 살아있는 하나님의 존재에 참여하는 인격체들을 겨냥하는 것인지 나는 스스로 의문을 던지곤 했다. 내가 세운 가설이 취약하다는 점을 잘 알고 있기에, 나는 두려움을 가지고 그 가설을 전개하고자 한다. 그것은 사도 바울이 기록한 말씀을 읽는 가운데 나타났다.

    "내게 주신 하나님의 은혜를 따라 내가 지혜로운 건축자와 같이 터를 닦아 두매 다른 이가 그 위에 세우나 그러나 각각 어떻게 그 위에 세울까를 조심할지니라. 이 닦아 둔 것 외에 능히 다른 터를 닦아 둘 자가 없으니 이 터는 곧 예수 그리스도라. 만일 누구든지 금이나 은이나 보석이나 나무나 풀이나 짚으로 이 터 위에 세우면, 각 사람의 공적이 나타날 터인데 그 날이 공적을 밝히리니 이는 불로 나타내고 그 불이 각 사람의 공적이 어떠한 것을 시험할 것임이라. 만일 누구든지 그 위에 세운 공적이 그대로 있으면 상을 받고, 누구든지 그 공적이 불타면 해를 받으리니 그러나 자신은 구원을 받되 불 가운데서 받은 것 같으리라." 고전3:10-15

나는 이 본문 내용은 교회를 세우기 위한 것이라는 점을 알고 있다. 이 본문은 한 사람은 심었고 다른 사람은 물을 주었으되 오직 하나님께서 자라나게 했다는 말씀에 뒤이어 나오는 것이다. 우리는 교회를 세우는 하나님의 일꾼들이다. 바울은 기초를 놓았는데, 그것은 예수 그리스도 외에 다른 것이 아니다. 그러나 우리는 이 교회를 다양한 방식으로 세울 수 있다. 교회를 세운 각자의 일은 판단을 받게 될 것이다. 우리는 그 보상에 대해서는 다음 장에서 다룰 것이다. 그것이 구원이 아니라는 점은 분명하다.

그러나 이 본문 뒤에 곧바로 인간이 살아가는 삶과 하나님과의 개인적인 관계에 대한 말씀이 이어진다는 점을 주목해야 한다. 따라서 이 본문은 두 가지 차원으로 나아가는 접점이며, 하나님과의 관계는 인간이 살아가는 삶보다 훨씬 더 광범위하다. "세계나 생명이나 사망이나 지금 것이나 장래 것이나 다 너희의 것이요, 너희는 그리스도의 것이요 그리스도는 하나님의 것이니라."고전3:22-23 그래서 나는 이 말씀이 교회를 세우기 위한 것을 넘어서서 더 확대된 의미를 가지는 것이 아닌가 하는 생각이 들었다. 그것은 인간이 궁극적으로는 인간의 공적이 되는 자신의 고유한 삶을 세우는 걸 겨냥하는 것일 수도 있지 않을까? 왜냐하면 이 땅에서의 삶을 예수 그리스도라는 유일한 기초 위에 세우는 그리스도인들이 있는가 하면, 그리스도를 모르지만 그들의 삶에 암묵적으로 그리스도와 관계마25장를 맺거나, 자연신학에 따르지 않고 하나님의 존재를 인정하면서 이 땅에서 살아가는 사람들도 있기 때문이다.

"이는 하나님을 알 만한 것이 그들 속에 보임이라. 하나님께서 이를 그들에게 보이셨느니라. 창세로부터 그의 보이지 아니하는 것들 곧 그의 영원하신 능력과 신성이 그가 만드신 만물에 분명히 보여 알려졌나니 그러므로 그들이 핑계하지 못할지니라."롬1:19-20 거기서 사람들은 자신들의 삶을 금이나 짚이나 혹은 좋은 돌이나 목재로 세워갔다. "하나님을 알되 하나님을 영화롭게도 아니하며 감사하지도 아니하고 오히려 그 생각이 허망하여지며 미련한 마음이 어두워졌나니 스스로 지혜 있다 하나 어리석게 되어... 그러므로 하나님께서 그들을 마음의 정욕대로 더러움에 내버려 두사 그들의 몸을 서로 욕되게 하셨으니, 이는 그들이 하나님의 진리를 거짓 것으로 바꾸어 피조물을 조물주보다 더 경배하고 섬김이라."롬1:21-25 이런 상황에서 하나님을 인정하면서 사람들은 자신들의 삶의 역사를 그려감으로써 삶을 하나의 공적으로 세워가는 것이다. 그리하여 삶을 하나의 행위와 공적과 참여와 말씀으로 살아감으로써 견고하고 온전한 삶을 금과 돌로 세워가는 사람들이 있는가 하면, 하나님 앞에서 의미 없는 헛된 삶을 지푸라기와 마른풀로 세워가는 사람들이 있다.

심판이란 이 삶의 공적이 불 속을 통과하게 하는 것이다. 하나님이 간직하고 보존하는 것이 남아있는 삶을 살아간 사람들이 있는가 하면, 연기처럼 사라져버려 아무 것도 남지 않는 삶을 산 사람들도 있다. 우리는 뒤에서 이 점을 다시 살펴볼 것이다. 그들은 헛된 삶을 산 것이다. 그러나 여기서 나는 "그러나 자신은 구원을 받되 불 가운데서 받은 것 같으리라"고전3:15는 말씀을 오랫동안 묵상하게 되었다. 달리 말해서, 자신의 삶으로 이룬 공적은 사라져버리지만, 그 공적이 인간의 존재 자체는 아니다. 한 사람의 행위와 열정과 지성과 관계와 참여와 활동과 심리를 다 돌아볼 때, 소진될 수 없는 한 가지로서 존재 그 자체는 남는다.

나는 과거의 철학적 종교적 논의를 너무 많이 담고 있는 '영혼'이라는 단어는 사용하지 않고, 대신에 열정과 활동의 근거인 '존재'라는 단어를 쓰려고 한다. 궁극적으로 구원받는 것은 바로 이 존재이다. 즉, 존재 안에서 살아있는 것은 그 존재를 창조했던 살아있는 존재에게 돌아가는 것이다. 영은 그 존재를 허락한 하나님에게 돌아간다. 그리하여 나는 존재와 그 존재의 활동들을 분명하게 구분한다. 심판은 먼저 존재를 삶의 공적에 속하는 것으로 보는 관점에서 비롯된다고 말할 수 있다.

징벌은 예를 들어 아무 것도 남아 있지 않게 될 것을 확인하는 데에 있다. 이는 하나님이 이 삶에서 아무 것도 취하지 않을 것이며, 인간은 전적으로 헛된 삶을 살았다는 사실을 아는 것이다. 그러나 어떤 삶도 전적으로 나쁜 것은 아니기 때문에 이를 명확히 해야 한다. 가장 많은 것을 성취한 성인saint도 나쁜 일을 한 경험들이 있을 수밖에 없다. 이는 성 아우구스티누스의 『고백록』을 읽는 것으로 충분하다. 가장 나쁜 범죄자라 할지라도 삶에서 사랑으로 행한 일이 있을 수 있다. 그래서 하나님이 삶 전체를 취하는 것도 다 버리는 것도 아니다. 여기서 나는 히브리서의 말씀을 생각한다.

"하나님의 말씀은 살아 있고 활력이 있어 좌우에 날선 어떤 검보다도 예리하여 혼과 영과 및 관절과 골수를 찔러 쪼개기까지 하며, 또 마음의 생각과 뜻을 판단하나니, 지으신 것이 하나도 그 앞에 나타나지 않음이 없고 우리의 결산을 받으실 이의 눈앞에 만물이 벌거벗은 것 같이 드러나느니라."히4:12-13 이는 심판을 말하는 것이다. 그러나 영과 혼을 분리하는 이 검은 무얼 뜻하는가? 심판은 분리시키는 것을 포함한다.

이 검의 존재는 요한계시록에서 부활과 영광의 주님을 묘사한 말씀으로 확증된다. 그러므로 "그의 입술에서 좌우에 날선 검이 나온다."에서 검은 말씀을 나타내는 것이다. 그러나 왜 검인가? 이 말씀에 바로 뒤이어서 일곱 교회들에 대한 심판이 나오기 시작한다. 선한 사람과 악한 사람을 구분하는 것이라면 검이 필요 없다. 그러나 일곱 교회들에 대한 심판은 우리에게 하나님 앞에서 의로운 것으로 받아들여지는 것과 버려야 할 것으로 분리하는 것을 보여준다. 우리 각자를 향한 심판도 이와 같지 않은가? 따라서 심판은 선행과 악행을 결산하여 존재 전체를 일괄하여 정죄하는 것이 아니라, 존재 안에서 하나님을 기쁘게 하여 하나님이 간직하는 것과, 사단과 악마에게 속하는 것으로 절단하고 소멸시켜야 할 것으로 구분하여 분리시키는 것이다.

　허무와 지옥으로 가는 것은 하나님이 사랑하고 생명을 준 인간 존재들이 아니라, 사악하고 악마적인 일들로서, 그들은 그들의 아비인 악마의 운명을 따르게 된다. 그래서 우리는 심판에 대해 보다 자세한 이미지를 가질수 있다. 그것은 우리의 삶을 통해 이룬 것들이 불에 타는 것일 뿐만 아니라, 존재와 그 존재가 행한 악한 일들과 분리하여 단절하는 것이다. 보상은 우리가 행한 일들 중에 하나님이 기꺼이 승인한 일들이 있다는 사실을 알게 되는 것이다. 이것이 하나님이 정죄하고 소멸하는 인간의 공적과 보편적인 만인구원의 관계에 대해 내가 말할 수 있는 바이다. 소멸되는 것은 하나님이 창조한 피조물이 아니라, 인간이 만들고 행한 것이다.

5. 그리스도의 총괄갱신

총괄갱신론174)이라 부르는 신학이론은 교부들에 의해 깊이 연구되었다. 리옹의 이레네우스는 기독교 교리에서 이 부분을 특히 강조했다. 하나님은 성육신하여 인간이 되었다. 왜냐하면 우리는 불멸성과 순수성을 가질 수 없어서, 우리를 위해서 본질적으로 불멸성과 순수성을 지닌 존재가 우리의 본성과 결합하여 인류 전체를 총괄해야 하기 때문이다. 3세기에 히폴리투스는 수십억의 인간들로 구성되는 모든 인류가 예수 그리스도 안에 반영되고 총괄되고 집약된다는 점을 역설한다.

이 교리는 점차 약화되어서 그 중요성을 상실하게 되었지만, 이 교리의 근거는 바울의 서신서 본문들에서 발견할 수 있다. "그의 기뻐하심을 따라 그리스도 안에서 때가 찬 경륜을 위하여 예정하신 것이니, 하늘에 있는 것이나 땅에 있는 것이 다 그리스도 안에서 통일되게 하려 하심이라."엡1:9-10 여기서 '통일되게'라는 그리스어는 모든 것을 유일한 하나로 모은다는 뜻이다. 그러나 그 주제는 사실 아주 다른 것이다.

---

174) [역주] 프랑스어로는 'La récapitulation'이다. 이 단어의 원뜻은 요약, 집약인데, 총괄이라고 할 수도 있다. 리옹의 이레네우스(Irenaeus of Lyon, 140-203)는 당시의 영지주의 이단에 강력히 대항하여 정통교리를 수호하였다. 그는 자신의 저서 『이단에 대한 비판』 *Adversus haereses*에서 그리스도는 만인을 총괄하여 십자가에 죽기까지 하나님에게 순종함으로써 인류를 구속하고 새롭게 하였다고 주장한다. 이를 우리말로는 총괄갱신론이라고 하며, 당시에 기독론의 중요한 근간이 되었다.

여기서 사도 바울은 그리스도가 인간이 된 것은 모든 인류를 위한 것만이 아니라, 만물, 곧 하늘과 땅에 있는 모든 피조물들을 그리스도 안에 모으기 위한 것이라고 한다. 즉, 인간들뿐만 아니라 전체 우주를 다 포함하는 것이다. 그런 의미에서 판토크라토[175]와 같은 동방정교회의 신학과 함께 그 사실을 이해해야 한다. 그것은 인간의 불멸을 이루기 위한 것이 아니라, 고통 받는 피조물의 탄식에 대한 하늘의 응답을 받아 모든 만물의 본래의 조화와 일치를 이루기 위한 것이다. 그리스도를 통해서 인간만이 아니라, 무질서와 단절과 모순에 빠졌던 모든 것들이 구원을 받는 것이다.

이 총괄갱신이라는 개념은 하나님이 창조 세계와 세웠던 화해라는 개념에 정확히 부합한다. "또한 그가 만물보다 먼저 계시고 만물이 그 안에 함께 섰느니라. 그는 몸인 교회의 머리시라. 그가 근본이시오 죽은 자들 가운데서 먼저 나신 이시니, 이는 친히 만물의 으뜸이 되려 하심이요, 아버지께서는 모든 창조 세계 전체를 포괄하는 충만으로 예수 안에 거하게 하시고, 그의 십자가의 피로 화평을 이루사 만물 곧 땅에 있는 것들이나 하늘에 있는 것들이 그로 말미암아 자기와 화목하게 되기를 기뻐하심이라."골1:17-20

우리는 이 화해의 우주적인 관점과 이레네우스의 관점이 확실한 차이가 있는 것을 발견한다. 이레네우스의 견해는 인간을 총괄하는 것으로 한정한다. 바울이 전한 것은 훨씬 더 광범위한 것이다. 모든 만물이 그리스도 안에 존속하고 하늘에 있는 것들과 땅에 있는 것들이 화목하게 된다. 이는 그리스도가 창조 세계처럼 거대해진 것이 아니라, 만물의 머리가 된 것을 의미한다. 이 거대한 만물에는 교회만이 아니라 모든 인간들과 물질적 영

---

175) [역주] 판토크라토(pantocrator)는 신성과 인성을 지닌, 전능한 그리스도를 나타내는 성상이다. 일찍부터 동방정교회에서는 성상을 통하여 보이지 않는 신성을 시각적으로 나타내고자 했다. 이는 니케아공의회에서 승인된 성상으로 알려져 있다.

적 우주가 다 들어간다. 그리스도는 머리로서, 명령하고 추진하며, 생각과 의지와 선택을 산출한다. 화해는 이 총괄갱신176)에 도달하게 한다. 왜냐하면 단 한 번에 처음으로 하나님의 온전한 뜻이 어떤 잘못도 불순종도 없이 완전한 자유 가운데 성취되었기 때문이다.

예수는 결코 노예나 로봇과 같이 하나님이 원하는 것을 이행하도록 조종된 존재가 아니었다. 그렇다면 데우스엑스마키나가 되어야 했다. 예수는 완전히 자유로운 결정과 선택과 사랑과 진리 가운데 모든 것을 성취했다. 예수는 하나님이 이스라엘 민족에게 준 계명들을 자유롭게 해석했고, 그 뜻에 완전히 순종했다. 그는 하나님의 온전한 형상이 되었다. 아담 이래 처음으로 하나님은 당신의 형상, 자유롭고 창조적인 당신의 상대이자 대화자를 찾았다. 그는 기도했고 결정했다. 단 한 번 하나님의 뜻이 자유롭게 성취된 것만으로 분열된 우주에 다시 질서가 회복되고 화해가 이루어지고 총괄갱신이 일어날 수 있게 하기에 충분했다.

물론, 필자인 나도 포함해서, 독자들은 그건 환상에 지나지 않는다고 생각할 것이다. 악이 언제나 지배하고, 무질서는 극에 달하고, 인간은 어느 때보다도 더 전쟁과 기근에 시달리고 있다. 구체적인 삶에서 그 위대한 공로는 흔적조차 찾아볼 수 없다. 이는 완벽한 사실이다. 그러나 거기에는 두 개의 차원이 존재한다. 성취된 화해는 결코 사라지지 않을 것이다. 예수가 이 창조 세계의 머리가 되는 일이 성취되었다. 그리고 우주가 하나님 안에 있다는 것은 언제나 이루어져 있었다. 그러나 이 몸을 이루고 있는 지체들이 머리와 하나가 되어, 사람들이 예수의 모범을 따르고 인간의 자유가 하나님의 뜻과 일치되는 일은 성취되지 않았다. 이에 따라 이레네우스의 사상을 어느 정도 이해할 수 있게 된다. 총괄갱신으로 인간에게 성취된 것은

---

176) [역주] 에베소서 1장 10절에서는 그리스도 안의 통일이라고 되어 있다. 본문에서 여러 번 나오는 이 총괄이라는 단어는 그런 의미에 가깝다.

보이지 않는 덕으로서 불멸성과 순수성이다. 그 나머지는 아무런 변화가 없다.

나는 그것을 아주 다르게 해석한다. 우리는 이미 화해에 대한 논의를 거쳤다. 이제 문제는 머리로서 모든 것을 유일한 한 몸으로 모으는 것이다. 나는 하늘의 것과 땅의 것이라는 문제는 제쳐놓고, 하나님이 당신의 사랑에 자유롭게 함께 하기를 바라는 인간에게 집중할 것이다. 인간에 관한 구체적인 개념이 그리스도의 총괄갱신론에는 빠져있다. 여기서 또 한 번 우리는 형이상학의 문제와 부딪힌다.

이레네우스에게 있어서, 그리스도 안에 총괄갱신된 것은 인간 본성으로서, 영속적이고 불변하는 본성적인 측면의 인간이다. 이론적인 면에서 타락한 인간과 화해한 인간이 존재한다. 하나의 전체를 구성하는 추상적인 수많은 인간들로 이루어진 인간성이 존재하는 것이다. 그러나 그것은 살아있고 변하는 인간의 실재를 놓치고 있으며, 인간에 대해서 총체적으로 말할 수 없다는 사실을 간과하는 것이다. 여기서 나는 이상주의와 현실주의에 다 부딪친다. 이상주의라는 것은 인간에 대한 어떤 이상적 관념과 연관되기 때문이다. 그러나 구원받은 것은 인간이라는 관념이 아니라 구체적으로 실존하는 인간이다. 그 인간은 죄인으로서 참회할 수 있고, 기도할 수 있고 은총을 받아 회개할 수 있다. 성서 전체는 반이상주의적이다. 총괄갱신론은 이 구체적인 인간들 전부를 전대미문의 하나의 전체로 총괄하는 것이다.

그러나 그와 동시에, 이레네우스 계열의 신학자들의 입장은 그 단어의 현대적인 의미가 아니라 명목론과 실재론의 대립적인 의미에서, 실재론적 현실주의적인 것으로 여겨질 수 있다. 그런 의미로 해석하면, 인간을 지적인 추상적 개념이 아닌 실체가 있는 하나의 실재로 볼 수 있다. 즉, 한편으로 인간들이 있고, 다른 한편으로 인간들의 총합과는 다른, 실제적으로 존재하는 하나의 전체가 있다. 그 전체는 하나의 실재로서 고유한 특성들과 특징과 존재이유와 도덕적인 인격성을 가지고 있다. 그것은 이미 일체화되고 구현된 것으로 총괄되는 것이다.

나는 이미 여러 번에 걸쳐서 내 입장이 명목론에 가깝다고 밝혔다. 인간성을 논의는 할 수 있지만, 그것은 어디까지나 말에 지나지 않는다. 그것은 인간들 전부를 지칭하는데 쓸모가 있고, 성찰하고 소통하기에 편리한 말이지만, 언어의 차원을 넘어서지 않는다. 수십억의 인류가 하나의 실재로서의 인간성을 구성하지 않는다. 항상 동일하고 불변하는 인간 본성이 존재하지 않는 것과 같이, 개개인에게서 시간과 공간을 넘어서서 존재하는 고유한 존재이유를 찾아볼 수 없다. 나에게 그것은 하나의 이름에 불과하고 그 이상은 아니다.

이 모든 논의에서 제외되어 있는 것이 역사적인 차원이다. 이 인간성은 역사를 가지고 있다. 그리스도의 총괄갱신론에서, 하나님은 인간이 거쳐 온 50만 년의 시간과, 그 다양성과 변화들을 고려하고 있는가? 게다가 이 역사 속에서 인간은 예술적, 문화적, 기술적인 업적들과 문학적, 정치적, 법적인 행위들을 산출했다. 이는 개개인의 삶에서 재현되고 있다. 개개인은 자신의 삶에서 일련의 행위들을 산출한다. 개개인의 삶은 이런 행위들로 구성된다. 이는 커다란 행위들뿐만 아니라, 일상적인 일, 가족과의 관계, 직장 동료들과의 관계, 언어의 사용, 정치적 결정과 사랑의 결정 등을 포함한다.

그리스도의 총괄갱신론에서, 하나님은 이 인간의 행위들을 고려하고 있는가? 이 행위들을 따로 떼어낸 인간의 삶이란 어떤 것인가? 우리는 이미 이 문제를 앞에서 다루었다. 우리는 먼저 인간이 자신의 행위와 말에 따라 심판을 받는다는 사실을 언급했다. 그리고 우리는 인간의 모든 행위가 다 불태워진 뒤에도 그 존재는 구원을 받을 수 있다는 점을 언급했다. 그러므로 개개인에게 남아있는 행위들이 있게 된다. 왜 개개인들로 구성된 인간 전체는 시작한 시점부터 역사의 여정에 이르기까지 남아있는 행위들이 없겠는가? 하나님이 인간을 사랑한다는 믿음에서 보면 그럴 것 같다.

하나님은 인간을 온전히 사랑한다. 이 말은 하나님이 일종의 유령과 같이 곧 사라져버리는, 추상적이고 다양한 본성을 가지는 존재를 사랑하는 것이 아니라는 뜻이다. 인간을 사랑함은 구체적인 삶이 있는 인간을 사랑한다는 말이다. 즉, 그 구체적인 삶은 인간의 삶을 구성하는 모든 것과, 일들과 여가활동들과 희망과 두려움과, 인간이 만든 작품들과 사랑하는 사람들을 다 포함하는 것이다. 하나님은 살아있는 존재인 인간을 사랑한다. 그러므로 추상적인 대체 가능한 유령과 같은 존재가 아니라 개성을 가진, 즉 자신만의 행위와 삶의 역사가 있는 개개인을 구원하는 것이다.

구원받은 인간은 자신이 행한 행위들에 대해서도 심판을 받는다. 하나님이 한 인간에게 하나도 남길 만한 행위가 없다고 심판한다면, 그 심판은 정말 끔찍한 것이 될 것이다. 살아온 삶 전체가 하나도 의미가 없게 된다. 시간과 노력을 기울인 결과가 하나도 없는 무가 된다. 하나님이 인정하는 것이 무엇인지 우리는 그 기준을 알 수 없다. 정치적 기술적 행위들에 대해 알고 있는 만큼, 도덕적 영적 행위들에 대해서 명백하게 알고 있으면서 선이 무엇이고 하나님의 뜻에 부합하는 것이 무엇인지 분간한다 할지라도, 우리는 판단할 수 없다. 우리는 하나님이 인정하고 하나님이 부정하는 것이 어떤 것인지 알고 놀랄 수밖에 없을 것이다.

그러나 내가 말한 이 모든 것은 성서적 근거가 있는가? 사실 나는 그걸 확신하고 있다. 성서 연구를 통해서 나는 그런 결론에 이르게 되었다.[177] 나는 도시에 관한 성서의 역사를 주제로 책을 쓰려는 의도를 가지고 있었

---

177) 이에 대한 더 깊은 내용은 『머리 둘 곳 없던 예수』(대장간 역간, 2013)를 참조하라.

다. 그런데 돌연히 하나의 명확한 증거가 나타나면서 그 의미가 아주 넓다는 걸 확인하게 되었다. 처음 창세기 2장에서 하나님은 에덴동산을 만들어 거기에 인간을 두었고, 그 곳은 인간에게 기쁨과 즐거움을 주는 완벽한 조건을 갖추었다. 이 동산에는 모든 것이 갖춰져 있었다. 풍성한 열매를 맺는 나무들과 네 개의 강들이 있었다. 그 동산은 인간을 위해 하나님이 구상한 최적의 장소로서 이상적인 곳이었다.

그러나 이상한 일이 벌어졌다. 하나님과 관계가 단절되었다. 인간은 하나님과 대면하고 교제하는 그 곳에 남아있을 수 없었고, 동산 밖으로 쫓겨나서 인간 자신의 기나긴 역사를 시작하게 되었다. 그러나 인간의 이 거대한 여정이 끝날 때에, 모든 것이 불에 타 녹아 없어져베드로전서 이 세상이 끝나고, 인간의 역사와 공적들도 사라지고 나서, 하나님은 새로운 창조를 하고 인간이 거할 새로운 장소를 마련하여 모두와 함께 한다. 그러나 이 새로운 장소는 처음의 동산과는 같지 않다. 이는 아주 독특한 것이다. 왜냐하면 모든 신화들의 경우에 처음에 최초의 낙원에서 인간은 행복하고 완벽한 기쁨의 시간을 보내는 것으로 나타났다가, 종말에 다시 처음으로 되돌아가서 행복하게 지냈던 잃어버린 낙원을 다시 찾는 것으로 나오기 때문이다. 이는 시간의 순환이라는 개념을 보여준다. 역사의 종말에 순환하는 시간의 원은 완성되어서, 다시 처음으로 돌아간다.

그러나 우리는 히브리적 사유에서 시간은 직선이고 순환하는 원이 아니라는 사실을 알고 있다.178) 그러므로 종말에 이르러서 처음 시작한 지점으로 돌아가지 않는다. 그러면서도 궁극적인 목적은 출발할 때와 동일할 수 있다. 즉, 하나님이 다시 새롭게 또 하나의 에덴동산을 만들 수 있다. 왜

---

178) 귀스타브 티봉(Gustave Thibon, 1903-2001)은 1985년 출판된 그의 저서 『베일과 가면』*Le Voile et le Masque*에서 이에 대해 부정적인 주장을 펼쳤다. [본문의 괄호 안 내용을 각주로 돌리면서 내용을 부가함. - 역주]

냐하면 그곳이 인간을 위해 하나님이 마련한 가장 좋은 곳이기 때문이다. 하나님은 심판을 확고하게 하면서, 인간을 당신이 마련한 곳에 둘 수 있다. 그런데 성서의 본문들은 우리에게 그렇게 말하지 않는다.

요한계시록에서 우리는 종말에 가서 하늘에서 내려오는 새로운 예루살렘이라는 도성ville 179)이 출현하는 것을 본다. 거룩한 도성 예루살렘이 임한다.계21:10-27 그러므로 종말에 가서 하나님이 인간에게 마련한 것은 한 도성이다. 이는 요한계시록이나 묵시록 계통의 책에서만 나타나는 내용이 아니다. 이사야서에서, 예루살렘의 회복의 언약은 지상의 예루살렘의 역사적 회복만을 겨냥한다. 그러나 그 장의 끝은 분명하게 새로운 세계의 창조를 말하고 있다.

"다시는 강포한 일이 네 땅에 들리지 않을 것이요 황폐와 파멸이 네 국경 안에 다시 없을 것이며 네가 네 성벽을 구원이라, 네 성문을 찬송이라 부를 것이라. 다시는 낮에 해가 네 빛이 되지 아니하며 달도 네게 빛을 비추지 않을 것이요 오직 여호와가 네게 영원한 빛이 되며 네 하나님이 네 영광이 되리니, 다시는 네 해가 지지 아니하며 … 네 백성이 다 의롭게 되어 영원히 땅을 차지하리니…"사60:18-21

이는 명백한 종말론적인 언약이다. 에스겔서 40장은 하늘에서 내려오는, 완벽한 새로운 예루살렘의 환상을 보다 더 분명하게 전한다. 물론 이런 예언적인 본문들은 하나의 유일한 역사적 목표를 가지고 있다고 볼 수 있다. 즉, 그것은 지상에서의 예루살렘의 회복과 유대 민족의 갱신이다. 그러나 아무런 저의 없이 그 본문들을 읽을 때 종말론적인 언약들이 맞는다고 인정할 수밖에 없다고 본다. 바꾸어 말해서, 하나님은 인간을 하나의 동산

---

179) [역주] 개역한글 성경에 성이라고 번역된 이 말은 원래 도시를 뜻한다. 저자인 엘륄은 여기서 도시라는 의미로 이 말을 사용하고 있다. 이를 감안하여 본서에서는 도성으로 주로 번역했지만, 문맥에 따라서는 도시라고도 했다.

이 아니라 하나의 도성에 둔다.

하나님의 계획에 변화가 생겼다. 왜 그런 것일까? 하나님은 새롭게 창조할 때, 인간의 업적과 역사를 고려하기 때문이다. 인간의 주된 업적은 바로 도성의 건설이다. 도성이 등장하면서부터 인간의 역사는 발전되어갔다. 도성에 모든 발명과 교환과 예술이 집중되었다. 모든 문화는 도성에서 나왔다. 내 말은 농촌 문화가 없다는 걸 뜻하는 것이 아니다. 그러나 농촌 문화는 도시와 함께 공생한다. 도시는 인간이 만들어낸 주요 작품이다. 도시는 인간 고유의 것이다. 그것은 인간이 선택한 상징이자, 인간이 발명하고 좋아하는 장소이다.

성서가 우리에게 전하는 이 이야기를 좀 더 거슬러 올라가보자. 성서속의 도시는 예루살렘은 제외하고 가인이 만들었다. 가인은 땅에서 유리방황하게 되었지만, 반대로 도시를 만들어서 거주하며 정착했다. 게다가 가인은 하나님으로부터 그의 생명을 보호해주는 표지를 받았다. 그러나 가인은 그 표지를 그다지 신뢰하지 않았다. 그는 스스로 자신을 보호하고 싶어 했다. 이를 위해서 그는 도시에 성벽들을 쌓아올렸다. 도시의 특징을 이루는 이 첫 번째 행위를 시작으로 해서, 도시는 인간이 하나님에게 반항하여 세운 곳이 되었다.

도시는 하나님이 배제되는 곳으로 바벨과 같은 곳이 되거나 혹은 하나님이 부인하는 우상 신들로 가득한 곳인 바벨론과 같은 곳이 되었다. 도시는 폭력과 전쟁의 장소인 니느웨이자, 재물과 상업의 장소요, 성적 타락의 장소인 소돔이다. 성서에서 도시는 항상 부정적인 뜻을 내포한다. 그러나 우리는 인간의 모든 역사가 도시의 영향권에 있다는 사실을 부정할 수 없다. 그러므로 우리는 하나님을 거스르는 반란의 장소였던 이 도시를 마지막 때인 종말에 새로운 이상적이고 완벽한 장소로 하나님이 택했다는 이 계시에 감탄하게 되는 것이다.

하나님은 새로운 창조에서 부정적인 표지를 긍정적인 표지로 바꾼다. 하나님은 이제 이 도시를 원한다. 왜냐하면 인간이 그걸 좋아하기 때문이다. 하나님은 인간의 오랜 욕망을 만족시켜준다. 하나님은 인간의 기대에 응답하지만, 하나님이 인간에게 주는 것은 이제 완벽하고 모든 면에서 완성된 도시이다. 이는 인간이 세워온 불완전하고 불안한 도시들과는 대조적이다.

하나님이 인간의 의지를 고려하여 뜻을 바꾼 것은 무얼 의미하는가? 성서가 우리에게 말하는 그리스도의 총괄갱신론은 추상적인 인간을 종합하는 것이 아니라, 모든 인간의 역사를 총괄하는 것이다. 하나님이 도시를 새로운 창조의 장소로 선택한 것은 바로 이 사실을 의미한다. 인간의 역사는 새로운 창조가 선물로 주어짐으로써 갑자기 폐기되는 것이 아니다. 하나님이 원하는 대로 행하고서 수고와 용기와 희망과 행위와 증오와 비극과 열광과 발명과 기대로 점철된 수천 년의 마지막에 이르러 이 모든 것을 다 폐기해버리고, 또 마치 아무 것도 존재하지 않았던 것처럼 행하고, 또 인류의 거대한 여정에 대해서 아무런 흥미도 관심도 가지지 않으면서 인간을 어떤 추상적인 장소에 다시 배치한다고 생각해보라. 이는 정말 생각만 해도 끔찍할 것이다. 사실은 그렇지 않다. 하나님은 성육신한 예수가 로마의 불의한 법과 이스라엘 제사장의 배반과 백성들의 소망을 다 감당한 것과 같이 인간의 모든 역사를 다 포용한다.

하늘의 예루살렘은 인간의 역사에서 인간이 만들고 의도했고 수립했던 모든 것들을 압축한 형태로 보여준다. 인간의 역사는 하나님의 마음에 모두 기록되어 있다. 요한계시록에 나오는, 인간이 행한 모든 것들이 기록되어 있다는 책들이 그런 의미가 아닌가 싶다. 그런데 거기서 왜 개인적인 행위들만을 지목하겠는가? 왜 역사의 커다란 변화들은 기록으로 남기지 않겠는가? 더욱이 역사의 커다란 변화들은 다 개인적인 행위들과 결정들의 산물이 아닌가? 이와 같이 역사는 이제 하나님에게 속한다. 그러나 인간의 심판을 위해서 행적에 관해 어느 하나도 빠트리지 않는다면, 인간의 역사에서 일어난 일들도 하나님이 살펴봐야 하지 않겠는가.

사실 이것이 두 번째 요점이다. 요한계시록계21:24,26은 두 번에 걸쳐서 하늘의 예루살렘에서 "만국이 그 빛 가운데로 다니고 땅의 왕들이 자기 영광을 가지고 그리로 들어가고" "사람들이 만국의 영광과 존귀를 가지고 그리로 들어간다"고 우리에게 전한다. 만국과 만민과 모든 종류의 사람들이 모인다. 그들은 자신들의 영광, 즉 그들의 기대와 소망과 생각과 신념과 명성과 영예를 가져온다. 사실 엄밀한 의미에서 그들의 행위는 문제가 아니다. 그러나 신념과 기대에 대해서 언급하는 것은 어떤 행위와 작업 속에 구현되는 어떤 실재를 뜻하는 것이다.

다른 한편으로 영광을 구성하는 것은 무엇인가? 물론 히브리어를 찾아보아야 한다. 히브리어로 영광은 먼저 무게와 중량의 뜻을 내포한다. 그 단어는 한편으로는 한 존재가 가진 재물과 부와 광채와 영예를 의미한다. 그것은 한 존재가 표출하는 것이다. 여호와의 영광은 궁극적으로는 여호와의 계시와 같은 의미이다. 여호와는 당신의 사역과 창조와 심판을 통해 당신 자신을 나타낸다. 그 모든 것은 여호와의 영광을 드러낸다. 그것은 당신의 행위와 사역을 통해서 그 위엄뿐만 아니라 계시를 보여준다. 바꾸어 말해서, 영광은 존재를 드러내는 것의 표출이다. 내가 지금 일반화하고 있음을 알고 있다. 이는 적절하지 않다고 생각될 수 있다. 그러나 나는 이 단어가 인간에 관해서 동일한 의미로 사용될 수 있다고 생각한다.

한 인간의 영광은 그가 행한 일들을 통해 나타나는 것이다. 인간 존재가 행위를 통해 드러나는 것이다. 요한계시록의 본문이 하늘의 예루살렘으로 들어가는 사람들의 영광을 말할 때, 그 영광은 행렬과 호화로움과 나팔 등으로 드러나는 허영이 아니다. 그것은 왕들과 국가들이 역사 속에서 하나님의 진리 안에서 자신들이 어떤 존재들인지 나타내기 위하여 보여준 것이다. 왕들과 국가들은 하나님의 면전에 역사의 진정한 영광스러운 공적들을 펼쳐놓은 것이다. 그 공적들을 하늘의 예루살렘에 올린 것은 박물관에 보관하기 위한 목적이 아니다.

하나님이 인간에게 준 예루살렘 도성은 인간의 소원에 따라 이루어진 것으로 박물관이 아니다. 그 공적들은 하늘의 예루살렘의 일부분이 된다. 즉, 하나님은 예루살렘 도성 자체를 건축하기 위해서 부분적으로 역사 속에서 각국이 이룩한 공적들을 취한 것이다. 이는 앞에서 일반화한 경우와 같이 또 다른 일반화의 오류에 빠질 위험이 있다. 그렇지만 나는 계속 하려고 한다. 국가는 인간들로 구성되어 있다. 국가는 사람들이 신격화의 대상으로 삼기 전에는, 그 자체로는 존재가 성립되지 않는다. 그러나 여기서 등장하는 국가들은 그 권능과 신격화에서 벗어나, 역사를 주관하려고 하지 않는, 곡과 마곡과 함께 패한 국가들이다.

국가는 구성하는 인간들에 의해 실재성을 갖는다. 유대민족의 현실주의적 사유는 국가를 그 자체로 보는 것이 아니라 인간들의 모임으로 본다. 그래서 이 영광은 국가와 같은 추상적인 개념의 영광이 아니라, 인간들의 영광이다. 국가는 그 집단에 속하는 모든 인간들을 총칭하는 용어이다. 이는 선택받은 민족뿐만 아니라 모든 민족들을 말한다. 따라서 하늘의 예루살렘에 가져오는 모든 공적들은 전쟁에서 얻은 승리들이나 커다란 기념비들과 같은 집합적인 공적들일 뿐만 아니라 그 국가들에 속한 인간들이 드러나는 공적들이다. 그래서 개개인의 행위들도 드러나게 된다.

이와 같이 나에게 있어서 요한계시록의 이 이중의 선언을 담은 말씀은 하나님이 모든 인간의 삶에서 인정한 것들을 하나님의 고유한 사역에 포함한다는 사실을 내포한다. 이는 자신의 삶 속에서 이루어온 일, 사랑, 업적, 교회, 특성, 관계 중에서 그 일부분이 하나님에게 인정을 받았다는 의미로서 인간 자신의 영광이 된다. 여기서 우리가 언급했던 심판이 참된 의미를 가지게 된다. 우리는 없애버려야 할 사악한 것과 하나님이 궁극적으로 보존하기 원하는 것을 분리시키는 사악한 것을 없애기 위해서 말씀의 검이 우리 각자의 내면을 통과한다고 했다. 그러나 보존된 것은 불확실하고 애매한 상태로 떠도는 것이 아니라, 하나님에 의해 예루살렘 성을 건축하는 데 사용된다. 이는 종종 문제가 되는 보상의 의미이기도 하다.

보상은 구원이 아니다. 왜냐하면 구원은 은총으로 주어진다. 보상은 하늘에서 영예로운 자리를 차지하는데 있지 않다. 그게 무슨 소용이 있겠는가? 하나님은 모두와 일체이고 모두 안에 존재하기 때문에 모든 사람들은 하나님과 다 동일하게 가깝다. 제자들이 예수에게 보좌에 앉을 때에 왼쪽과 오른쪽의 영예로운 자리를 달라고 요청했을 때, 그들은 단호한 답변을 들었다.

보상은 우리 자신의 삶에서 행한 것이 단 한 마디의 말에 그칠 수도 있지만, 거룩한 성에 사용되어 보존되는 것을 보는 것이다. 우리는 하나님에게 뭔가 새로운 것으로 보존될 만한 것을 가져간다. 이는 놀라운 발상이지만 전혀 동떨어진 말은 아니다. 왜냐하면 하나님은 인간에게 삶을 영위하고 일하며 스스로 역사를 이루어가도록 독립성을 부여했기 때문이다. 그 독립성은 인간이 자신의 의사와는 상관없이 이미 결정된 모든 요건들을 받아들여야 하는 탓에 딱히 독립성이랄 수도 없다. 그러나 그래도 하나님은 이 독립성을 지켜준다. 더욱이 인간이 하나님을 향해 돌아서면, 인간은 독립성보다 더 큰 것을 얻는데 그것은 자유다.

아무튼 인간은 자신만의 공적들을 이루어간다. 그것들은 하나님이 명한 것도 아니고 기대하지도 않은 것이다. 그리고 독립적으로 행한 것으로는 나쁘지 않다는 평가를 받을 수도 있다. 인간은 말을 하기 때문에 창조

때에 하나님과 함께 동역하도록 부름을 받았다.[180] 인간은 관계가 단절된 이후에 하나님과 동역하도록 부름을 받았다.[181] 하나님은 명령과 지시와 요구를 하고 때때로 스스로 간섭하기도 하면서, 인간이 하나님의 일을 하기를 늘 기대한다. 인간은 결국 하나님과 함께 이 완전한 예루살렘을 세우기 위해 동역한다. 그것은 하나님의 고유한 일이지만, 인간이 제공하는 재료를 사용한다. 그 재료는 하나님의 인정을 받아 인간의 위대한 일면을 드러내주는 모든 종류의 재료다. 그것이 인간의 영광이다.

내가 확고하게 믿는 것은 바로 그것이다. 그리고 그것은 내가 평생 동안 나름대로 최선을 다하여 행해온 일들의 의미요 동기였다.

---

180) 왜냐하면 창세기에서 아담이 짐승들에게 이름을 붙인 것은 그런 의미를 담고 있기 때문이다. ◇

181) "우리는 하나님의 동역자"(고전3:9)라고 사도 바울은 전한다. ◇

엘륄의 저서_{연대기순} 및 연구서

· *Étude sur l'évolution et la nature juridique du Mancipium*. Bordeaux: Delmas, 1936.
· *Le fondement théologique du droit*. Neuchâtel: Delachaux & Niestlé, 1946.
  →『자연법의 신학적 의미』, 강만원 옮김(대장간, 2013)
· *Présence au monde moderne: Problèmes de la civilisation post-chrétienne*. Geneva: Roulet, 1948.
  →『세상 속의 그리스도인』, 박동열 옮김(대장간, 1992, 2010(불어완역))
· *Le Livre de Jonas*. Paris: Cahiers Bibliques de Foi et Vie, 1952.
  →『요나의 심판과 구원』, 신기호 옮김(대장간, 2010)
· *L'homme et l'argent* (Nova et vetera). Neuchâtel: Delachaux & Niestlé, 1954.
  →『하나님이냐 돈이냐』, 양명수 옮김(대장간. 1991, 2011)
· *La technique ou l'enjeu du siècle*. Paris: Armand Colin, 1954. Paris: Économica, 1990.
· (E)*The Technological Society*. New York: Knopf, 1964.
  →『기술 또는 세기의 쟁점』(대장간 출간 예정)
· *Histoire des institutions*. Paris: Presses Universitaires de France, plusieurs éditions (dates données pour les premières éditions);. Tomes 1-2, L'Antiquité (1955); Tome 3, Le Moyen Age (1956); Tome 4, Les XVIe-XVIIIe siècle (1956); Tome 5, Le XIXe siècle (1789-1914) (1956).
  →『제도의 역사』, (대장간, 출간 예정)
· *Propagandes*. Paris: A. Colin, 1962. Paris: Économica, 1990
  →『선전』하태환 옮김(대장간, 2012)
· *Fausse présence au monde moderne*. Paris: Les Bergers et Les Mages, 1963.
  → (대장간 출간 예정)
· *Le vouloir et le faire: Recherches éthiques pour les chrétiens*: Introduction (première partie). Geneva: Labor et Fides, 1964.
  →『원함과 행함』, 이상민 옮김(대장간, 2015)
· *L'illusion politique*. Paris: Robert Laffont, 1965. Rev. ed.: Paris: Librairie Générale Française, 1977.
  →『정치적 착각』, 하태환 옮김(대장간, 2011)
· *Exégèse des nouveaux lieux communs*. Paris: Calmann-Lévy, 1966. Paris: La Table Ronde, 1994.
  → (대장간, 출간 예정)
· *Politique de Dieu, politiques de l'homme*. Paris: Éditions Universitaires, 1966.

→ 『하나님의 정치와 인간의 정치』, 김은경 옮김(대장간, 2012)

· *Histoire de la propagande*. Paris: Presses Universitaires de France, 1967, 1976.
→ 『선전의 역사』(대장간, 출간 예정)

· *Métamorphose du bourgeois*. Paris: Calmann-Lévy, 1967. Paris: La Table Ronde, 1998.
→ 『부르주아와 변신』(대장간, 출간 예정)

· *Autopsie de la révolution*. Paris: Calmann-Lévy, 1969.
→ 『혁명의 해부』, 황종대 옮김(대장간, 2013)

· *Contre les violents*. Paris: Centurion, 1972.
→ 『폭력에 맞서』, 이창헌 옮김(대장간, 2012)

· *Sans feu ni lieu: Signification biblique de la Grande Ville*. Paris: Gallimard, 1975.
→ 『머리 둘 곳 없던 예수-대도시의 성서적 의미』, 황종대 옮김(대장간, 2013).

· *L'impossible prière*. Paris: Centurion, 1971, 1977.
→ 『우리의 기도』, 김치수 옮김(대장간, 2015)

· *Jeunesse délinquante: Une expérience en province*. Avec Yves Charrier. Paris: Mercure de France, 1971.

· *De la révolution aux révoltes*. Paris: Calmann-Lévy, 1972.
→ 『혁명에서 반란으로』, (대장간, 출간예정)

· *L'espérance oubliée, Paris*: Gallimard, 1972.
→ 『잊혀진 소망』, 이상민 옮김(대장간, 2009)

· *Éthique de la liberté,*. 2 vols. Geneva: Labor et Fides, I:1973, II:1974.
→ 『자유의 윤리』, (대장간, 출간 예정)

· *Les nouveaux possédés*, Paris: Arthème Fayard, 1973.

· (E)*The New Demons*. New York: Seabury, 1975. London: Mowbrays, 1975.
→ (대장간, 출간 예정)

· *L'Apocalypse: Architecture en mouvement*, Paris. Desclée 1975.

· (E)*Apocalypse: The Book of Revelation*. New York: Seabury, 1977.
→ 『요한계시록』(대장간, 출간 예정)

· *Trahison de l'Occident*. Paris: Calmann-Lévy, 1975.

· (E)*The Betrayal of the West*. New York: Seabury,1978.
→ 『서구의 배반』, (대장간, 출간 예정)

· *Le système technicien*. Paris: Calmann-Lévy, 1977.
→ 『기술 체계』, 이상민 옮김(대장간, 2013)

· *L'idéologie marxiste chrétienne*. Paris: Centurion, 1979.
→ 『기독교와 마르크스주의』, 곽노경 옮김(대장간, 2011)

· *L'empire du non-sens: L'art et la société technicienne*. Paris: Press Universitaires de France, 1980.
→ 『무의미의 제국』, 하태환 옮김(대장간, 2013년 출간)

- *La foi au prix du doute: "Encore quarante jours.."*. Paris: Hachette, 1980.
  → 『의심을 거친 믿음』, 임형권 옮김 (대장간, 2013)
- *La Parole humiliée*. Paris: Seuil, 1981.
  → 『굴욕당한 말』, 박동열 이상민 공역(대장간, 2014년)
- *Changer de révolution: L'inéluctable prolétariat*. Paris: Seuil, 1982.
  → 『인간을 위한 혁명』, 하태환 옮김(대장간, 2012)
- *Les combats de la liberté*. (Tome 3, L'Ethique de la Liberté) Geneva: Labor et Fides, 1984. Paris: Centurion, 1984.
  → 『자유의 투쟁』(솔로몬, 2009)
- *La subversion du christianisme*. Paris: Seuil, 1984, 1994. [réédition en 2001, La Table Ronde]
  → 『뒤틀려진 기독교』,박동열 이상민 옮김(대장간, 1990 초판, 2012년 불어 완역판 출간)
- *Conférence sur l'Apocalypse de Jean*. Nantes: AREFPPI, 1985.
- *Un chrétien pour Israël*. Monaco: Éditions du Rocher, 1986.
  → 『이스라엘을 위한 그리스도인』(대장간, 출간 예정)
- *Ce que je crois*. Paris: Grasset and Fasquelle, 1987.
  → 『개인과 역사와 하나님』, 김치수 옮김(대장간. 2015)
- *La raison d'être: Méditation sur l'Ecclésiaste*. Paris: Seuil, 1987
  → 『존재의 이유』(대장간. 2015 예정)
- *Anarchie et christianisme*. Lyon: Atelier de Création Libertaire, 1988. Paris: La Table Ronde, 1998
  → 『무정부주의와 기독교』, 이창헌 옮김(대장간, 2011)
- *Le bluff technologique*. Paris: Hachette, 1988.
- (E)*The Technological Bluff*. Grand Rapids: Eerdmans, 1990.
  → 『기술담론의 허세』(대장간, 출간 예정)
- *Ce Dieu injuste..?: Théologie chrétienne pour le peuple d'Israël*. Paris: Arléa, 1991, 1999.
  → 『하나님은 불의한가?』, 이상민 옮김(대장간, 2010)
- *Si tu es le Fils de Dieu: Souffrances et tentations de Jésus*. Paris: Centurion, 1991.
  → 『네가 하나님의 아들이라면』, 김은경 옮김(대장간, 2010)
- *Déviances et déviants dans notre societé intolérante*. Toulouse: Érés, 1992.
- *Silences: Poèmes*. Bordeaux: Opales, 1995.
  → (대장간, 출간 예정)
- *Oratorio: Les quatre cavaliers de l'Apocalypse*. Bordeaux: Opales, 1997.
- (E)*Sources and Trajectories: Eight Early Articles by Jacques Ellul that Set the Stage*. Grand Rapids: Eerdmans, 1997.
- *Islam et judéo-christianisme*. Paris: Presses universitaires de France, 2004.
  → 『이슬람과 기독교』, 이상민 옮김(대장간, 2009)

· *La pensée marxiste*: Cours professé à l' Institut d' études politiques de Bordeaux de 1947 à 1979 Edited by Michel Hourcade, Jean−Pierre Jézéuel and Gérard Paul. Paris: La Table Ronde, 2003.
  → 『마르크스 사상』, 안성헌 옮김(대장간, 2013)
· *Les successeurs de Marx*: Cours professé à l' Institut d' études politiques de Bordeaux Edited by Michel Hourcade, Jean−Pierre Jézéquel and Gérard Paul. Paris: La Table Ronde, 2007.
  → 『마르크스의 후계자』 안성헌 옮김(대장간,2014)

기타 연구서

· 『세계적으로 사고하고 지역적으로 행동하라』(Perspectives on Our Age: Jacques Ellul Speaks on His Life and Work.), 빌렘 반더버그, 김재현, 신광은 옮김(대장간, 1995, 2010)
· 『자끄 엘륄 −대화의 사상』(Jacques Ellul, une pensée en dialogue. Genève), 프레데릭 호농(Frédéric Rognon)저, 임형권 옮김(대장간, 2011)
· 『자끄 엘륄입문』신광은 저(대장간, 2010)
· *A temps et à contretemps: Entretiens avec Madeleine Garrigou-Lagrange*. Paris: Centurion, 1981.
· *In Season, Out of Season: An Introduction to the Thought of Jacques Ellul*: Interviews by Madeleine Garrigou−Lagrange. Trans. Lani K. Niles. San Francisco: Harper and Row, 1982.
· *L'homme à lui-même: Correspondance*. Avec Didier Nordon. Paris: Félin, 1992.
· *Entretiens avec Jacques Ellul*. Patrick Chastenet. Paris: Table Ronde, 1994

대장간 **자끄 엘륄 총서**는 중역(영어번역)으로 인한 오류를 가능한 줄이려고, 프랑스어에서 직접 번역을 하거나, 영역을 하더라도 원서 대조 감수를 원칙으로 하고 있습니다.
이 일은 한국자끄엘륄협회의 협력으로 이루어지고 있으며, 총서를 통해서 엘륄의 사상이 굴절되거나 왜곡되지 않고 그의 삶처럼 철저하고 급진적으로 전해지길 바라는 마음 가득합니다.